Wie groß
ist unser Gott!?

Staunend vertrauen
und bewundernd anbeten

82 Andachten

Die Bibelzitate sind meist der überarbeiteten Elberfelder Bibel (Edition CSV Hückeswagen) entnommen.

Die Bezugnahme auf Veröffentlichungen von Autoren, die im vorliegenden Werk erwähnt werden oder aus denen zitiert wird, muss nicht bedeuten, dass deren theologische Ansichten vom Autor und vom herausgebenden Verlag in allen Bereichen geteilt werden.

Wie groß ist unser Gott!? – Staunend vertrauen und bewundernd anbeten (82 Andachten)

2. Auflage, Februar 2024

© by Hmaidan.Media, Zum Weidchen 1A, 35708 Haiger

Umschlaggestaltung: David Lehnhardt

Satz: The Bereans Publishing Ltd.

Druck: BasseDruck

ISBN: 978-1-913232-54-2

Art-Nr. 367354

Feedback oder Fragen an: info@ausglaubenleben.org

Herausgeber

Hmaidan.Media.∷

www.hmaidan.de/verlag

ISBN: 978-1-913232-54-2

INHALTSVERZEICHNIS

Vorwort 7

Einleitung 9

   Gott erkennen – darum geht's! 11

Was die Erkenntnis Gottes bewirkt **13**

   Unerschütterliches Vertrauen 13

   Überwältigende Gnade und tiefer Friede 17

   Ein fruchtbares Leben 20

   Eine demütige Herzenshaltung 23

   Motivation für den Dienst 27

   Eine erfülltere Anbetung 31

Die Größe Gottes **37**

   Einfach zum Staunen! 38

   Die Größe des Schöpfers 41

   Den großen Schöpfer kennen 44

   Der große Reichtum Gottes 48

   Die großen Taten Gottes 51

   Der richtige Fokus ist entscheidend 56

   Die überragende Größe des Sohnes Gottes 60

   Er ist größer 63

   Wunderbare Kontraste 66

   Leben im Blick auf einen großen Gott 70

Die Einzigartigkeit Gottes **75**

   Der lebendige Gott 76

   Der mächtige Name Gottes 80

   Kein Fels wie unser Gott! 83

   Der souveräne Herrscher 86

   Der Unwandelbare 89

   Der Wirkende 94

   Der allein weise Gott 98

   Der einzigartige Retter-Gott 102

   Einzigartig in Heiligkeit 106

Was Gott wichtig ist 111

Achtung: Falsches Gottesbild!..115
Das Wesen Gottes **120**
  Gott ist Licht **120**
    Die herrliche Pracht Seiner Majestät..........................121
    Das Wunder der Offenbarung Gottes 125
    Die Frucht des Lichts..128
    Göttliche Ausgewogenheit 131
    Gemeinschaft im Licht..134
    Gott ist gut!..137
    Gott tut Gutes 140
    Auswirkungen der Güte Gottes 144
  Gott ist Liebe **147**
    Wunderbare göttliche Liebe 147
    Wie Gott uns liebt..151
    Unveränderliche Liebe 154
    Gottes Liebe genießen 158
    Gott lieben 162
    Liebe zu allen Heiligen...166
    Gottes Barmherzigkeit, Trost und Gnade.................169
Durst nach Gott?..173
Die Attribute Gottes... **179**
  Ein herrliches Panorama...180
  Die Unendlichkeit Gottes 182
  Die Selbstexistenz Gottes 185
  Die Selbstgenügsamkeit Gottes 189
  Die Ewigkeit Gottes **193**
    Gott wohnt in Ewigkeit...193
    Leben im Licht der Ewigkeit 196
    Der Erste und der Letzte...199
    Der ewige Machthaber..203
    Ewiges Leben, ewiger Trost, ewige Freude.............207
  Die Unveränderlichkeit Gottes................................ **211**
    Unveränderliche Vollkommenheit.............................211

Gottes unwandelbare Verheißungen 215
Der unwandelbare Hörer des Gebets........................ 219
Der Fels der Ewigkeiten 223
Jesus Christus – Derselbe gestern, heute und
    in Ewigkeit! 227

Die Allmacht Gottes **232**
Der Allmächtige...232
Der gewaltige Arm Gottes......................................236
Gottes starke Hand...240
Gottes Kraft in unserem Leben...............................244
Gott kann!..248
Gottes Kraft wird in Schwachheit vollbracht 251

Die Allwissenheit Gottes **255**
Der an Wissen Vollkommene...................................255
Gott kennt dich durch und durch............................259
Gott kennt die Zukunft 263
Der Herzenskenner 267
Der Gott des Wissens...271
Gott weiß, was du brauchst!...................................275
Er weiß, wie du dich fühlst!....................................279

Die Allgegenwart Gottes **282**
Gottes großartige Gegenwart................................282
Wenn Gott sich naht...285
Niemals allein!..288
Gottes segnende Gegenwart..................................292
Vor dem Angesicht Gottes leben 297

Die Souveränität Gottes............................**301**
Gottes souveräne Herrschaft 301
Wenn Gott Herzen lenkt...306
Die Reichweite Seiner Souveränität 311
Wie Gott mit uns zum Ziel kommt..........................315
Aus dem Fresser kam Fraß.....................................319
Staunend vertrauen und bewundernd anbeten............. 326

VORWORT

Der lebendige Gott ist unfassbar groß, wunderbar und genial. Ihn zu genießen und uns an Ihm zu erfreuen ist das, was uns wirklich Erfüllung und Befriedigung gibt!

Es ist faszinierend, sich mit der Herrlichkeit Gottes zu beschäftigen. Ihn vor Augen zu haben. Ihn zu bewundern. Über Ihn zu staunen. Dabei wird man feststellen:

Gottes Größe ist unerforschlich. Je tiefer man gräbt, umso mehr merkt man, dass man doch nur an der Oberfläche kratzt. Wir werden nie damit zu Ende kommen, über Ihn nachzudenken und dabei immer wieder neue Herrlichkeiten zu entdecken!

Gott hat sich uns durch die Schöpfung, durch Sein lebendiges Wort und in Jesus Christus offenbart. Ihn zu kennen – wer Er ist, wie Er ist und in welcher Beziehung wir zu Ihm stehen –, ist ein Schatz, der mehr wert ist als alles Gold der Welt!

Genau darum geht's in diesem Andachtsbuch. Zuerst schauen wir uns an, warum es so wichtig ist, in der Erkenntnis Gottes zu wachsen. Dann beschäftigen wir uns mit Seiner Größe und Einzigartigkeit. Danach geht die Reise weiter zum Wesen Gottes – dem, was Er in sich selbst ist. Und abschließend befassen wir uns noch etwas eingehender mit Seinen genialen Eigenschaften.

Nimm dir Zeit, über die Fragen am Ende jeder Andacht in Ruhe nachzudenken. Das wird dir dabei helfen, tiefer in dieses wunderbare Thema einzusteigen und dein Leben im Licht der Größe Gottes zu sehen.

Ich wünsche dir, dass du Gott staunend vertraust und Ihn bewundernd anbetest, denn das macht wirklich glücklich!

Notizen:

....
....
....
....
....
....
....
....
....
....
....
....
....
....
....
....
....
....
....
....
....
....
....
....
....
....
....
....

EINLEITUNG

Sollen deine Sorgen sich verlieren?
– und deine Ängste versinken?
Dann geh hin, wirf dich in den tiefen Ozean Gottes.
Verliere dich in Seiner Unermesslichkeit
und du wirst dich wie nach einer kurzen Ruhepause,
erfrischt und gestärkt wiederfinden.
Ich kenne nichts, das der Seele so gut tut,
das so die hohen Wogen von Sorge und Leid beruhigt,
das so die Stürme der Prüfungen beschwichtigt,
als mit Glauben über Gott und das,
was Ihn betrifft, nachzudenken.
Das ist es, wozu ich dich heute einlade.
(C.H. Spurgeon)

Gott zu geniessen
– uns an Ihm zu erfreuen –
ist das einzige Glück,
durch das unsere Seele wirklich befriedigt werden kann.
(J. Edwards)

Gott erkennen – darum geht's!

„Wer ist denn dieser, dass auch der Wind und der See ihm gehorchen?" (Mk 4,41)

Wie gut kennst du deinen Gott? Das ist eine extrem wichtige Frage! Warum? Weil die Antwort darauf dein Leben maßgeblich bestimmt.

Das, was du von Gott erkannt hast, hat einen entscheidenden Einfluss auf dein Denken, auf dein Reden, auf deine Gefühle, auf dein Handeln und darauf, wie du die Welt siehst.

Der lebendige Gott ist die wichtigste Person, die es gibt. Deshalb müssen wir unbedingt wissen, wer Gott ist und wie Gott ist. Was kennzeichnet Ihn? Welche Eigenschaften besitzt Er? Und: Welche Rolle spielt das für mein Glaubensleben?

Wenn man sich damit etwas intensiver beschäftigt, kommt man aus dem Staunen nicht mehr raus. Denn Seine Größe, Sein einzigartiges Wesen, Seine genialen Attribute und Seine wunderbaren moralischen Eigenschaften sind absolut faszinierend und anbetungswürdig. Diese Herrlichkeiten zu studieren und darüber nachdenken, prägt unser Gottesbild!

> **Das Wichtigste an dir ist: Was kommt dir in den Sinn, wenn du an Gott denkst?**
> (A.W. Tozer)

In Psalm 145 sagt David: „Groß ist der HERR und sehr zu loben, und seine Größe ist unerforschlich" (Ps 145,3).

Gottes Größe sprengt unseren Verstand! Wir können Gott niemals ganz erfassen. Er ist einfach zu groß, zu herrlich und zu wunderbar. Er überragt das, was wir von Ihm begreifen – und das bei weitem! Gott wäre nicht Gott, wenn wir Ihn ganz verstehen oder erklären könnten. Er ist größer als wir denken!

Und das Geniale ist: Zu diesem wunderbaren Gott hat jeder wiedergeborene Christ eine ganz persönliche Beziehung. Wir kleine Menschen, zu diesem großen Gott. Wir als geliebte Kinder zu unserem himmlischen Vater. Wir als Jünger Jesu zu unserem Herrn und Meister. Wie gewaltig ist das!

Sollte es deshalb nicht völlig normal sein, dass wir uns danach sehnen, unseren genialen und einzigartigen Gott besser kennenzulernen? Wenn eine Sache Sinn macht, dann zweifellos diese: Dass wir alles daransetzen, besser zu verstehen, wie groß Er eigentlich ist, was Ihn so einzigartig macht und welche wunderbaren Eigenschaften Er besitzt!

„Wer sagt ihr, dass ich sei?" (Mt 16,15). Diese Frage hat der Sohn Gottes Seinen Jüngern vor 2000 Jahren gestellt – und sie ist immer noch topaktuell!

> *Stell dir vor, der Herr würde dir diese Frage in diesem Augenblick stellen. Was könntest du über Seine Größe sagen? Oder wie würdest du jemandem die Herrlichkeit Gottes und Seine Eigenschaften beschreiben? Es lohnt sich, in Ruhe darüber nachzudenken!*

Notizen:

....

....

WAS DIE ERKENNTNIS GOTTES BEWIRKT

Unerschütterliches Vertrauen

„Das Volk, das seinen Gott kennt, wird sich stark erweisen und handeln." (Dan 11,32)

Das ist eine bemerkenswerte Aussage. Eine Sache wird dadurch ganz deutlich: Die Erkenntnis Gottes führt nicht zu einem Sofa-Christentum, sondern zu einem aktiven Glaubensleben!

Wer in der Erkenntnis Gottes wächst, der wächst auch im Vertrauen auf Gott. So jemand wird nicht passiv bleiben, wenn ein geistlicher Kampf im Gange ist. Er wird sich in Gott stärken, Seine Kraft in Anspruch nehmen und den guten Kampf des Glaubens kämpfen!

Paulus hat genau das getan. Seit dem Tag seiner Bekehrung hatte er ein großes Ziel vor sich: Er wollte Seinen Herrn und Meister unbedingt besser kennenlernen. Danach streckte er sich aus.

Und weißt du was? Um dieses Ziel zu erreichen, hat er alles, was ihn irgendwie daran hindern könnte, für Dreck geachtet. Der Stolz auf seine Herkunft, seine Ausbildung, seinen früheren Gesetzeseifer, seine eigenen Vorstellungen – das alles zählte nicht mehr.

Warum? Weil er von Christus ergriffen war. Christus war sein Ein und Alles. Deshalb setzte Paulus alles daran, die Vortrefflichkeit Seines Herrn mehr zu erkennen. Darin wollte er wachsen. Danach sehnte er sich. Danach verlangte er.

Was für eine Freude die Erkenntnis Gottes bringt, hat Georg Müller wie folgt beschrieben:

„Je mehr wir von Gott kennen, desto glücklicher sind wir. [...] Als wir mit Gott ein wenig vertraut wurden ... begann ... unsere wahre Freude; und je mehr wir mit ihm vertraut werden, desto wahrhaft glücklicher werden wir. Was wird uns im Himmel so über die Maßen glücklich machen? Es ist die Gewissheit, dass unsere Gotteserkenntnis dann umfassender als je zuvor sein wird." (J. Piper / *Vereint im Vertrauen* / CLV)

> „Ich achte auch alles für Verlust wegen der Vortrefflichkeit der Erkenntnis Christi Jesu, meines Herrn, um dessentwillen ich alles eingebüßt habe und es für Dreck achte, damit ich Christus gewinne."
> (Phil 3,7)

Paulus hat am Ende seines Lebens mit voller Überzeugung gesagt: „Ich weiß, wem ich geglaubt habe" (2. Tim 1,12). Und das war nicht einfach nur Kopfsache. Für ihn war das eine Herzensangelegenheit. Er hatte Glaubenserfahrungen mit dem Herrn gemacht – Ihn aus erster Hand persönlich erlebt. Deshalb konnte er auch mit so einer Überzeugungskraft reden.

Dieser Unterschied zwischen theoretischem Wissen und einem persönlichen Erleben macht viel aus. Ein Blinder kann dir vielleicht einen langen Vortrag über Farben halten. Über ihre Entstehung, ihre kulturellen Bedeutungen usw. Aber er wird niemals ihre Schönheiten so beschreiben können wie jemand, der die faszinierenden Farbspiele eines Sonnenuntergangs beobachtet.

Bei Paulus hatte das, was er von Gott wusste und was er mit Ihm erlebt hatte, weitreichende Konsequenzen. Dadurch wuchs bei ihm ein unerschütterliches Vertrauen in die Treue seines Herrn. Paulus wusste, wer Gott ist, wie Gott ist und in welcher Beziehung er zu Ihm stand. Deshalb hat er Ihm sein ganzes Leben rückhaltlos anvertraut.

Er hatte keinen Zweifel daran, dass der Herr jedes Opfer belohnen wird, was aus Liebe zu Ihm geschieht. Das hatte Er versprochen. Und Paulus wusste: Gott ist mächtig und treu. Er hält, was Er verspricht! Das hatte er selbst erlebt.

Gott besser kennenzulernen führt zu mehr Vertrauen. Deshalb hat auch David schon gesagt: „Der HERR ist mein Hirte, mir wird nichts mangeln" (Ps 23,1).

Warum konnte David eigentlich so eine kühne Aussage machen? Was gab ihm diese Gewissheit? Weil er den Hirten nicht nur vom Hören-Sagen kannte, sondern aus eigener Erfahrung. Deshalb wusste er: Gott ist mehr als genug für mich!

Der Glaube ist angesichts von Schwierigkeiten nicht unwissend, nicht gleichgültig, nicht sorglos. Aber er bezieht den lebendigen Gott in alle seine Lebensfragen mit ein. Er schaut auf Ihn, stützt sich auf Ihn und nimmt von Ihm alles, was er braucht. Darin liegt das Geheimnis seiner Kraft.
(C.H. Mackintosh)

Wie sehr wird der Herr geehrt, wenn wir in der Erkenntnis Gottes wachsen, wenn wir Ihm dadurch mehr vertrauen und wenn wir in Ihm das finden, was wir brauchen!

„Wen habe ich im Himmel?
Und neben dir habe ich an nichts Lust auf der Erde."
(Ps 73,25)

> *Was ist der Unterschied zwischen theologischem Wissen und geistlicher Erfahrung? Der Unterschied, etwas über Gott zu wissen und Ihn tatsächlich zu kennen? Was meint David in Psalm 23,1 wenn er sagt: „... mir wird nichts mangeln"? Welche anderen Beispiele fallen dir ein, in denen deutlich wird, dass Gottes-Erkenntnis zu Gott-Vertrauen führt?*

Notizen:

....

....

....

....

....

....

....

....

....

....

....

....

....

....

....

....

Überwältigende Gnade und tiefer Friede

„Gnade und Friede sei euch vermehrt in der Erkenntnis Gottes und Jesu, unseres Herrn" (2. Pet 1,2)

Petrus schlägt genau in dieselbe Kerbe wie Paulus, der öfter die Wichtigkeit der Erkenntnis Gottes unterstreicht. Auch er macht deutlich, dass unsere Erkenntnis über Gott ganz konkret etwas in unserem Leben verändert. Sie macht etwas mit uns. Sie erhöht die Gnade und sie vertieft den Frieden.

Was bedeutet das? Folgendes: Je besser wir Gott kennenlernen, je mehr wir realisieren, wer Er wirklich ist, umso mehr werden wir darüber staunen, mit was für einer unfassbaren Gnade Er uns kleinen Würmern begegnet ist; in was für einer unbeschreiblichen Gnade wir stehen!

Gott ist unendlich groß, Er ist über alles erhaben, unfassbar herrlich und absolut einzigartig. Und dir und mir ist es geschenkt, zu diesem wunderbaren Gott eine ganz persönliche Beziehung zu haben – durch Jesus Christus ist Er unser Vater geworden. Gewaltige Gnade!

Folgendes biblisches Beispiel macht das deutlich: Mephiboseth gehörte zu der Familie Sauls – also des Mannes, der immer wieder versucht hatte, David zu töten. Außerdem war er an beiden Füßen gelähmt, was ihn zu einem Außenseiter machte, der auf die Hilfe anderer angewiesen war. Diese Kombination gab ihm keine besonders rosigen Zukunftsaussichten.

Doch plötzlich geschieht etwas, womit niemand gerechnet hat. Der große König David lädt den armen Mephiboseth dazu ein, ab jetzt jeden Tag an seinem Tisch zu essen. Das war ein riesengroßes Geschenk – reine Gnade!

Aber jetzt kommt's: Im Vergleich zu Mephiboseth haben wir heute noch viel mehr Gnade empfangen. Wie zeigt sich das? Gott hat uns in Christus angenommen. Er hat uns ewiges Leben geschenkt – Leben im Überfluss – und permanenten Zugang zum Thron der Gnade!

Wir haben viel mehr als nur die Gemeinschaft mit einem irdischen König: Wir haben Gemeinschaft mit dem lebendigen Gott, dem Gott aller Gnade – Gemeinschaft mit dem Vater und dem Sohn. Wunderbar!

Aber nicht nur das: Wir können auch einen Frieden im Herzen haben, der den Verstand übersteigt und den die Welt nicht kennt. Die Frage ist natürlich: Wie bekommt man diesen Frieden?

- Durch das Bewusstsein, dass Gott Liebe ist – und dass Er uns bedingungslos liebt.
- Indem wir im Glauben ergreifen, dass Er uns mit Seiner unendlichen Kraft trägt und beschützt.
- Wenn wir darauf vertrauen, dass Er durch und durch gut ist und nur gute Ziele mit uns verfolgt.

> **Du hast uns für dich selbst geschaffen. Und unser Herz ist ruhelos, bis es in Dir zur Ruhe kommt.**
> (Augustinus)

Diese Erkenntnis über Gott erfüllt das Herz mit einem Frieden, der uns auch in den Stürmen des Lebens völlig ruhig sein lässt!

Denn wenn der allmächtige, allwissende und allgegenwärtige Gott für uns ist, vor wem sollten wir dann Angst haben? „So dass wir kühn sagen können: „Der Herr ist mein Helfer, und ich will mich nicht fürchten; was wird mir ein Mensch tun?" (Heb 13,6).

Mit anderen Worten: Das Wachstum in der Erkenntnis Gottes führt zu einem erfüllten Glaubensleben! Und wer möchte das nicht haben?

> *Was ist der Unterschied zwischen der Erkenntnis Gottes und der Erkenntnis Jesu, unseres Herrn (s. 2. Pet 1,2)? Untersuche was mit dem Titel „Der Gott aller Gnade" in Verbindung steht! Siebenmal wird Gott im Neuen Testament „Der Gott des Friedens" genannt (s. Röm 15,33; 16,20; 1. Kor 14,33; 2. Kor 13,11; Phil 4,9; 1. Thes 5,23; Heb 13,20). Schau dir den Kontext dieser Verse an und überlege dir, was sie für dein Leben bedeuten!*

Notizen:

....

....

....

....

....

....

....

....

....

....

....

....

....

Ein fruchtbares Leben

„... um würdig des Herrn zu wandeln zu allem Wohlgefallen, in jedem guten Werk Frucht bringend und wachsend durch die Erkenntnis Gottes." (Kol 1,10)

Was ist Gottes Wille für unser Leben? Dass wir das tun, was Ihm gefällt, und dass wir in jedem guten Werk Frucht bringen. Aber wie können wir wissen, was Gott gefällt? Und wie können wir wissen, was gute Werke sind, die Frucht für die Ewigkeit bringen?

Je besser man jemanden kennt, umso besser versteht man auch, was der Person wichtig ist und was ihr gefällt. Aber es ist ein Unterschied, eine Person vom Hören-Sagen zu kennen oder eine Beziehung zu ihr zu haben.

Dazu wieder ein Beispiel: Die Pharisäer gaben vor, Gott zu kennen. Aber in Wirklichkeit kannten sie Ihn nicht. Sie hatten keine Beziehung zu Ihm. Sie hatten eine religiöse Form, ohne wahren Inhalt. Ein frommes Bekenntnis, ohne geistliche Realität. Sie fokussierten sich auf ihre Traditionen und Gewohnheiten. Aber es ging ihnen nicht darum, Gott zu erkennen und Seinen Willen zu tun.

Sie opferten äußerlich, aber ohne dabei ihr Herz auf Gott zu richten. Doch Gott suchte gerade das Herz des Volkes, und nicht ein schematisches und äußerliches Einhalten von Geboten.

Der Prophet Hosea gibt eine bemerkenswerte Aussage Gottes wieder, die für religiöse Menschen dieser Art wirklich harter Tobak war. Dort sagt der HERR: „Denn an Frömmigkeit habe ich Gefallen und nicht am Schlachtopfer, und an der Erkenntnis Gottes mehr als an Brandopfern" (Hos 6,6).

Das macht deutlich: Gott ist es wichtiger, dass wir Ihn erkennen, als dass wir religiöse Handlungen vollziehen.

Es ist sehr interessant, dass Jesus Christus den Pharisäern genau diesen Vers aus Hosea 6 in einer etwas abgeänderten Form auf die Gewissen legt. Denn in Matthäus 9,13 sagt Er:

„Geht aber hin und lernt, was das ist: „Ich will Barmherzigkeit und nicht Schlachtopfer"; denn ich bin nicht gekommen, Gerechte zu rufen, sondern Sünder" (Mt 9,13).

Das Herz des Herrn hatte Barmherzigkeit für Zöllner und Sünder, die Außenseiter der Gesellschaft. Die Pharisäer dagegen hatten für solche Menschen nichts übrig. Warum nicht? Weil sie das Herz Gottes nicht kannten!

Und weil die Pharisäer Gott nicht kannten, verpassten sie die Hauptsache. Sie verpassten das, was Gott wirklich wichtig war. Deshalb waren ihre Bemühungen umsonst. Deshalb blieb ihr Gottesdienst fruchtlos. Das macht deutlich, wie wichtig es ist, Gott richtig zu erkennen!

Bei Maria von Bethanien sehen wir das positive Gegenteil: Sie kannte ihren Herrn. Sie hatte Zeit in Seiner Gegenwart verbracht. Sie hatte sich zu Seinen Füßen gesetzt und Ihm zugehört.

> **Die reifste Frucht ist die, die am meisten in der Sonne hing.**
> (F.W. Grant)

Wenige Tage bevor Jesus sterben sollte, da war sie die einzige, die wusste, was in Seinem Herzen vor sich ging. Deshalb opferte sie genau zur richtigen Zeit ein sehr kostbares Salböl und salbte damit den Herrn auf Sein baldiges Begräbnis.

Das war ein gutes Werk, das Frucht gebracht hat – und dass sogar im Wort Gottes verewigt worden ist. Jesus Christus selbst stellt ihr ein wunderbares Zeugnis aus, indem Er Seinen Jüngern sagt:

„Wo irgend das Evangelium gepredigt werden wird in der ganzen Welt, wird auch davon geredet werden, was diese getan hat, zu ihrem Gedächtnis" (Mk 14,9).

Was lernen wir daraus? Religiosität verblendet und bleibt fruchtlos. Gottes-Erkenntnis gibt Einsicht und führt zu guten Werken.

Gott möchte keine Schlachtopfer, die Ihm in einem pharisäischen Geist gebracht werden. Er möchte, dass unser ganzes Leben ein lebendiges Schlachtopfer für Ihn ist. Ein Leben der Hingabe aus Liebe zu Ihm (s. Röm 12,1)!

Und je mehr wir Jesus Christus erkennen und Ihn als unser Vorbild wirklich vor Augen haben, umso mehr werden wir auch Seine Gesinnung widerspiegeln. Dann wird tatsächlich das Leben des Weinstocks in den Reben sichtbar – und dadurch entsteht Frucht, die in Ewigkeit bleibt (s. Joh 15,16).

> *Was kann dir dabei helfen, mehr Frucht für die Ewigkeit zu bringen? Was sind die Hinderungsgründe zur Entstehung von Frucht in Matthäus 13,1-9 und was kann das für dein Leben bedeuten? Welche Verbindung siehst du zwischen Kolosser 1,10 und Epheser 5,8-10? Worin unterscheidet sich ein religiöses Leben von einem Leben, dass durch die Erkenntnis Gottes gekennzeichnet ist?*

Eine demütige Herzenshaltung

„Mit dem Gehör hatte ich von dir gehört, aber jetzt hat mein Auge dich gesehen und deswegen verabscheue ich mich und bereue in Staub und Asche." (Hiob 42,5.6)

Die Größe und Herrlichkeit Gottes rückt alles ins richtige Licht. Unser Gottesbild prägt unsere Herzenshaltung. Das macht die Bibel an vielen Stellen deutlich.

Nimm z.B. Hiob. Er war ein Mann, der in seinem Umfeld total herausstach. Warum? Weil er gottesfürchtig lebte und dem Bösen permanent aus dem Weg ging.

Doch irgendwann kam Stolz in seinem Herzen auf. Er fing an, sich auf seine Frömmigkeit etwas einzubilden...

Das war übel in den Augen Gottes – und Er wollte dieses Übel unbedingt entfernen. Er musste den Stolz von Hiob brechen. Wie hat Er das getan? Indem Er Leid im Leben Hiobs zuließ, sich ihm schließlich in einer majestätischen Weise im Sturmwind zeigte und ihm viele Fragen stellte, auf die Hiob keine Antworten geben konnte.

Dadurch erkannte Hiob die Größe, die Allmacht und die Weisheit Gottes in einer Weise, wie er sie nie zuvor gesehen hatte. Im Licht der Größe Gottes erkennt dieser Mann, wie klein und vergänglich er selbst ist.

Völlig überwältigt ruft er: „Mit dem Gehör hatte ich von dir gehört, aber jetzt hat mein Auge dich gesehen und deswegen verabscheue ich mich und bereue in Staub und Asche" (Hiob 42,5.6).

Bei Jesaja ist es ähnlich. Gott gibt ihm eine gewaltige Vision Seiner Herrlichkeit. Der Prophet sieht den Herrn,

Adonai, den souveränen Herrscher, auf einem hohen und erhabenen Thron sitzen.

Dann hört er die gewaltige Stimme der Cherubim, die rufen: „Heilig, heilig, heilig ist der HERR der Heerscharen" (Jes 6,3). Schließlich sieht er, wie sich das Haus mit Rauch füllt. Er spürt, wie der Boden zu beben beginnt – und ist vollkommen überwältigt.

> **Ein erhabener Blick auf Gott, führt zu einem klaren Blick auf die Sünde und zu einem realistischen Blick auf das eigene Ich.**
> (R. Blackaby)

Was hat das, was Jesaja in der Gegenwart Gottes gesehen, gehört und erlebt hat bei ihm bewirkt? Die Erkenntnis seiner eigenen Sündhaftigkeit!

Deshalb ruft er: „Wehe mir! Denn ich bin verloren; denn ich bin ein Mann mit unreinen Lippen, und inmitten eines Volkes mit unreinen Lippen wohne ich" (Jes 6,5).

Jesaja begreift, dass er überhaupt keinen Grund hat, sich auf seinen Dienst als Prophet etwas einzubilden! Wenn Gott in Seiner vollkommenen Heiligkeit groß vor uns steht, dann erkennen wir, wie sündig wir sind – und das zeigt sich oft in den Worten, die wir von uns geben.

Als Petrus am helllichten Tag von Jesus den Befehl bekommt, auf den See hinauszufahren und die Netze auszuwerfen, hat er zunächst mal einige Einwände parat. Der erfahrene Fischer ist der Meinung, dass der Auftrag des Herrn eigentlich gar keinen Sinn macht.

Nichtsdestotrotz gehorcht er, sticht in See und geht fischen. Als sich die Netze kurz darauf plötzlich mit unzähligen Fischen füllen, fällt es ihm wie Schuppen von den Augen: Er steht direkt neben seinem eigenen Schöpfer!

Seine Reaktion? Er fällt vor Ihm nieder und sagt: „Geh von mir hinaus, denn ich bin ein sündiger Mensch, Herr" (Lk 5,8). Von Besserwisserei keine Spur mehr.

Wir ziehen weiter auf die Insel Patmos. Dort sieht Johannes den Herrn Jesus Christus in Seiner majestätischen, richterlichen Herrlichkeit. Eine überwältigende Szene (s. Offb 1,12-18)!

Früher wollte Johannes in fleischlichem Eifer Feuer vom Himmel fallen lassen, um rebellische Gegner das Fürchten zu lehren (s. Lk 9,54). Jetzt blickt er in heilige Augen, die ihn selbst wie eine Feuerflamme durchleuchten.

Von Rachegefühlen ist nichts mehr zu sehen. Johannes befindet sich in der Gegenwart des Herrn der Herrlichkeit, des Richters der Lebendigen und der Toten. Vor dieser göttlichen Person erkennt er wie schwach, vergänglich und unwürdig er ist.

„Wenn wir eine Begegnung mit Gott haben, dann bekommen wir einen Eindruck unserer Schwachheit. Ich glaube nicht, dass du jemals stark sein kannst, wenn du nicht zuerst weißt, wie schwach du eigentlich bist. Und du wirst niemals wissen, wie schwach du eigentlich bist, bis du in der Gegenwart des allmächtigen Gottes gewesen bist, der alle Macht besitzt." (R. Eggert / *Tozer on the Almighty God* / Moody Publishers)

Auch Hesekiel hat die Herrlichkeit des HERRN gesehen. Was ist seine Reaktion? Er fällt auf sein Angesicht – und genau mit dieser Herzenshaltung erlebt er, wie Gott mit ihm redet (s. Hes 1,28).

Der Mensch ist niemals ausreichend berührt von dem Bewusstsein seiner eigenen Nichtigkeit, bis er sich mit der Majestät Gottes vergleicht.
(J. Calvin)

Johannes der Täufer wird in der Bibel der größte der Propheten genannt. Trotzdem war er ein demütiger Mann. Warum? Weil er die Größe des Sohnes Gottes erkannt hatte. Deshalb sagte er den Juden, dass er noch nicht einmal würdig sei, auch nur den Riemen Seiner Sandale zu lösen (s. Joh 1,27).

Er war sich bewusst, mit wem er es zu tun hatte. Dementsprechend war seine Herzenshaltung: „Er muss wachsen, ich aber abnehmen" (Joh 3,30).

Saulus von Tarsus besaß vieles, auf das er sich – menschlich gesprochen – etwas hätte einbilden können. Eine gute Herkunft, eine ausgezeichnete Ausbildung, ein scheinbar makelloses Leben. Doch seine Begegnung mit Jesus Christus veränderte alles.

Als er auf dem Weg nach Damaskus ein Licht sah, das den Glanz der Sonne übertraf, wurde der stolze Pharisäer in seinen Augen plötzlich zum größten Sünder, der jemals gelebt hat. Von ihm stammen auch die warnenden Worte: „Wenn jemand meint, etwas zu sein, da er doch nichts ist, so betrügt er sich selbst" (Gal 6,3).

> *Welche anderen Beispiele fallen dir ein, in denen Menschen sich selbst im Licht der Größe Gottes erkannt haben? Wie kommt es, dass so schnell Stolz und Hochmut in unseren Herzen aufkommen? Was kann dich davor bewahren? Staunst du noch über deine Errettung oder denkst du, dass Gott mit dir einen ganz guten Fang gemacht hat?*

Motivation für den Dienst

„Denn wir sind Gottes Mitarbeiter." (1. Kor 3,9)

Stell dir vor, du dürftest an einem großartigen Projekt mitarbeiten, und zwar zusammen mit weltbekannten Persönlichkeiten, die große Macht und ein sehr hohes Ansehen genießen. Das wäre doch eine besondere Ehre, oder?

Wie viel mehr gilt das für das Reich Gottes. Was für ein riesiges Vorrecht ist es, dass wir gewürdigt sind, dem lebendigen Gott zu dienen! Ja, dass Er sogar nach Arbeitern sucht, die Er in Seinen Weinberg senden kann (s. Mt 20,1).

Paulus nennt sich und seine Gefährten Mitarbeiter Gottes – und in einem gewissen Sinn trifft das auf jeden Christen zu.

Je mehr wir in der Erkenntnis Gottes wachsen, umso mehr werden wir beeindruckt, dass Gott uns benutzen möchte; dass wir Seine Mitarbeiter sind. Wer von Gott und Seiner Herrlichkeit ergriffen ist, der wird Dienst für den Herrn nicht als eine bloße Verpflichtung sehen, sondern als ein unfassbares Privileg.

Stell dir vor, was es für Jesaja gewesen sein muss, als er vor dem Thron Gottes stand. Dort sah er die Herrlichkeit des Herrn. Er sah Seine Größe und Seine Macht. Er hörte die gewaltige Stimme der Cherubim, die Gott loben und Seine Heiligkeit bewundern.

Doch dann hört Jesaja plötzlich die Stimme Gottes. Er hört die Worte des allmächtigen Herrschers der hoch und erhaben ist und der über alles regiert. Aus den Worten entsteht eine Frage, die Jesaja mitten ins Herz trifft: „Wen soll ich senden, und wer wird für uns gehen?" (Jes 6,8).

Der lebendige Gott sucht nach Freiwilligen, die sich von Ihm senden lassen. Stell dir das mal vor! Warum tut Er das? Könnte Er nicht befehlen und jemand müsste augenblicklich gehorchen? Sicherlich. Aber so handelt Gott nicht. Warum nicht? Weil Er souverän ist und weil Er es so entschieden hat, wie es Ihm gefällt!

Gott braucht niemanden. Er kann das, was Er will, auch selbst tun – und das viel besser als irgendjemand sonst. Paulus sagte auf dem Areopag über Ihn:

„Der Gott, der die Welt und alles darin gemacht hat, dieser, der der Herr des Himmels und der Erde ist, wohnt nicht in Tempeln, die mit Händen gemacht sind, noch wird er von Menschenhänden bedient, als ob er noch etwas nötig habe, da er selbst allen Leben und Odem und alles gibt" (Apg 17,24.25).

David wusste das auch. Schau dir mal an, wie er mit Gott geredet hat:

„Dein, HERR, ist die Größe und die Stärke und der Ruhm und der Glanz und die Pracht; denn alles im Himmel und auf der Erde ist dein. Dein, HERR, ist das Königreich, und du bist über alles erhaben als Haupt; und Reichtum und Ehre kommen von dir, und du bist Herrscher über alles; und in deiner Hand sind Macht und Stärke, und in deiner Hand ist es, alles groß und stark zu machen" (1. Chr 29,11.12).

> Es ist ein großes Privileg und eine hohe Ehre, Diener eines irdischen Monarchen zu sein - aber wer kann sich die Würde und die Ehre vorstellen, ein Diener des Allerhöchsten, des alleinigen Machthabers, zu sein!
> (A.W. Pink)

Doch das Gewaltige ist: Obwohl Gott so groß ist und niemanden braucht, möchte Er uns kleine Geschöpfe trotzdem gebrauchen. Obwohl Er die Arbeit viel besser tun kann, will Er, dass wir sie für Ihn tun. Obwohl Er allmächtig ist, möchte Er, dass Seine Kraft durch uns in Schwachheit vollbracht wird.

Alles kommt von Ihm. Alles geschieht für Ihn. Deshalb sagt David auch:

„Und nun, unser Gott, wir preisen dich, und wir rühmen deinen herrlichen Namen. Denn wer bin ich, und was ist mein Volk, dass wir vermögen, auf solche Weise freigebig zu sein? Denn von dir kommt alles, und aus deiner Hand haben wir dir gegeben" (1. Chr 29,13.14).

Sind wir uns eigentlich bewusst, wem wir dienen dürfen? Wir dienen dem seligen und alleinigen Machthaber, dem König der Könige und dem Herrn der Herren (s. 1. Tim 6,15). Wie groß ist das! Wir stehen wirklich im Dienst des Höchsten.

Deshalb heißt es auch mal in einem alten Lied:

Dein Sklave sein ist größere Ehre,
als König über Land und Heere.

Was für eine Würde verleiht das unserem Dienst! Egal wie die Aufgabe aussieht. Ob man dabei hilft, einen Gemeindesaal zu reinigen, ob man Fahrdienste für ältere Glaubensgeschwister übernimmt, ob man Gastfreundschaft zeigt oder ob man ein Traktat weitergibt – alles geschieht im Dienst des Höchsten, der Himmel und Erde gemacht hat. Er ist unser Auftraggeber. Er ist unser Herr. „Ihr dient dem Herrn Christus" (Kol 3,24).

Lass vor diesem Hintergrund einmal die folgenden Worte von Paulus auf dich wirken:

> **Herr, das größte Vorrecht meines Lebens ist, dass Du mir erlaubt hast, DIR zu dienen!**
> (C.H. Spurgeon)

„So sind wir nun Gesandte für Christus, als ob Gott durch uns ermahnte; wir bitten an Christi statt: Lasst euch versöhnen mit Gott!" (2. Kor 5,20).

Je größer uns der Retter wird, umso mehr werden wir auch von Seiner Retterliebe zeugen. Je größer uns der Heiland wird, umso mehr werden wir Sein Heil verkündigen, das ausgeht, bis an die Enden der Erde.

Und dann evangelisieren wir nicht mehr nur, damit Menschen nicht verloren gehen. Dann tun wir es, damit Gott verherrlicht wird. Dann denken wir an die vielen erlösten Sünder, die einmal den Herrn anbeten und sagen werden:

„Dem, der auf dem Thron sitzt, und dem Lamm die Segnung und die Ehre und die Herrlichkeit und die Macht von Ewigkeit zu Ewigkeit!" (Offb 5,13).

Das Bewusstsein der Größe und Herrlichkeit Gottes führt zu einem Gott-zentrierten Dienst.

„Dient dem Herrn mit Freuden" (Ps 100,2).

> *Welche Auswirkungen hat es auf dein Leben, dass Gott dich gebrauchen möchte? Was bedeutet es, sich Ihm zur Verfügung zu stellen? Wie kannst du herausfinden, welche Gnadengabe(n) Er dir gegeben hat und wie kannst du sie am besten für Ihn einsetzen?*

Eine erfülltere Anbetung

„Gebt dem H<small>ERRN</small> die Herrlichkeit seines Namens; bringt eine Opfergabe und kommt vor sein Angesicht; betet den H<small>ERRN</small> an in heiliger Pracht!" *(1. Chr 16,29)*

Unsere Erkenntnis über Gott hat natürlich auch einen großen Einfluss darauf, wie wir Ihn anbeten. Ein wichtiges Thema!

Was bedeutet Anbetung eigentlich? Es bedeutet, über Gott zu staunen. Ihn zu bewundern. In unseren Herzen vor Ihm niederzufallen und Ihn zu preisen für das, was Er ist und für das, was Er tut.

Die Anbetung Gottes ist die Ehre und Bewunderung, die Ihm gebracht wird für das, was Er in sich selbst ist und was Er denen bedeutet, die Ihn anbeten. Sie freuen sich an Ihm und sie lieben Ihn!

Gott ist ewiger Vater, ewiger Sohn und ewiger Geist – der einzigartige dreieine Gott. Er ist Licht und Liebe – ewig, unveränderlich, allwissend, allmächtig und allgegenwärtig! Je besser wir Ihn kennen, umso mehr werden wir über Ihn staunen und Ihn bewundern!

Jesus Christus hat gesagt: „Es kommt aber die Stunde und ist jetzt, da die wahrhaftigen Anbeter den Vater in Geist und Wahrheit anbeten werden; denn auch der Vater sucht solche als seine Anbeter" (Joh 4,23).

Gott im Geist anzubeten bedeutet, es auf eine geistliche Weise zu tun. Im Alten Testament geschah Anbetung durch äußerliche Zeremonien und sichtbare Opfer. Unsere Anbetung dagegen ist nicht äußerlich. Wir tun es mit unserem Geist und in der Kraft des Heiligen Geistes.

Dazu brauchen wir keine Formen, kein Worship-Programm, keine laute Musik oder einen festgelegten Ort. Wir können Gott überall anbeten. Denn Anbetung geschieht durch unseren Geist, in unseren Herzen. In Herzen, die Gott bewundern – und diese Bewunderung kann sich dann natürlich auch in Worten oder Liedern nach außen zeigen! Aber wir können sie beispielsweise nicht durch laute Musik produzieren.

„In Wahrheit" anzubeten bedeutet, Gott für das anzubeten, was Er von Sich selbst offenbart hat. Als Christen beten wir Ihn nicht nur als großen Schöpfer an, sondern auch als Vater – denn so dürfen wir Ihn heute kennen! Wir kommen im Geist der Sohnschaft in Anbetung vor Ihn, weil wir angenehm gemacht sind in Jesus Christus, dem Sohn Seiner Liebe (s. Eph 1,5.6).

> **Es geht nicht nur darum, Gott mit den Lippen zu ehren - wir sollen Ihn mit dem Herzen anbeten.**
> (J.R. Miller)

Außerdem schreibt Petrus, dass jeder Christ ein heiliger Priester ist. Ein Priester, der geistliche Schlachtopfer für Gott bringen soll (s. 1. Pet 2,5). Es geht also nicht mehr um materielle Opfer. Es geht um geistliche Anbetung und um geistliche Opfer:

Das, was Jesus am Kreuz getan hat. Die Schönheit Seiner Person. Die Herrlichkeit des Vaters. Die Größe und Majestät Gottes. Seine wunderbaren Eigenschaften.

Die Frage ist natürlich: Tun wir das? Wie sieht in diesem Punkt die geistliche Realität heute in der Christenheit allgemein, aber auch in unserem persönlichen Leben aus? Kann es sein, dass sich bei vielen von uns die Anbetung oft nur auf ein paar Minuten am Sonntagmorgen beschränkt – wenn sie überhaupt geschieht?

A.W. Tozer bringt es – vielleicht etwas pauschal ausgedrückt, aber doch treffend – wie folgt auf den Punkt:

„Der moderne Christ hat den Sinn für Anbetung verloren, wie auch die Vorstellung von Majestät und Hochachtung gegenüber Gott. Er hat die Fähigkeit verloren, sich zurückzuziehen und im Stillen mit Gott wahre Gemeinschaft durch den Heiligen Geist zu haben. Das ist es, was wahres Christentum ausmacht – aber wir haben es verloren.

Größere Zahlen, aber verlorene Furcht des Herrn. Mehr Bibelschulen, aber weniger Bewusstsein von dem Unsichtbaren. Tonnen an Literatur, aber kein Wahrnehmen der göttlichen Gegenwart. Bessere Kommunikationsmittel, aber nichts zum Kommunizieren. Evangelistische Organisationen, aber das Konzept und die Anbetung und die Hochachtung Gott gegenüber haben uns fast vollständig verlassen.

> **Anbetung heißt, Gott das Beste geben, was Er uns gegeben hat.** (O. Chambers)

Wir müssen wieder sehen, wie anbetungswürdig Gott ist. Wie wunderschön und wie perfekt. Und wir müssen anfangen, es zu predigen, es zu besingen, darüber zu schreiben, es bekanntzumachen, darüber zu reden und darüber zu beten. Denn nur dadurch werden wir wieder mehr Zeit vor Ihm in heiliger Anbetung verbringen." (R. Eggert / *Tozer on the Almighty God* / Moody Publishers)

David war ein wahrhaftiger Anbeter. Von ihm stammen die folgenden Worte:

„Den HERRN will ich preisen allezeit, beständig soll sein Lob in meinem Mund sein" (Ps 34,2).

Woher kam bei ihm diese Anbetungshaltung, die in so vielen seiner Psalmen durchscheint? Die Antwort ist eigentlich ganz einfach: David hatte Durst nach Gott.

Er hatte eine echte Wertschätzung für die Herrlichkeit Gottes. Und genau deshalb hatte es für ihn höchste Priorität, sich mit der Größe, der Majestät und der Schönheit Gottes zu beschäftigen.

Darum sagte er: „Eins habe ich von dem HERRN erbeten, danach will ich trachten: zu wohnen im Haus des HERRN alle Tage meines Lebens, um anzuschauen die Lieblichkeit des HERRN und nach ihm zu forschen in seinem Tempel" (Ps 27,4).

> **Die Anbetung Gottes im Geist ist ein Dienst und eine Bewunderung des Herzens, die Gottesfurcht und Vertrauen in Ihn voraussetzt.**
> (M. Luther)

Und das war keine Eintagsfliege. In Psalm 63 schreibt er über Gott: „Es dürstet nach dir meine Seele, nach dir schmachtet mein Fleisch in einem dürren und lechzenden Land ohne Wasser – so wie ich dich angeschaut habe im Heiligtum –, um deine Macht und deine Herrlichkeit zu sehen. Denn deine Güte ist besser als Leben; meine Lippen werden dich rühmen" (Ps 63,2-4).

Was war das Ergebnis? Welchen Eindruck hat David von der Herrlichkeit Gottes bekommen? Lass die folgenden Aussagen, die er gemacht hat, einmal in Ruhe auf dich wirken:

„Groß ist der HERR und sehr zu loben, und seine Größe ist unerforschlich ... Reden will ich von der herrlichen Pracht deiner Majestät und von deinen Wundertaten ... Kenntnis, zu wunderbar für mich, zu hoch: Ich vermag sie nicht zu erfassen! ... Denn sein Name ist hoch erhaben, er allein; seine Majestät ist über Erde und Himmel ... HERR! An die Himmel reicht deine Güte, bis zu den Wolken deine Treue" (Ps 145,3.5.13; 139,6; 36,6).

Das klingt teilweise wie von einem anderen Stern. Aber David war nicht abgehoben. Das war kein frommes Gerede. Das war echt! Er war tief beeindruckt von der Herrlichkeit Gottes – und das hat er in bewundernder Anbetung ausgedrückt.

> **Geistliche Freude an Gott entsteht in erster Linie wegen Seiner Schönheit und Vollkommenheit, und nicht aufgrund der Segnungen, die Er gibt.**
> (J. Edwards)

Weißt du, dass wir eine viel größere Offenbarung über Gott bekommen haben, als David sie damals besaß? Wie viel mehr Anlass haben wir deshalb, Gott anzubeten. Denn wir kennen Ihn sogar als Vater.

Und wir kennen Jesus Christus, den ewigen Sohn. Er ist das Bild des unsichtbaren Gottes, der Abglanz Seiner Herrlichkeit und der Abdruck Seines Wesens (s. Heb 1,3).

Übrigens kann Anbetung auch durch Glaubenserfahrungen entstehen. Glaubenserfahrungen, die wir mit dem lebendigen Gott machen. Nimm z.B. die Jünger. Sie haben mit eigenen Augen gesehen, wie Jesus Christus mitten im Sturm auf dem Wasser gegangen ist. Unfassbar, aber wahr!

Sie haben erlebt, wie Er ihnen in dieser großen Gefahr zur Hilfe gekommen ist. Sie haben gestaunt, wie Er sie trotz Wind und Wellen sicher ans andere Ufer gebracht hat.

Was war ihre Reaktion? Sie warfen sich vor Ihm nieder und riefen voller Bewunderung: „Wahrhaftig, du bist Gottes Sohn!" (Mt 14,33).

Wann hast du das letzte Mal über Gott gestaunt? Wann warst du das letzte Mal so ergriffen von Seiner Herrlichkeit oder von Seinem wunderbaren Handeln, dass du Ihn bewundert und angebetet hast?

Es ist das Ziel dieses Buches, dass genau das wieder mehr geschieht. Deshalb werden wir uns jetzt die Größe, die Einzigartigkeit, die Herrlichkeit und die wunderbaren Eigenschaften Gottes etwas genauer anschauen!

> *Wie würdest du „in Geist und Wahrheit anbeten" erklären? Welche Beispiele in der Bibel fallen dir ein, in denen Menschen Gott mit Bewunderung angebetet haben? Wie kannst du mehr dahin kommen, Gott nicht nur für Seine Gaben und Taten zu danken, sondern Ihn für den anzubeten, der Er ist?*

Notizen:

....

....

....

....

....

....

....

....

....

....

....

....

DIE GRÖSSE GOTTES

Einfach zum Staunen!

„HERR, mein Gott, du bist sehr groß, mit Majestät und Pracht bist du bekleidet." (Ps 104,1)

Wann hast du das letzte Mal über die Größe und Erhabenheit Gottes gestaunt? Warst du schon mal so richtig ergriffen und überwältigt von Seiner Herrlichkeit?

In der Regel kommt das leider eher selten vor – wenn überhaupt. Warum eigentlich? Gott ist doch unendlich groß, herrlich und wunderbar. Da sollte es doch ganz normal sein, dass die, die Ihn kennen, immer wieder neu über Ihn staunen.

Der Grund ist ganz einfach: Wir beschäftigen uns im Allgemeinen viel zu wenig mit der Größe Gottes. Wir denken zu wenig über Seine Majestät und Seine Herrlichkeit nach.

Wir wissen zwar grundsätzlich, dass Gott groß ist. Aber oft ist das ein abstraktes Wissen und keine Erkenntnis, die uns staunen lässt und die unser Leben wirklich prägt.

David schreibt in Psalm 145,3: „Groß ist der HERR und sehr zu loben, und seine Größe ist unerforschlich."

Das ist eine starke Aussage. David macht damit zwei Sachen deutlich:

- dass Gottes Größe uns dahin bringen sollte, Ihn sehr zu loben. Also nicht nur halbherzig mal ab und zu, sondern aus ganzem Herzen – allezeit! Wie er selbst an anderer Stelle sagt: „Den HERRN will ich preisen allezeit, beständig soll sein Lob in meinem Mund sein" (Ps 34,2).

- dass Gottes Größe unerforschlich ist. Sie übersteigt uns. Sie sprengt unsere Vorstellungskraft. Gott ist unergründlich, unerforschlich, unbegreiflich und Er überragt alles, was wir uns vorstellen können. So wenig wie eine Fliege einen Menschen erklären kann, so wenig können wir Gott erklären.

In Hiob 11,7 sehen wir einige Fragen, die das deutlich machen:

„Kannst du die Tiefe Gottes erreichen oder das Wesen des Allmächtigen ergründen? Himmelhoch sind sie – was kannst du tun? Tiefer als der Scheol – was kannst du erkennen?"

Das Wesen Gottes ist einzigartig und genial. Das, was Gott in Seinem tiefsten Inneren ist, kennt nur Er selbst. Uns sind zwar einige Dinge über Ihn mitgeteilt, aber was diese Herrlichkeiten alles bedeuten, können wir nur ansatzweise erkennen.

Gott ist Licht. Gott ist Liebe. Er ist der Lebendige. Der Ursprung des Lebens, der Leben in sich selbst besitzt. Er bewohnt ein unzugängliches Licht (s. 1. Tim 6,16). Er kleidet sich in Licht, wie in ein Gewand (s. Ps 104,2).

Kann man sich das vorstellen? Nein! Das sprengt jede Vorstellungskraft. Trotzdem ist es wahr – und anbetungswürdig!

„Siehe, Gott ist zu erhaben für unsere Erkenntnis; die Zahl seiner Jahre, sie ist unerforschlich" (Hiob 36,26).

Die Person Gottes ist so unendlich reich und vielfältig, dass es über 1000 Jahre intensiver Gemeinschaft mit Ihm brauchen wird, um auch nur die äußeren Ränder Seiner herrlichen Natur kennenzulernen.
(A.W. Tozer)

Unsere Erkenntnis ist begrenzt. Aber Gottes Größe hat keine Grenzen. Du kannst Stunden, Tage oder Jahre über Ihn nachdenken. Du wirst immer wieder neue Dinge finden, die dich ins Staunen versetzen und die dich zur Anbetung bringen.

Wir denken in Dimensionen wie Raum und Zeit. Aber Gott ist größer. Der Schöpfer überragt die Schöpfung. Er bewegt sich außerhalb von Raum und Zeit, denn Er wohnt in Ewigkeit! Der Himmel und aller Himmel Himmel können Ihn nicht fassen (s. 1. Kön 8,27). Für Ihn sind 1000 Jahre wie ein Tag und ein Tag wie 1000 Jahre (s. 2. Pet 3,8). Unfassbar!

Der Psalmist sagt: „Preise den HERRN, meine Seele! HERR, mein Gott, du bist sehr groß, mit Majestät und Pracht bist du bekleidet" (Ps 104,1). Dieser Mann war wirklich von Gott ergriffen. Er war tief beeindruckt von Seiner Größe.

Sind wir das auch? Beten wir Ihn noch staunend an? Freuen wir uns über Ihn? Darin liegt der Schlüssel zu einem erfüllten Leben. Denn Gott hat uns so geschaffen, dass wir völlige und bleibende Befriedigung nur in Ihm finden können.

> *Welche anderen Bibelstellen fallen dir ein, die von der Größe Gottes sprechen? Welche Auswirkungen hat das Bewusstsein der Größe Gottes auf dein Glaubensleben? Was bedeutet es, bleibende Befriedigung in Gott zu finden?*

Notizen:

....

....

....

Die Größe des Schöpfers

„... denn das Unsichtbare von ihm wird geschaut, sowohl seine ewige Kraft als auch seine Göttlichkeit, die von Erschaffung der Welt an in dem Gemachten wahrgenommen werden." (Röm 1,20)

Gottes Größe zeigt sich besonders auch in der Schöpfung. Der HERR macht das in Seinem Wort sehr deutlich. Jesaja 40 ist in diesem Zusammenhang ein herausragendes Kapitel. Dort steht:

„Wer hat die Wasser gemessen mit seiner hohlen Hand und die Himmel abgegrenzt mit der Spanne und hat den Staub der Erde in ein Maß gefasst und die Berge mit der Waage gewogen und die Hügel mit Waagschalen?" (Jes 40,12).

In diesem Vers werden 4 gewaltige Tatsachen gezeigt:

- Gott misst die Weltmeere mit Seiner hohlen Hand. Ca. 70 Prozent der Erde sind mit Wasser bedeckt. Das sind 1,4 Milliarden Kubikkilometer Wasser. Also 1,4 Trilliarden Liter – eine Zahl mit 22 Stellen! Und Gott sagt uns: „Die habe ich in meiner Handfläche." Unfassbar!

  Aber nicht nur das: In diese gewaltigen Handflächen sind wir eingraviert. Gott vergisst uns nicht. Er sorgt für uns und versichert uns: „Siehe, in meine beiden Handflächen habe ich dich eingezeichnet" (Jes 49,16).

  > **Die Schöpfung ist Gottes größter Evangelist.**
  > (J. Edwards)

- Der HERR grenzt die Himmel mit der Spanne ab. Eine Spanne meint eine Handspanne, die von der Spitze des Daumens bis zur Spitze des kleinen Fingers geht. Wir schaffen es, mit einer Handspanne gerade mal einen Apfel zu umfassen. Aber Gott sagt uns, dass Er die Erde, mit einem Umfang von etwa 40.000 Kilometern, mit Seiner starken Hand umfassen kann.

In einem Kinderlied heißt es: „Er hält die ganze Welt in Seiner Hand." Das ist wahr! „Denn ein großer Gott ist der Herr, ... in dessen Hand die Tiefen der Erde, und dessen die Höhen der Berge sind" (Ps 95,3.4).

Aber nicht nur das: Seine mächtige Hand hält auch jedes Seiner Kinder fest. Deshalb hat Jesus Christus gesagt: „Mein Vater, der sie mir gegeben hat, ist größer als alles, und niemand kann sie aus der Hand meines Vaters rauben" (Joh 10,29). Die große Hand Gottes, die die Erde umfasst, bewahrt uns fest und sicher, bis wir das Ziel erreicht haben!

- Weiter sagt Jesaja, dass der Herr den Staub der Erde genau abgemessen hat. Stell dir das mal vor! Er kennt jedes Staubkorn auf diesem Planeten. Und Er hat es in Seiner Weisheit genau dort platziert, wo Er es haben wollte. Nichts ist Ihm verborgen. Jedes Details ist Ihm bekannt.

> **Die Größe Gottes ist unermesslich und unbegreiflich, und alle Engel und Menschen sind nichts im Vergleich zu Ihm.**
> (M. Cockrell)

Wenn das schon für die leblose Materie wahr ist, wie viel mehr dann für das Leben Seiner Kinder. Da kann man nur staunen und wie David sagen: „Kenntnis, zu wunderbar für mich, zu hoch: Ich vermag sie nicht zu erfassen!" (Ps 139,6).

- Gott hat die Berge mit der Waage gewogen. Er hat genau festgelegt, wie groß und schwer sie sein sollen. Der Herr wusste auch genau, welche Berge und Gebirgszüge durch die Sintflut unter dem Druck der gewaltigen Wassermassen entstehen würden.

Denk nur mal an die Alpen, die Rocky Mountains oder das Himalaya-Gebirge. Wie majestätisch kommt dadurch die Größe Gottes zum Vorschein. Er hat dafür gesorgt, dass sie genau in dieser Dimension an dem Platz stehen, wo wir sie heute sehen.

Im Buch Hiob wird über Gott gesagt: „Der Berge versetzt, ehe sie es merken" (Hiob 9,5). Und in Sacharja 4,7 sagt der HERR selbst: „Wer bist du, großer Berg, vor Serubbabel? Zur Ebene sollst du werden!"

Wenn Gott solche Dinge tun kann, dann kann Er sich auch um die Probleme kümmern, die manchmal wie Berge vor uns stehen!

> *Welche anderen Bibelstellen kennst du, in denen Gott dir anhand der Schöpfung zeigt, wie groß Er ist und was Er für dich sein möchte? Was bedeuten die großartigen Dinge, die in Jesaja 40 über den Schöpfer stehen, für dein Glaubensleben? Inwiefern kannst du die ewige Kraft Gottes und Seine Göttlichkeit in der Schöpfung erkennen?*

Den großen Schöpfer kennen

„Die Himmel erzählen die Herrlichkeit Gottes, und die Ausdehnung verkündet seiner Hände Werk." (Ps 19,2)

Bist du schon einmal in einer klaren Sommernacht in die freie Natur gegangen und hast ein paar Minuten lang einfach nur in den Himmel geschaut und dir die Sterne angesehen? Es ist faszinierend, die Sternbilder zu beobachten, von denen sogar die Bibel berichtet.

Im Buch Hiob lesen wir über Gott, „der den Großen Bären gemacht hat, den Orion und das Siebengestirn und die Kammern des Südens; der Großes tut, dass es nicht zu erforschen ist, und Wundertaten, dass sie nicht zu zählen sind" (Hiob 9,9.10).

Wie klein sind wir Menschen, im Vergleich zu diesem großen Schöpfer. Das zu erkennen, demütigt uns – und das ist sehr gesund! Als im Herzen Hiobs Stolz aufkam und er anfing, Gott anzuklagen, fragte der HERR ihn:

„Kannst du das Gebinde des Siebengestirns knüpfen oder die Fesseln des Orion lösen? Kannst du die Bilder des Tierkreises hervortreten lassen zu ihrer Zeit und den Großen Bären leiten samt seinen Kindern?" (Hiob 38,31.32).

Ende der Diskussion! Hiob erkennt sich selbst im Licht der Größe Gottes. Sein Stolz ist gebrochen. Ein segensreicher Neuanfang beginnt.

Der Allmächtige hat alle Dinge geschaffen. Bei Ihm finden wir Kraft und Stärke, wenn wir schwach und niedergeschlagen sind! Israel bekam die Aufforderung: „Sucht den, der das Siebengestirn und den Orion gemacht hat ... HERR ist sein Name" (Amos 5,8.9). Wer sucht, der findet! Das gilt auch für uns.

Aber die Schöpfung ist viele größer als das, was wir sehen können, wenn wir ohne technische Hilfsmittel in den Himmel schauen. Über diesen atmosphärischen Himmel hinaus gibt es auch noch die Himmel, die von der scheinbar unendlichen Weite des Universums sprechen.

Diese gigantischen Sphären meint Jesaja, wenn er von Gott schreibt, „der die Himmel ausgepannt hat wie einen Schleier und sie ausgebreitet hat wie ein Zelt zum Wohnen" (Jes 40,22).

Die Erde ist knapp 150 Millionen Kilometer von der Sonne entfernt. Bis zum Planeten Pluto sind es ca. 7,5 Milliarden Kilometer. Außerhalb unseres Sonnensystems ist der uns am nächsten liegende Stern Alpha Centauri. Entfernung zur Erde: 4,3 Lichtjahre. Da wird unser Vorstellungsvermögen langsam aber sicher überfordert.

Das James-Webb-Weltraumteleskop ist das größte, präziseste und teuerste Weltraumteleskop, das es jemals gegeben hat. Es hat vor kurzem grandiose Bilder von Orten wie beispielsweise dem Carinanebel aufgenommen. Entfernung zur Erde: 8000 Lichtjahre!

> **Gott zu kennen, ist die höchste und beste Form der Erkenntnis – und diese geistliche Erkenntnis ist eine Quelle der Kraft für den Christen.**
> (C.H. Spurgeon)

Wenn man als Christ diese Aufnahmen sieht und die Dimensionen, die damit verbunden sind, dann kann man gar nicht anders, als über die Größe und Genialität Gottes zu staunen. Diese grandiose Schöpfung trägt unmissverständlich die Handschrift eines genialen Schöpfers!

Doch noch größer als die Schöpfung zu bewundern ist es, den Schöpfer zu kennen und eine persönliche Beziehung zu Ihm zu haben. Folgende Illustration macht das vielleicht etwas klarer:

Ludwig von Beethoven und Johann Sebastian Bach waren geniale Musiker. Sie haben musikalische Meisterwerke produziert, über die man zum Teil nur staunen kann. Oder nimm Michelangelo. Dieser Künstler hat auf seinem Gebiet einzigartige Meisterwerke gemalt oder in Bildhauerei geschaffen.

> **Den Schöpfer und Gott des ganzen Universums zu kennen, bedeutet, sich vor Ihm in Staunen und Ehrfurcht zu verneigen.**
> (A.W. Tozer)

Die Werke dieser Männer sind großartig. Doch noch größer als ihre Werke zu bestaunen und zu genießen wäre es, sie persönlich zu kennen. Es wäre eine große Ehre, ihnen einmal die Hand zu schütteln und sich mit ihnen zu unterhalten. Ihnen zu sagen, wie sehr man das schätzt, was sie getan haben.

Wie viel mehr trifft das auf unseren großartigen Schöpfer zu, der den Makro-Kosmos, den Mikro-Kosmos, Galaxien, Sterne, Moleküle und Atome in so einer Vielfalt und so einem perfekten Zusammenspiel geschaffen hat.

Wie wunderbar und gewaltig ist es, dass wir diesen genialen Schöpfer ganz persönlich kennen. Dass Er in Jesus Christus unser Vater geworden ist. Dass wir Ihn mit „Abba, Vater" anreden dürfen!

A.W. Tozer schreibt dazu: „Deshalb lasst die Menschen ihre Teleskope auf den Weltraum richten und ihre Mikroskope auf die Moleküle. Lasst sie forschen und suchen und entdecken. Jeder Christ kann sagen: ‚Ich kenne den, der das alles geschaffen hat. Ich bin persönlich vertraut mit dem, der es ins Dasein rief.'" (R. Eggert / *Tozer on the Almighty God* / Moody Publishers)

Wenn du über die Größe deines Schöpfers nachdenkst, welche Bedeutung bekommen dann die folgenden Verse für dich: „Meine Hilfe kommt von dem HERRN, der Himmel und Erde gemacht hat" (Ps 121,2) und „Gesegnet seid ihr von dem HERRN, der Himmel und Erde gemacht hat" (Ps 115,15)?

> **Was sagen dir die gigantischen Weiten des Universums über die Größe Gottes? Lies Jesaja 40,25.26 und überlege dir, welche Herrlichkeiten Gottes darin sichtbar werden? Worauf kommt es im Leben wirklich an?**

Notizen:

....

....

....

....

....

....

....

....

....

....

....

....

....

....

....

Der große Reichtum Gottes

Gott besitzt großartige Eigenschaften. Hier sind ein paar Beispiele:

- Er ist groß an Güte (s. 2. Mo 34,6)
- Er ist groß an Barmherzigkeit (s. 1. Pet 1,3)
- Er ist groß an Macht (s. Ps 147,5)
- Er ist groß an Kraft (s. Nah 1,3)
- Er ist groß an Rat (s. Jer 32,19)
- Er ist groß an Verstand (s. Jes 28,29)

Paulus schreibt in Römer 8,31: „Wenn Gott für uns ist, wer gegen uns?" Das bedeutet, dass Gott Seine wunderbaren Eigenschaften zu unserem Nutzen einsetzt – weil Er nur die besten Absichten mit uns verfolgt!

Wir sollen uns immer wieder daran erinnern, dass Gottes große Güte, Seine große Barmherzigkeit, Seine große Macht, Seine große Kraft, Sein großer Rat und Sein großer Verstand zu unserem Guten mitwirken.

Auch der Reichtum Gottes ist ein großartiges Thema, dass unseren Glauben stärkt. Wir lesen im Wort Gottes von dem:

- überragenden Reichtum Seiner Gnade (s. Eph 2,7)
- Reichtum Seiner Herrlichkeit (s. Eph 3,16)
- Reichtum Seiner Barmherzigkeit (s. Eph 2,4)
- Reichtum Seiner Güte (s. Röm 2,4)
- Reichtum Seiner Geduld (s. Röm 2,4)
- Reichtum Seiner Langmut (s. Röm 2,4)

Die Frage ist: Wissen wir eigentlich welcher Reichtum uns in Gott zur Verfügung steht? Wir sind die Kinder des reichsten Vaters, den es gibt. Wenn wir das im Glauben ergreifen, dann können wir wie Paulus sagen: „Nicht allein aber das, sondern wir rühmen uns auch Gottes" (Röm 5,11)!

Außerdem finden wir Aussagen in der Bibel, die uns zeigen, dass Seine genialen Fähigkeiten größer sind, als wir es uns vorstellen können.

- Seine Einsicht hat kein Maß (s. Ps 147,5)
- Sein Verstand und Seine Wege sind unergründlich (s. Jes 40,28; Röm 11,33)
- Die Zahl Seiner Jahre und Seine Größe sind unerforschlich (s. Hiob 36,26; Ps 145,3)

Wie groß ist unser Gott! Der Ewige, der unendlich weise, einsichtig und verständig ist. Deshalb hat Mose gesagt: „Der Fels: Vollkommen ist sein Tun; denn alle seine Wege sind recht" (5. Mo 32,4).

David sagt, dass Gottes Erbarmungen sehr groß sind (s. 1. Chr 21,13). Ja, sie sind jeden Morgen neu! Deshalb ruft Jeremia voller Bewunderung: „Deine Treue ist groß" (Klgl 3,23).

Wer Gott ist und was Er gibt, ist grandios. Wir können es nicht fassen. Paulus spricht davon, dass die Liebe Christi die Erkenntnis übersteigt (s. Eph 3,19) und der Friede Gottes allen Verstand (s. Phil 4,7).

> **Durch Gottes Gnade sehen meine Augen nicht auf die leeren Vorratskammern und das leere Portemonnaie, sondern auf die Reichtümer unseres Herrn allein.**
> (G. Müller)

Gottes Herrlichkeit überragt unseren erbärmlichen Zustand und unsere Bedürfnisse. Seine Gerechtigkeit ist größer als unsere Ungerechtigkeit, Seine Gnade ist größer als unsere Sünde, Seine Güte ist größer als unser Bedürfnis, Seine Barmherzigkeit ist größer als unser Elend, Seine Weisheit ist größer als unsere Torheit, Seine Fähigkeit ist größer als unsere Unfähigkeit und Sein Vermögen ist größer als unser Unvermögen!

Das alles zeigt uns, dass Gott mehr als genug für uns ist. Er besitzt alles, was wir brauchen. Deshalb konnte Paulus sagen: „Alles vermag ich in dem, der mich kräftigt" (Phil. 4,13). Und David konnte mutig beten: „Denn mit dir werde ich gegen eine Schar anrennen, mit meinem Gott werde ich eine Mauer überspringen" (2. Sam. 22,30).

Wenn wir im Glauben ergreifen, was uns alles in Gott zur Verfügung steht, dann können auch wir mit voller Überzeugung sagen: „Alle meine Quellen sind in dir" (Ps. 87,7).

> *Was bedeutet es, dass Gott mehr als genug für uns ist? Was bedeuten Seine großartigen Eigenschaften und Sein unermesslicher Reichtum für dein Glaubensleben? Wofür kannst du Ihn anbeten, wenn du über diese Dinge nachdenkst? Fallen dir weitere Verse ein, wo deutlich wird, dass Gott für alle deine Bedürfnisse mehr als genug ist?*

Notizen:

....

....

....

....

....

....

Die großen Taten Gottes

„Kommt und seht die Großtaten Gottes." (Ps 66,5)

Wenn dich jemand auffordern würde, von den großen Taten Gottes zu erzählen, was könntest du antworten? Was fällt dir spontan dazu ein?

Die Bibel ist voll von dem mächtigen Wirken Gottes. Aber manchmal sieht man den Wald vor lauter Bäumen nicht. Deshalb rufen wir uns jetzt mal einige Großtaten Gottes in Erinnerung:

Die Erschaffung des Universums war ein gewaltiges, wunderbares und großartiges Handeln Gottes. Das, was Gott geschaffen hat, zeugt von Seiner Größe. Denk nur mal an die gigan-

> **Die ganze Welt ist voller Wunder.**
> (M. Luther)

tischen Berge des Himalaya-Gebirges, an die Weltmeere, die Pflanzenwelt, die Tierwelt oder an die Weiten des Weltalls.

Ein berühmter Architekt hinterlässt seinen Stempel auf den großartigen Gebäuden, die er entworfen hat. Ein herausragender Künstler hinterlässt seinen Namen oder seine Personalien auf seinen Gemälden. Und Gott? Er lässt uns Seine ewige Kraft und Seine Göttlichkeit in Seiner Schöpfung erkennen (s. Röm 1,20)!

Wir brauchen nur geöffnete Augen, um die Herrlichkeit Gottes darin auch wirklich zu sehen. Folgende Anekdote macht das deutlich:

Zwei Männer – der eine ein Kaufmann, der andere ein christlicher Dichter – standen am Ufer des Meeres und sahen zu, wie die Sonne aus dem Meer aufging.

Als die Sonne langsam über das Wasser strahlte und der Himmel sich wunderschön verfärbte, fragte der Christ den Kaufmann: „Was sehen Sie?"

Der Mann antwortete: „Ich sehe Gold. Die Sonne sieht wie ein riesiges Goldstück aus."

Dann fragte der Kaufmann den Christen: „Was sehen Sie denn?"

„Ich sehe die Herrlichkeit Gottes. Und ich höre eine himmlische Schar rufen: Heilig, heilig, heilig ist der allmächtige Gott. Die ganze Erde ist voll Seiner Herrlichkeit."

> **„Du, der du große Dinge getan hast, o Gott, wer ist wie du?"**
> (Ps 71,19)

In einem bekannten Lied wird das sehr gut ausgedrückt:

> *„Du großer Gott, wenn ich die Welt betrachte,*
> *die du geschaffen durch dein Allmachtswort ...*
> *Dann jauchzt mein Herz dir großer Herrscher zu.*
> *Wie groß bist du! Wie groß bist du!"*

Eine weitere Großtat Gottes ist die Erschaffung des Menschen. David war davon so beeindruckt, dass er staunend sagte: „Ich preise dich dafür, dass ich auf eine erstaunliche, ausgezeichnete Weise gemacht bin. Wunderbar sind deine Werke, und meine Seele weiß es sehr wohl" (Ps 139,14).

Außerdem hat Gott auch in Seinem Handeln mit den Menschen immer wieder Großes getan. Denk nur mal an die unvorstellbaren Wassermassen, die Er bei der Sintflut freigesetzt hat. Oder an die gewaltigen Zeichen und Wunder, die durch Ihn im Land Ägypten geschehen sind.

Der HERR hat Sein Volk trockenen Fußes durch das Rote Meer gehen lassen und anschließend seine Feinde in den Wasserfluten überwältigt. Nach der Wüstenreise schnitt Er die Wasser des Jordan ab, um Seinem Volk den Weg ins verheißene Land zu bahnen. Kurze Zeit später brachte Er die gewaltigen Mauern der Stadt Jericho zum Einsturz.

Als Josua betete, ließ Gott die Sonne für einen ganzen Tag lang stillstehen. Weil Elia betete, verschloss der HERR für dreieinhalb Jahre den Himmel und hielt den Regen zurück. Und auf das Gebet von Hiskia tötete der Allmächtige durch einen Engel in einer Nacht 185.000 Menschen!

Mehrfach hat der lebendige Gott bewirkt, dass schwache Menschen mit Seiner Hilfe großartige Siege über gewaltige Feinde errungen haben. Er hat Männer in einem unfassbar heißen Feuerofen am Leben erhalten und den Rachen von Löwen verschlossen.

> **Lasst uns die Größe Gottes betrachten – die Größe Seiner Macht, die Weite Seiner Liebe, die Unendlichkeit Seiner Ressourcen!**
> (O. Winslow)

Im Neuen Testament hat Jesus Christus durch die Zeichen und Wunder, die Er tat, bewiesen, dass Er tatsächlich der Sohn Gottes ist: Einmal ist Er auf tobenden Wassermassen gelaufen. Ein anderes Mal hat Er dem Wind und den Wellen Befehle erteilt – woraufhin augenblicklich eine große Stille eintrat. Seine Jünger riefen erstaunt:

„Wer ist denn dieser, dass er auch den Winden und dem Wasser gebietet und sie ihm gehorchen?" (Lk 8,25).

Der Sohn Gottes hat Wasser in Wein verwandelt. Er hat 5000 Männer mit fünf Broten und zwei Fischen versorgt. Er konnte bewirken, dass mitten am Tag so viele Fische ins Netz gingen, dass die Fischerboote zu sinken drohten.

Er hat viele Dämonen ausgetrieben und Menschen dadurch von der Macht Satans befreit. Er hat Lahme gehend gemacht, Blinde sehend, Taube hörend und Stumme redend. Er hat Aussätzige gereinigt, Tote auferweckt – und vieles mehr!

Wie haben die Menschen darauf reagiert? Mit Bewunderung: „Sie erstaunten aber alle sehr über die herrliche Größe Gottes" (Lk 9,43)!

Das größte Wunder Gottes stand aber noch aus. Das geschah am Kreuz von Golgatha. Denn dort hat Christus durch den Tod den Teufel besiegt. Dort hat Er Sühnung für unsere Sünden getan. Dort hat er die Strafe zu unserem Frieden auf sich genommen. Dort hat er uns eine „große Errettung" (Heb 2,3) erkämpft und die Herrlichkeit Gottes ins Licht gestellt wie niemals zuvor!

Wenn man in Ruhe über diese großen Taten Gottes nachdenkt – und man könnte noch viel mehr aufzählen – dann kann man einfach nur staunen über den, „der Großes und Unerforschliches tut, Wunder ohne Zahl" (Hiob 5,9)!

Wir werden dazu aufgefordert, diese großen Taten zu betrachten und davon zu erzählen. David sagt in Psalm 145: „Reden will ich von der herrlichen Pracht deiner Majestät und von deinen Wundertaten. Und sie werden sprechen von der Kraft deiner furchtbaren Taten, und deine Großtaten werde ich erzählen" (Ps 145,5.6).

**„Denn große Dinge hat der Mächtige an mir getan,
und heilig ist sein Name."
(Lk 1,49)**

Tust du das? Inwiefern erzählst du anderen von den Wundertaten und Großtaten Gottes? Warum ist es wichtig, dass wir uns immer wieder an die Großtaten Gottes erinnern? Welche anderen Beispiele fallen dir ein, in denen Gott auf beeindruckende Weise auf Gebet geantwortet hat? Traust du Gott zu, dass Er in deinem Leben auch heute noch Großes tun kann – und wenn ja, warum? Was bedeuten Psalm 81,11 und Maleachi 3,10 in diesem Zusammenhang?

Notizen:

....

....

....

....

....

....

....

....

....

....

....

....

....

....

Der richtige Fokus ist entscheidend

*„Deiner Wunder von alters her will ich gedenken;
und ich will nachdenken über all dein Tun, und über
deine Taten will ich sinnen ... Wer ist ein großer Gott
wie Gott?" (Ps 77,12.14)*

Gott ist unendlich groß – und Er tut auch große Dinge!
Mose hat das immer wieder erlebt. Er war von der Größe Gottes wirklich beeindruckt – und auch von Seinem
großartigen Wirken. Deshalb sagte er im Gebet „Dein Volk
..., das du durch deine Größe erlöst hast" (5. Mo 9,26).

Doch leider hielt die Erinnerung daran bei dem Volk nicht
lange an. Denn später heißt es in den Psalmen: „Sie verga-
ßen Gott, ihren Retter, der Großes getan hatte in Ägypten"
(Ps 106,21).

Das kann uns auch passieren! Wir stehen ebenfalls in der
Gefahr, die große Errettung, die uns der Sohn Gottes auf
Golgatha erstritten hat, aus den Augen zu verlieren. Deshalb werden wir in Hebräer 2,3 ausdrücklich dazu aufgefordert, dieses großartige Geschenk Gottes nicht zu
missachten.

Die Geschichte Asaphs unterstreicht, wie wichtig es ist,
den richtigen Fokus zu haben. Und wie wichtig es ist, sich
immer wieder die großen Taten Gottes in Erinnerung zu
rufen:

In Psalm 77 ist er niedergeschlagen, entmutigt, am Ende.
Er zweifelt an der Güte Gottes. Sein Gottesbild kommt in
Schieflage – und er dreht sich irgendwann nur noch um
sich selbst. Ein elender Zustand!

Aber dann gibt es bei ihm plötzlich ein Erwachen, einen
Wendepunkt. Vor ihm tut sich auf einmal ein ganz neuer
Horizont auf. Er bekommt wieder Luft zum Atmen. Er-

frischung für seine Seele. Dann fängt er sogar an, Gott zu loben und über Ihn zu staunen.

Was war geschehen? Asaph hatte umgedacht. Er hatte erkannt, dass es nichts bringt, sich nur um sich selbst zu drehen – ja, dass das sogar krank macht. Stattdessen fing er an, über die Größe Gottes und Seine mächtigen Taten nachzudenken. Das ist der Wendepunkt, der alles verändert:

„Da sprach ich: Das ist mein Kranksein. Der Jahre der Rechten des Höchsten will ich gedenken, der Taten des Jah; denn deiner Wunder von alters her will ich gedenken; und ich will nachdenken über all dein Tun, und über deine Taten will ich sinnen. Gott, dein Weg ist im Heiligtum! Wer ist ein großer Gott wie Gott? Du bist der Gott, der Wunder tut, du hast deine Stärke kundwerden lassen unter den Völkern" (Ps 77,11-15).

Der tägliche Blick auf einen lebendigen Jesus, der sich für uns verwendet, ist ein großes Geheimnis der Stärke und des Trostes im Glauben. (R.C. Ryle)

Dieser neue Fokus zieht ihn aus dem Sumpf des Selbstmitleids. Er bekommt wieder festen Boden unter die Füße. Der Fels gibt ihm neuen Halt.

Dann gehen seine Gedanken weiter. Er erinnert sich an die großen Dinge, die Gott bereits getan hat. Die Großtaten Gottes. Mit erhobenem Arm hatte der HERR Sein Volk aus Ägypten erlöst. Auf wunderbare Weise hatte Er sie trockenen Fußes durch das Rote Meer geführt – und das zu einem Zeitpunkt, an dem alles hoffnungslos verloren schien!

Asaph begreift, dass Gottes Weg nicht immer nachvollziehbar ist. Manchmal führt er mitten durchs Meer. Manchmal geht er durch große Wasser. Manchmal auch durch die Wüste. Aber immer behält Gott alles unter Kontrolle: Er führt uns und kümmert sich um uns, wie ein Hirte es mit Seiner Herde tut.

„Meiner Ansicht nach ist der wichtigste Punkt, auf den man achten muss, dieser: Über alles andere sehen Sie zu, dass Ihre Seele Freude am Herrn hat. Andere Angelegenheiten mögen Sie bedrücken, die Arbeit für den Herrn mag sogar dringende Ansprüche auf Ihre Aufmerksamkeit haben, aber ich wiederhole absichtlich:

Es ist von größter und höchster Wichtigkeit, dass Sie über alles andere danach suchen, dass Ihre Seele sich an Gott selbst wahrhaftig erfreut! Versuchen Sie, dies jeden Tag zur wichtigsten Angelegenheit Ihres Lebens zu machen." (J. Piper / *Wenn die Freude nicht mehr da ist* / CLV).

> **Nichts macht mir die Ewigkeit so wertvoll wie das: Wir werden sie damit verbringen, Christus zu erkennen, Ihn zu genießen und Ihn zu ehren!**
> (J. Smith)

Was bedeutet das große Heil Gottes für uns? Es beinhaltet viel mehr, als nur vor dem Gericht Gottes und der Hölle gerettet zu sein. Wir sind gerettet aus der Finsternis, zu Gottes wunderbaren Licht. Aus der Sklaverei Satans, zu der Freiheit der Söhne Gottes. Von der ewigen Verdammnis, zu Gottes ewiger Herrlichkeit. Gerettet vom ewigen Verderben und gerettet zum ewigen Leben. Gerettet von der ewigen Gottesferne und von ewigen Leid, um ewig Gemeinschaft mit Gott zu haben und uns an Ihm zu erfreuen!

Gott hat uns in Christus mit jeder geistlichen Segnung gesegnet, die es gibt: Vergebung der Sünden, Rechtfertigung, Erlösung, Versöhnung, ewiges Leben, Auserwählung, Kindschaft, Sohnschaft, Versiegelung mit dem Heiligen Geist, ein Glied am Leib Christi zu sein, mit Ihm einmal über das Universum zu herrschen und vieles mehr! Was für eine großartige Errettung. Was für ein genialer Plan Gottes! Was für ein wunderbarer Gott, der sich das alles ausgedacht hat!

Daran sollen wir denken. Darauf sollen wir uns fokussieren. Damit sollen wir uns beschäftigen: Mit den Großtaten Gottes!

Deshalb gilt auch für uns: „Fürchtet den HERRN, und dient ihm in Wahrheit mit eurem ganzen Herzen; denn seht, welch große Dinge er an euch getan hat!" (1. Sam 12,24).

> *Wofür kannst du Gott in deinem Leben danken? Was kann dir dabei helfen, die geistlichen Segnungen, die Gott dir geschenkt hat, besser zu verstehen? Formuliere mit deinen eigenen Worten, wovon Gott dich gerettet hat und wozu Er dich gerettet hat!*

Notizen:

....

....

....

....

....

....

....

....

....

Die überragende Größe des Sohnes Gottes

"Dieser wird groß sein." (Lk 1,32)

Jesus Christus, der ewige Sohn Gottes, ist der Schöpfer des Universums. Er ist der Werkmeister Gottes (s. Spr 8,30), der alle Dinge ins Dasein gerufen hat. Paulus beschreibt den Kolossern die Größe Seiner Macht mit folgenden Worten:

„Denn durch ihn sind alle Dinge geschaffen worden, die in den Himmeln und die auf der Erde, die sichtbaren und die unsichtbaren, es seien Throne oder Herrschaften oder Fürstentümer oder Gewalten: Alle Dinge sind durch ihn und für ihn geschaffen. Und er ist vor allen, und alle Dinge bestehen durch ihn" (Kol 1,16.17).

Der Sohn Gottes ist so groß und so wunderbar, dass Seine einzigartige Person unsere Erkenntnis übersteigt. Deshalb sagt Er selbst im Matthäus-Evangelium: „Niemand erkennt den Sohn als nur der Vater" (Mt 11,27). Gott und Mensch in einer Person – das sprengt unsere Vorstellungskraft.

Aber das soll uns nicht davon abhalten, Ihn immer besser kennenzulernen. Denn genau das ist Gottes Wille für uns. Petrus fordert uns dazu auf, wenn er schreibt: „Wachst aber in der Gnade und Erkenntnis unseres Herrn und Heilandes Jesus Christus" (s. 2. Pet 3,18). Christus soll uns groß und größer werden. Das ist Gottes Ziel!

Im Alten Testament ist Isaak ein Vorbild auf den Sohn Gottes. Er war der einzigartige Sohn Abrahams. Auf Ihm ruhten die Verheißungen Gottes – und er sollte auf dem Altar geopfert werden. Von Ihm lesen wir in 1. Mose 26,13: „Der Mann wurde groß und wurde immer größer, bis er sehr groß war."

Das können wir sehr gut auf unser Leben anwenden: Wenn wir uns bekehren, dann begreifen wir, dass Jesus Christus groß ist. Warum? Weil Er der Einzige war, der am Kreuz das Gericht Gottes über unsere Sünden auf sich nehmen konnte. Und weil Er am dritten Tag siegreich aus den Toten auferstanden ist.

Doch Gott möchte, dass Sein Sohn uns immer größer wird. Er will, dass Christus irgendwann so groß für uns ist, dass unsere Herzen voll und ganz von Ihm erfüllt sind.

> **Studiere Ihn, um Ihn immer besser kennenzulernen. Denn je mehr du Ihn kennenlernst, umso mehr wirst du Ihn lieben.**
> (G. Whitefield)

Noch bevor der Herr Jesus geboren wurde, sagte der Engel Gabriel über Ihn zu Maria: „Dieser wird groß sein" (Lk 1,32). Das stand wie eine Überschrift über Seinem Leben.

Als Er mit ca. 30 Jahren Seinen öffentlichen Dienst begann, erfüllte sich die Prophezeiung Jesajas: „Das Volk, das im Finstern wandelt, hat ein großes Licht gesehen" (Jes 9,1). Er war dieses große Licht, das Licht der Welt (s. Joh 8,12).

In Ihm wurde göttliches, herrliches und wunderbares Leben sichtbar. Ein einzigartiges Leben, dass die Menschen wie ein helles Licht erleuchtete. Niemals hat ein Mensch so gelebt wie dieser Mensch. Selbst die Juden sagten über Ihn: „Niemals hat ein Mensch so geredet wie dieser Mensch" (Joh 7,46). Wer in Seine Gegenwart kam, wurde in das Licht Gottes gestellt.

40 Tage nach Seiner wunderbaren Auferstehung verließ Er die Erde und kehrte wieder in den Himmel zurück. Doch Sein Licht hatte im Laufe der Zeit seinen Glanz nicht verloren. Im Gegenteil: Als Saulus von Tarsus, der größte

der Sünder, dem Sohn Gottes begegnete, wurde er von einem großen Licht aus dem Himmel umstrahlt. Dieses Licht war so gewaltig, dass es sogar den Glanz der Sonne übertraf (s. Apg 26,13)!

Die Größe des Herrn Jesus Christus hat Paulus buchstäblich überwältigt. Aus dem größten Sünder wurde ein großartiger Diener. Ein Diener Gottes, der nur ein großes Ziel hatte: Christus mehr zu erkennen und den Menschen Christus groß zu machen!

Das wird in seinen Briefen sehr deutlich. Er schreibt dort von unserem großen Gott und Heiland, Jesus Christus (s. Tit 2,13). Er spricht von dem Reichtum des Christus (s. Eph 3,8) und beschreibt Ihn als den, „der über allem ist, Gott, gepriesen in Ewigkeit" (Röm 9,5).

Für Paulus war der Sohn Gottes so groß, dass er alles andere für Dreck achtete, um Ihn mehr zu erkennen. So ergriffen war der Apostel von dieser einzigartigen, herrlichen und wunderbaren Person. Deshalb konnte er auch mit voller Hingabe und Überzeugung sagen: „Das Leben ist für mich Christus, und das Sterben Gewinn" (Phil 1,21).

> *Wir groß ist der Sohn Gottes für dich? Was fällt dir auf, wenn du die Verse aus Apostelgeschichte 9,3; 22,6; 26,13 miteinander vergleichst? Wie kannst du in der Erkenntnis des Herrn Jesus wachsen?*

Notizen:

....

....

Er ist größer

*"Mehr als Jona ist hier ... Mehr als Salomo ist hier."
(Mt 12,41.42)*

Um die Größe einer Person hervorzuheben, ist es oft hilfreich, Kontraste zu anderen Personen deutlich zu machen. Ein Beispiel dafür haben wir in den oben angeführten Versen: Jesus Christus ist größer als Jona und größer als Salomo.

Jona wurde unfreiwillig von einem großen Fisch verschlungen. Drei Tage und Nächte verbrachte er im Bauch dieses Tieres. Christus dagegen ging freiwillig in den Tod, indem Er den Geist in die Hände Seines Vaters übergab.

Jona wurde irgendwann von dem großen Fisch ausgespien. Christus ist nach drei Tagen in der Kraft Seines unauflöslichen Lebens siegreich auferstanden! Er hat den Tod besiegt – den König der Schrecken (Hiob 18,14)!

Salomo besaß eine Weisheit, die ihresgleichen suchte. Sogar Menschen aus fernen Ländern nahmen weite Reisen auf sich, um die Weisheit dieses Mannes zu sehen. Als die Königin von Scheba die Herrlichkeit Salomos sah, rief sie voller Bewunderung: „Nicht die Hälfte ist mir berichtet worden von deiner Weisheit und von deinen Gütern" (1. Kön. 10,7).

Doch Christus überragt Salomo bei weitem (s. Lk 11,31). Denn Er ist die personifizierte Weisheit Gottes (s. Sprüche 8). Mit göttlicher Weisheit hat Er das ganze Universum erschaffen. Mit vollkommener Weisheit ist Er während Seines Dienstes auf die Bedürfnisse der Menschen eingegangen.

> **Christus selbst ist unser einziges wahres Glück. Und wir werden nie völlig für Gott leben, bis Christus für uns alles wird.**
> (E. Dennett)

Er sagte und tat immer das Richtige zur richtigen Zeit – und genau das ist Weisheit!

Ein Gegenstand ist immer größer und herrlicher als der Schatten, den er vorauswirft. In diesem Sinn ist auch der Sohn Gottes größer und herrlicher als jedes Vorbild, das bereits im Alten Testament auf Ihn hindeutet.

Das macht besonders der Hebräerbrief deutlich. Dort finden wir viele Vorbilder auf Christus. Doch dann wird das Original gezeigt, dass sie alle bei weitem übertrifft. Jesus ist größer als Mose, größer als Aaron, größer als Melchisedek. Und von dem Letzten wird sogar explizit gesagt: „Schaut aber, wie groß dieser war" (Heb 7,4)!

> **Satan mag dich versuchen, Ängste mögen in dir aufsteigen, Zweifel mögen dich beschweren, und Mutlosigkeit mag deine Stimmung bedrücken – aber Jesus ist größer als alles.**
> (J. Smith)

In Hebräer 11 werden uns viele Glaubenshelden gezeigt, die alle – auf die eine oder andere Weise – Gott durch Glauben geehrt haben. Abel, Henoch, Noah, Abraham, Joseph, Mose und viele andere. Doch dann wird der Blick des Lesers auf den gerichtet, der sie alle bei weitem übertrifft: Jesus Christus, den Anfänger und Vollender des Glaubens (s. Heb 12,2). Er ist größer!

Im Alten Testament hat Gott immer wieder durch Propheten zu Seinem Volk geredet. Doch am Ende der Tage hat Er in dem geredet, der selbst die größten Propheten in den Schatten stellt: Sein einzigartiger Sohn. Er ist die Ausstrahlung Seiner Herrlichkeit und der Abdruck Seines Wesens (s. Heb 1,3).

Petrus macht auf dem Berg, auf dem Christus vor den Augen der Jünger verwandelt wurde, einen großen Fehler. Er stellt Christus auf eine Stufe mit Mose und Elia – großen Männern des Alten Testaments. Plötzlich erscheint die Wolke der Herrlichkeit Gottes. Dann wird die Stimme des Vaters gehört, der sagt: „Dieser ist mein geliebter Sohn, an dem ich Wohlgefallen gefunden habe; ihn hört" (Mt 17,5). Christus ist einzigartig und unvergleichlich. Er ist größer!

Auch die wunderbaren Titel, die Ihm gegeben werden, heben Seine Größe hervor:

- Er ist der große Prophet (s. Lk 7,16), das perfekte Sprachrohr Gottes.
- Er ist der große Hirte der Schafe (s. Heb 13,20), der jetzt in Auferstehung so für uns sorgt, wie David es in Psalm 23 beschreibt.
- Er ist der große Hohepriester (s. Heb 4,14), der uns versteht, der mitempfindet und der sich für uns einsetzt.
- Er ist der große König (s. Mt 5,35), der bald regieren wird, in großer Macht und Herrlichkeit.
- Er ist unser großer Gott und Heiland (s. Tit 2,13). Der Schöpfer, der Mensch wurde und der uns durch Seinen Tod für alle Ewigkeit errettet hat.

Er ist „ausgezeichnet vor Zehntausenden" und „schöner als die Menschensöhne" (Hld 5,10; Ps 45,3)!

> *Welche anderen Kontraste zu Personen fallen dir ein, die hervorheben, dass Christus größer ist? Was bedeutet es für dein Glaubensleben, dass Jesus der große Prophet, der große Hirte der Schafe, der große Hohepriester, der große König, der große Gott und der große Heiland ist?*

Wunderbare Kontraste

„Sie erstaunten aber alle sehr über die herrliche Größe Gottes." (Lk 9,43)

Was für ein Ergebnis! Der Sohn Gottes tut Zeichen und Wunder – und Menschen staunen über die herrliche Größe Gottes. Wunderbar!

Wir schauen uns jetzt anhand einiger Kontraste an, wie herrlich die Größe des Sohnes Gottes im Johannes-Evangelium sichtbar wird:

Im Alten Testament wohnte der HERR im Zelt der Zusammenkunft (der Stiftshütte), inmitten Seines Volkes. Das war Gnade. Doch Christus zeigt uns mehr! In Jesus wurde der lebendige Gott Mensch und zeltete unter uns (s. Fußnote zu Joh 1,14). In Ihm, dem einzigartigen Sohn des Vaters, sind Gnade und Wahrheit sichtbar geworden wie niemals zuvor.

Johannes der Täufer war der größte der Propheten. Aber stell dir vor: Selbst er sagt, dass er noch nicht einmal würdig ist, auch nur den Riemen der Sandale Jesu zu lösen (s. Joh 1,27). Was für ein Licht wirft das auf die Größe des Sohnes Gottes!

Mose hat vor dem Pharao Wasser in Blut verwandelt – ein Zeichen des Gerichts. Der Sohn Gottes dagegen hat Wasser in Wein verwandelt – ein Bild der Freude!

Die Juden waren stolz auf den Tempel des Herodes, an dem 46 Jahre lang gebaut worden war (s. Joh 2,20). Der Körper Jesu war auch ein Tempel – und der war viel größer! Denn in Christus wohnte die ganze Fülle der Gottheit leibhaftig (s. Kol 2,9)!

Isaak war der einzigartige Sohn Abrahams. Er sollte auf dem Berg Morija als Brandopfer geopfert werden (was aber in letzter Sekunde verhindert wurde). Jesus Christus ist größer. Er ist der einzigartige Sohn Gottes, der tatsächlich auf Golgatha hingegeben wurde und über den geschrieben steht: „Denn so hat Gott die Welt geliebt, dass er seinen einzigartigen Sohn gab, damit jeder, der an ihn glaubt, nicht verloren gehe, sondern ewiges Leben habe" (Joh 3,16).

Als der Sohn Gottes nach Samaria kommt, trifft Er dort an einem Brunnen eine Frau. Im Laufe des Gesprächs stellt sie Ihm die Frage: „Du bist doch nicht größer als unser Vater Jakob, der uns den Brunnen gab?" (Joh 4,12). Doch genau das ist der Fall!

Wer aus dem Jakobs-Brunnen trank, der hatte kurze Zeit später wieder Durst. Aber Jesus Christus kann Menschen lebendiges Wasser geben – den vom Himmel gesandten Heiligen Geist. Und wer dieses Wasser trinkt, der wird in Ewigkeit keinen Durst mehr haben. Denn der Heilige Geist führt zu wahrer Befriedigung in dem Genuss des ewigen Lebens!

Der Instinkt des Christen für Vertrauen und Anbetung wird durch das Wissen um die Größe Gottes sehr stark angeregt.
(J.I. Packer)

Der Herr ist auch größer als Joseph. Joseph wurde in Ägypten unter dem Pharao zum Erhalter des Lebens. Doch Christus ist der Heiland der Welt (s. Joh 4,42), dessen Heil ausgeht bis an die Enden der Erde!

In Johannes 5 sehen wir viele kranke Menschen, die am Teich Bethesda lagen. Von Zeit zu Zeit stieg ein Engel in den Teich, der das Wasser bewegte. Wer nach der Bewegung des Wassers zuerst in den Teich stieg, wurde geheilt. Der Sohn Gottes ist größer als dieser Engel. Denn in Seiner Gegenwart mussten Krankheiten und sogar der Tod wei-

> **Die Freude, Jesus zu kennen, übertrifft alles. Er ist ganz und gar und in höchstem Maße herrlich!**
> (T. Doolittle)

chen. Er heilte alle, die im Glauben zu Ihm kamen!

Während der Wüstenreise gab Gott den Israeliten täglich Manna aus dem Himmel. Christus ist größer als das Manna. Denn Er hat gesagt: "Ich bin das Brot des Lebens; wer zu mir kommt, wird nicht hungern" (Joh 6,35). Sich von Ihm zu ernähren, gibt Kraft und bleibende Befriedigung!

Aber der Sohn Gottes gibt noch mehr als wahre Befriedigung. Er macht uns auch zu Segenskanälen für andere. In der Wüste trank das Volk Israel aus dem Felsen, der geschlagen wurde. Christus ist größer als dieses Vorbild, das auf Ihn hinweist. Denn Er hat gesagt:

„Wenn jemand dürstet, so komme er zu mir und trinke! Wer an mich glaubt, wie die Schrift gesagt hat, aus dessen Leib werden Ströme lebendigen Wassers fließen" (Joh 7,37.38). Das tut der Heilige Geist durch uns – und den hat Christus vom Himmel gesandt!

Die Juden hielten große Stücke auf ihren Urvater Abraham. Denn sie waren seine Nachkommen. Doch Jesus ist größer. Er konnte sagen: „Ehe Abraham wurde, bin ich" (Joh 8,58). Er ist der große „Ich bin" – ewig, unveränderlich und unendlich groß!

Elisa betete dafür, dass die Augen Seines Dieners für die unsichtbare Welt geöffnet würden. Und Gott erhörte sein Gebet. Der Sohn Gottes dagegen hat selbst etwas getan, was bis dahin von Ewigkeit her nicht gehört worden ist: Er hat die Augen eines Blindgeborenen aufgetan (s. Joh 9,32)!

David war ein Hirte. Er hat mit einem Löwen und einem Bären gekämpft, um seine Schafe zu beschützen. Jesus Christus ist größer! Er ist der gute Hirte, der Sein Leben für Seine Schafe gegeben hat (s. Joh 10,11). Außerdem ist Er der große Hirte der Schafe, der heute vom Himmel aus für uns sorgt!

Elia war der erste Mensch, durch dessen Gebet jemand aus den Toten auferweckt wurde. Der Sohn Gottes hat während Seines Dienstes drei Menschen aus den Toten auferweckt. Aber nicht nur das: Er sagte außerdem: „Ich bin die Auferstehung und das Leben" (Joh 11,25).

Er hat Seinen Jüngern – und auch uns! – Auferstehungsleben gegeben. Und Er hat erklärt: „Es kommt die Stunde und ist jetzt, da die Toten die Stimme des Sohnes Gottes hören werden, und die sie gehört haben, werden leben" (Joh 5,25)!

Außerdem ist Christus größer als Salomo, der Sohn Davids. Als Er auf einem Esel nach Jerusalem hineingeritten kam, haben die Menschen gerufen: „Hosanna dem Sohn Davids ... Gepriesen sei, der da kommt im Namen des Herrn, der König Israels!" (Mt 21,9; Joh 12,13). Bald wird Er hier als Friedefürst regieren – der König der Könige und der Herr der Herren!

> *Welche Bedeutung hat es für dein Glaubensleben, dass der Sohn Gottes größer ist als alle/s? Inwiefern kann dieses Wissen in Lebenskrisen, bei Anfechtung oder Zweifeln helfen? Sei dir immer bewusst: Was auch immer dir im Leben begegnet – Er ist größer!*

Leben im Blick auf einen großen Gott

„Rufe zu mir, und ich will dir antworten und will dir große und unerreichbare Dinge kundtun, die du nicht weißt." (Jer 33,3)

Hudson Taylor hat gesagt: „Wir brauchen keinen großen Glauben, sondern wir brauchen Glauben an einen großen Gott." Das stimmt! Denn wenn wir an einen großen Gott glauben, dann werden wir Ihm auch viel zutrauen. Dann werden wir Großes von Ihm erwarten!

Im Buch Hiob wird das große Handeln Gottes an vielen Stellen beschrieben. Hier sind ein paar Beispiele:

„Gott ..., der Großes und Unerforschliches tut, Wunder ohne Zahl ... der Großes tut, dass es nicht zu erforschen ist, und Wundertaten, dass sie nicht zu zählen sind ... Gott donnert wunderbar mit seiner Stimme, er tut große Dinge, die wir nicht begreifen (Hiob 5,9; 9,10; 37,5).

Das Gleiche gilt für die Psalmen. Dort heißt es beispielsweise:

„Und deine Gerechtigkeit, o Gott, reicht bis zur Höhe; du, der du große Dinge getan hast, o Gott, wer ist wie du? ... Der HERR hat Großes an uns getan" (Ps 71,19; 126,3).

Das ist unser Gott – und Er hat sich nicht verändert! Nur, dass wir Ihn viel besser kennen, als die Gläubigen im Alten Testament.

Auch das Neue Testament beginnt mit Seinem großartigen Handeln. Nachdem Maria im Glauben ergreift, was Gott durch sie bewirken möchte, ruft sie voller Bewunderung: „Große Dinge hat der Mächtige an mir getan, und heilig ist sein Name" (Lk 1,49).

Direkt danach wird über Elisabeth gesagt: „Und ihre Nachbarn und Verwandten hörten, dass der Herr seine Barmherzigkeit an ihr groß gemacht habe, und sie freuten sich mit ihr" (Lk 1,58).

Als Jesus geboren wurde verkündigt ein Engel den Hirten diese wunderbare Botschaft mit den Worten: „Siehe, ich verkündige euch große Freude, die für das ganze Volk sein wird" (Lk 2,10).

Auch die Reaktion der Menschen auf den Dienst des Sohnes Gottes spricht Bände über das großartige Handeln Gottes:

„Staunen ergriff alle, und sie verherrlichten Gott und wurden mit Furcht erfüllt und sagten: Wir haben heute außerordentliche Dinge gesehen … Alle aber ergriff Furcht; und sie verherrlichten Gott und sprachen: Ein großer Prophet ist unter uns erweckt worden … Und er ging hin und machte in der ganzen Stadt bekannt, wie viel Jesus an ihm getan hatte … Sie erstaunten aber alle sehr über die herrliche Größe Gottes" (Lk 5,26; 7,16; 8,39; 9,43).

Kurz vor Seinem Tod am Kreuz versprach Christus Seinen Jüngern: „Wahrlich, wahrlich, ich sage euch: Wer an mich glaubt, der wird auch die Werke tun, die ich tue, und wird größere als diese tun, weil ich zum Vater gehe" (Joh 14,12). Wie sollte das geschehen? Durch die Kraft des Heiligen Geistes!

> **Ich habe ein großes Bedürfnis nach Christus. Ich haben einen großen Christus für meine Bedürfnisse.**
> (C.H. Spurgeon)

Nachdem der Herr in den Himmel zurückgekehrt ist und den Heiligen Geist auf die Erde gesandt hat, taten die Apostel mächtige Zeichen und Wunder. Außerdem erlebten sie großartige Gebetserhörungen. Eine davon zeigte sich wie folgt: „Mit großer Kraft legten die Apostel das Zeugnis von der Auferstehung des Herrn Jesus ab; und große Gnade war auf ihnen allen" (Apg 4,33).

Die Zeit des Anfangs der Christenheit ist vorbei – aber Gott ist immer noch derselbe. Er tut auch heute noch „über die Maßen mehr, als was wir erbitten oder erdenken, nach der Kraft, die in uns wirkt" (Eph 3,20). Er tut auch heute noch Großes!

Erwarte große Dinge von Gott – Versuche große Dinge für Gott! (W. Carey) | Im Alten Testament fordert Samuel die Israeliten auf, geöffnete Augen für das Wirken Gottes in ihrem Leben zu haben. Deshalb sagt er: „Seht, welch große Dinge er an euch getan hat!" (1. Sam 12,24). Wie viel mehr gilt das für uns heute!

Uns hat Gott nicht durch das Rote Meer geführt. Er hat uns etwas viel Größeres gegeben: Seinen einzigartigen Sohn! In Jesus Christus haben wir eine unbeschreiblich große Errettung geschenkt bekommen (s. Heb 2,3) und durch Ihn sind wir geistlich unfassbar reich gesegnet geworden!

Die Schlussfolgerung des Glaubens liegt auf der Hand: Wenn Gott bereits so große Dinge für uns und an uns getan hat, dann wird Er uns auch für die Zukunft alles geben, was gut für uns ist (s. Röm 8,32)!

Deshalb macht Er uns auch Mut, viel von Ihm zu erwarten! Dazu eine Illustration aus dem Alten Testament:

In Psalm 81 sagt Gott: „Ich bin der HERR, dein Gott, der dich aus dem Land Ägypten heraufgeführt hat; tu deinen Mund weit auf, und ich will ihn füllen" (Ps 81,11).

Mit anderen Worten: Schaut euch an, was für eine große Rettung ich euch bereits geschenkt habe. Ihr dürft damit rechnen, dass ich auch weiterhin für euch kämpfen werde. Deshalb öffne deinen Mund weit, ich will ihn füllen!

Beten wir heute noch mit einem weit geöffneten Mund? Beten wir noch mit dem Glauben und der Erwartung, dass Gott auch heute noch großen Segen geben möchte? Prüfen wir Gott in dieser Hinsicht noch, indem wir danach verlangen, dass Er Seine Versprechen in unserem Leben Wirklichkeit werden lässt?

Vielleicht denkt der eine oder andere jetzt: Ja, aber wir leben doch in den letzten Tagen. Man sieht doch überall so viel Verfall, Schwachheit und Versagen in der Christenheit. Was können wir da noch erwarten?

Auf solche zweifelnden Überlegungen gibt uns Gott im letzten Buch des Alten Testaments eine wunderbare Antwort. Damals ging auch alles den Bach runter. Gleichgültigkeit, Lauheit, Überheblichkeit. Das Volk Gottes befand sich in einem schrecklichen geistlichen Zustand.

Trotzdem fordert Gott sie heraus und sagt: „Prüft mich doch ... ob ich euch nicht die Fenster des Himmels öffnen und euch Segen bis zum Übermaß ausgießen werde" (Mal 3,10). Sollte es heute anders sein?

> *Worauf sind deine Augen gerichtet: Auf die Größe des Niedergangs und der Probleme, auf fehlbare Menschen, oder auf die Größe Gottes? Auf dein Unvermögen oder auf das, was Gott zu tun vermag? Gott läuft nichts aus dem Ruder – und Er versichert uns: „Ich, der HERR, ich verändere mich nicht" (Mal 3,6)!*

Notizen:

....

....

....

....

....

....

....

....

....

....

....

....

....

....

....

....

....

....

....

....

....

....

....

....

....

....

....

....

DIE EINZIGARTIGKEIT GOTTES

Der lebendige Gott

„Aber der HERR ist Gott in Wahrheit; er ist der lebendige Gott und ein ewiger König." (Jer 10,10)

Der Schöpfer aller Dinge ist der Einzige, der in sich selbst sowohl Leben als auch Unsterblichkeit besitzt (s. 1. Tim 6,16). Er ist der Lebendige – die Quelle und der Urheber des Lebens (s. Ps 36,10; Apg 3,15).

Jedes Wesen, das lebt, verdankt Ihm seine Existenz. Das Wort bezeichnet Ihn an vielen Stellen als den lebendigen Gott – im Kontrast zu den toten, stummen und nichtigen Götzen, welche die Menschen unter dem Einfluss Satans erfunden haben. Auf dieser Erde kommt alles irgendwann zu einem Ende. Doch Er bleibt in Ewigkeit!

Es ist interessant und glaubensstärkend, sich den Kontext dieser Stellen, in denen der lebendige Gott erwähnt wird, etwas näher anzuschauen:

Die Botschaft von Paulus an die Menschen in Lystra war: „... dass ihr euch von diesen nichtigen Götzen bekehren sollt zu dem lebendigen Gott, der den Himmel und die Erde und das Meer gemacht hat und alles, was in ihnen ist" (Apg 14,15). Das macht deutlich: Der einzigartige, lebendige Gott, ist der Schöpfer aller Dinge – und nur in Ihm gibt es Rettung!

Er ist aber nicht nur der Schöpfer. Er ist auch der Erhalter aller Dinge. Der, durch den alles besteht (s. Kol 1,17). Was das bedeutet, wird im Buch Hiob beschrieben:

„Wenn er sein Herz nur auf sich selbst richtete, seinen Geist und seinen Odem an sich zurückzöge, so würde alles Fleisch insgesamt verscheiden und der Mensch zum Staub zurückkehren" (Hiob 34,14.15).

Wir hoffen auf einen lebendigen Gott, der ein Erhalter aller Menschen ist – besonders der Gläubigen (s. 1. Tim 4,10). Das wird in der Geschichte Daniels deutlich. Er wird interessanterweise von Nebukadnezar ein „Knecht des lebendigen Gottes" genannt. Er wurde aus der Löwengrube gerettet, weil er auf den lebendigen Gott vertraut hatte (s. Dan 6,20.23).

Der lebendige Gott ist aktiv. Er offenbart sich. Er kommuniziert mit uns. Israel hörte die Stimme des lebendigen Gottes, die mitten aus dem Feuer kam (s. 5. Mo 5,27). Zu uns redet Er heute durch Sein lebendiges Wort, das ein Beurteiler der Gedanken und der Überlegungen des Herzens ist (s. Heb 4,12).

Außerdem sollen wir wissen, dass der lebendige Gott nicht nur mit uns redet, sondern dass Er auch für uns kämpft! David hatte keinen Zweifel daran. Diese Gewissheit gab ihm den Mut, es mit dem Riesen Goliath aufzunehmen – denn der hatte die Schlachtreihen des lebendigen Gottes verhöhnt (s. 1. Sam 17,36).

> **Der Lebendige Gott ist mit uns, dessen Kraft nie versagt, dessen Arm niemals müde wird, dessen Weisheit unendlich und dessen Kraft unverändert ist.**
> (G. Müller)

Auch Sanherib hat den lebendigen Gott verspottet. Als Hiskia das hört, geht er ins Gebet und schüttet sein Herz vor dem HERRN aus. Wie reagiert Gott auf das Vertrauen, dass David und Hisika Ihm entgegenbringen?

Er ehrt ihren Glauben! Er befähigt David dazu, den Riesen Goliath mit dessen eigenen Schwert den Kopf abzuschlagen. Und Hiskia bekommt als Antwort auf sein Gebet einen Engel gesandt, der in einer Nacht im Lager der Assyrer 185.000 Männer tötet!

„Gott lässt sich nicht spotten" (Gal 6,7)! Wie geschrieben steht: „Es ist furchtbar, in die Hände des lebendigen Gottes zu fallen!" (Heb 10,31).

> **Das Vertrauen in den lebendigen Gott ist eine geheiligte Vernunft, die keiner Entschuldigung bedarf. Ihr Ergebnis wird ihre beste Rechtfertigung sein.**
> (C.H. Spurgeon)

Jesus Christus wird der Sohn des lebendigen Gottes genannt (s. Mt 16,16). Ein sehr interessanter Titel! Er ist die Quelle des Lebens. Derjenige, der Leben in sich selbst besitzt.

Nach 4000 Jahren Menschheitsgeschichte tritt Er in Seine eigene Schöpfung ein – das größte Wunder aller Zeiten! Warum kommt Er zu den Menschen auf diese verfluchte Erde? Er selbst gibt die Antwort: „Ich bin gekommen, damit sie Leben haben und es in Überfluss haben" (Joh 10,10).

Er hat nicht nur Worte ewigen Lebens, Er will dieses Leben auch mit anderen teilen. Eine ganz neue Qualität von Leben! Ein Leben, dass uns befähigt, den Vater und den Sohn zu erkennen und Gemeinschaft mit dem lebendigen Gott zu haben (s. Joh 17,3)!

Wir sind heute der Tempel des lebendigen Gottes (s. 2. Kor 6,16)! Das bedeutet, dass der lebendige Gott in unserer Mitte wohnt und dass Er sich mit uns identifiziert.

Jeder wiedergeborene Christ gehört außerdem zur Gemeinde des lebendigen Gottes, die der Pfeiler und die Grundfeste der Wahrheit ist (s. 1. Tim 3,15)! Wir dürfen gemeinsam davon zeugen, dass wir den lebendigen Gott kennen. Wie groß ist das!

Es geht sogar noch weiter: Wir sollen dem wahren und lebendigen Gott dienen und Seinen Sohn täglich aus den Himmeln erwarten (s. 1. Thes 1,9.10)! Das sollten die beiden großen Leitprinzipien unseres Lebens sein.

> *Warum wird Gott als der lebendige Gott bezeichnet? Welche Auswirkungen hat es auf dein Glaubensleben, Ihn so zu kennen? Die Söhne Korahs haben voller Sehnsucht gesagt: „Meine Seele dürstet nach Gott, nach dem lebendigen Gott ... mein Herz und mein Fleisch rufen laut nach dem lebendigen Gott" (Ps 42,2; 84,2). Der Herr freut sich, wenn Er so ein brennendes Herzensverlangen heute noch findet!*

Notizen:

....

....

....

....

....

....

....

....

....

....

....

....

....

....

Der mächtige Name Gottes

„Gar keiner ist dir gleich, HERR; du bist groß, und groß ist dein Name in Macht." (Jer 10,6)

Das Geschaffene wird von dem Unerschaffenen überragt, das Endliche von dem Unendlichen und das Zeitliche von dem Ewigen.

„Gott ist erhabener als ein Mensch" (Hiob 33,12). Er ist von anderer Art als wir. Wir sind sterblich, Er ist unsterblich. Wir haben einen Anfang. Er hat keinen Anfang. Wir sind schwach. Er ist stark. Wir verändern uns. Er verändert sich nicht. Wir sind begrenzt in unserem Wissen. Er ist der an Wissen Vollkommene, usw.

Niemand kann sich mit Ihm messen. Seine Herrlichkeit und Perfektion stellt alles andere in den Schatten!

Ein schönes Beispiel dafür finden wir im Alten Testament: Der Prophet Jeremia hatte einen schweren Dienst, der mit viel Widerstand und Leiden verbunden war. Doch er kannte seinen Gott. Er hatte ein Bewusstsein von der Größe und Macht des Ewigen. Das machte ihm Mut. Das gab ihm Kraft. Deshalb sagt er: •

„Gar keiner ist dir gleich, HERR; du bist groß, und groß ist dein Name in Macht" (Jer 10,6).

Diese Worte machen wieder deutlich, dass Gott in Seiner Größe und in Seiner Macht absolut unvergleichlich ist. Du kannst jedes geschaffene Wesen und jede Autorität nehmen: Herrschaften, Fürstentümer, Gewalten, Cherubim, Seraphim, Erzengel, die Mächte der Finsternis – Gott übertrifft sie alle bei weitem.

Deshalb sagt David in 1. Chronika 29,11: „Dein, HERR, ist die Größe und die Stärke und der Ruhm und der Glanz und die Pracht; denn alles im Himmel und auf der Erde ist dein. Dein, HERR, ist das Königreich, und du bist über alles erhaben als Haupt."

Weil Gott so einzigartig groß und mächtig ist, sagt Jeremia dann auch: „Wer sollte dich nicht fürchten, König der Nationen? Denn dir gebührt es. Denn unter allen Weisen der Nationen und in allen ihren Königreichen ist gar keiner dir gleich" (Jer 10,7).

Gott besitzt unendliche Macht. Er sitzt auf dem Thron. Er regiert. Er dominiert. Sein Reich herrscht über alles (s. Ps 103,19). Er ist der König der Zeitalter. „Er ist der lebendige Gott und ein ewiger König" (Jer 10,10)!

Diese wunderbaren Wahrheiten über Gott sollten die Menschen das Fürchten lehren. Wir sollen Ehrfurcht und Ehrerbietung vor Gott haben, weil Er der ist, der Er ist!

> **Wahrer Glaube ist die Schwachheit des Menschen, die sich auf Gottes Kraft stützt.**
> (D.L. Moody)

Jeremia fährt fort und sagt: „Vor seinem Grimm erbebt die Erde, und seinen Zorn können die Nationen nicht ertragen" (Jer 10,10). Der Allmächtige wird einmal Gericht über die Nationen bringen. Und das wird Er durch Jesus Christus tun. Denn von Ihm steht geschrieben:

„Und aus seinem Mund geht hervor ein scharfes [zweischneidiges] Schwert, damit er die Nationen damit schlage; und er wird sie weiden mit eiserner Rute, und er tritt die Kelter des Weines des Grimmes des Zornes Gottes, des Allmächtigen. Und er trägt auf seinem Gewand und auf seiner Hüfte einen Namen geschrieben: König der Könige und Herr der Herren" (Offb 19,15.16).

Was für ein mächtiger Name: König der Könige und Herr der Herren. Er ist der Herrscher. Die höchste Gewalt. Der Richter der Lebendigen und der Toten!

Außerdem zeigt sich die Größe und die Macht Gottes durch die Schöpfung – und durch das, was Er in der Schöpfung tut. Denn:

„Er hat die Erde gemacht durch seine Kraft, den Erdkreis festgestellt durch seine Weisheit und die Himmel ausgespannt durch seine Einsicht. Wenn er beim Schall des Donners Wasserrauschen am Himmel bewirkt und Dünste aufsteigen lässt vom Ende der Erde, Blitze beim Regen macht und den Wind herausführt aus seinen Vorratskammern" (Jer 10,12.13).

> *Was bedeutet es für dein Glaubensleben, dass Gottes Name groß ist in Macht? Wodurch zeigt sich Ehrfurcht Gott gegenüber? Welche anderen Bibelstellen fallen dir ein, die zeigen, dass Gott in Seiner Größe und Macht einzigartig ist?*

Notizen:

....

....

....

....

....

....

....

....

....

....

Kein Fels wie unser Gott!

„Denn wer ist Gott, außer dem HERRN, und wer ein Fels, außer unserem Gott?" (2. Sam 22,32)

Gott ist der Fels. Er ist das Fundament, auf dem wir stehen. Der Anker der Seele. Der, der uns Sicherheit gibt. Wir können jederzeit fest auf Ihn bauen und Ihm rückhaltlos vertrauen!

Die Bibel zeigt uns an vielen Stellen, dass Gott – der Fels – genau das ist, was wir für unser Glaubensleben brauchen. Was steht mit dem Felsen in Verbindung? Er ist:

- „mein Fels und mein Erlöser" (Ps 19,15). Er hat uns von der Macht Satans befreit, um uns auf ewig für sich zu besitzen. Wir können wie Hiob mit Überzeugung sagen: „Ich weiß, dass mein Erlöser lebt, und als der Letzte wird er auf der Erde stehen" (Hiob 19,25).

- „der Fels meines Heils" (2. Sam 22,47). Unsere ewige Errettung basiert nicht auf guten Werken. Sie beruht auch nicht auf unserer Treue. Sie gründet sich einzig und allein auf den Felsen – und auf das, was Er getan hat! „Denn mit einem Opfer hat er auf immerdar die vollkommen gemacht, die geheiligt werden" (Heb 10,14).

- „mein Fels und meine Burg" (Ps 31,3). Er gibt uns Schutz. Wenn der Feind angreift, sind

> **„Blickt hin auf den Felsen, aus dem ihr gehauen ... seid."** (Jes 51,1)

wir bei Ihm in Sicherheit. Deshalb können wir wie David mit Zuversicht sagen: „Denn er wird mich bergen in seiner Hütte am Tag des Unglücks, er wird mich verbergen im Verborgenen seines Zeltes; auf einen Felsen wird er mich erhöhen" (Ps 27,5).

- „der Fels meiner Zuflucht" (Ps 94,22). Bei Ihm sind wir immer willkommen. In jeder Not ist Er für uns da. Auch das hat David erlebt und gesagt: „Ich will Zuflucht nehmen zum Schatten deiner Flügel, bis das Verderben vorübergezogen ist" (Ps 57,2). Mose drückt es mit folgenden Worten aus: „Deine Zuflucht ist der Gott der Urzeit, und unter dir sind ewige Arme" (5. Mo 33,27).

> **Wer sich auf den Felsen stützt, wird nicht im Morast der Enttäuschung versinken.**
> (Unbekannt)

- „wie der Schatten eines gewaltigen Felsens" (Jes 32,2). Bei Ihm findest du wahre Ruhe und Geborgenheit. Denn: „Wer im Schutz des Höchsten sitzt, wird bleiben im Schatten des Allmächtigen" (Ps 91,1).

- „der Fels meiner Stärke" (Ps 62,7). Er gibt uns genau die Kraft, die wir gerade brauchen – für jede Situation unseres Lebens. Seine Kraft wird in Schwachheit vollbracht. Und: „Er gibt dem Müden Kraft, und dem Unvermögenden reicht er Stärke dar in Fülle" (Jes 40,29).

- „der Fels meines Herzens" (Ps 73,26). Er bewahrt unsere Herzen. Und durch Seine Gnade befestigt Er sie auch (s. Heb 13,9). Wer das erlebt und genießt, für den gilt, was der Psalmist schreibt: „Er wird sich nicht fürchten vor schlechter Nachricht; fest ist sein Herz, es vertraut auf den HERRN" (Ps 112,7).

- „ein Fels zur Wohnung, zu dem ich stets gehen kann" (Ps 71,3). Es gibt nichts Größeres als mit dem Felsen Gemeinschaft zu haben. Kinder Gottes wissen: Der Fels ist Christus (s. 1. Kor 10,4) und „unsere Gemeinschaft [ist] mit dem Vater und mit seinem Sohn Jesus Christus" (1. Joh 1,3). Gott als den Felsen zur Wohnung zu kennen, das macht wirklich glücklich!

- „ein Fels der Ewigkeiten" (Jes 26,4). Unerschütterlich, unveränderlich, tragfähig und stark. Gerade in den Stürmen des Lebens erweist Gott sich als der Fels in der Brandung. Mögen die Wellen noch so hochschlagen, Er bleibt unveränderlich, felsenfest stehen. Das gibt uns Sicherheit!

Wenn der Fels etwas tut, dann ist das immer perfekt. Wir verstehen Sein Handeln oft zwar nicht, aber das ändert nichts an der Tatsache, dass Gott keine Fehler macht – niemals!

Deshalb gilt auch für Dein Leben:

„Der Fels: Vollkommen ist sein Tun; denn alle seine Wege sind recht. Ein Gott der Treue und ohne Trug, gerecht und gerade ist er!" (5. Mo 32,4).

> *Was bedeuten die vielen Merkmale des Felsens für dein Glaubensleben? Welche anderen Bibelstellen fallen dir ein, die Gott als Felsen zeigen?*

Notizen:

....

....

....

....

....

....

....

Der souveräne Herrscher

"Seht nun, dass ich bin, der da ist, und kein Gott neben mir! Ich töte, und ich mache lebendig, ich zerschlage, und ich heile; und niemand ist da, der aus meiner Hand errettet!" (5. Mo 32,39)

Wie groß ist unser Gott! Er ist der „selige und alleinige Machthaber, der König der Könige und Herr der Herren, der allein Unsterblichkeit hat, der ein unzugängliches Licht bewohnt" (1. Tim 6,15.16). Was für eine gewaltige Aussage!

Mit wunderbarer Souveränität regiert der Allmächtige über Zeit und Ewigkeit! Wenn Er etwas beschließt, dann geschieht es auch. Gott kommt immer zu Seinem Ziel! Er wird ganz sicher dafür sorgen, dass Sein ewiger Wille zustande kommt! Jesaja schreibt:

„Denn der HERR der Heerscharen hat es beschlossen, und wer wird es vereiteln? Und seine ausgestreckte Hand – wer könnte sie abwenden?" (Jes 14,27).

Gott hat zu jeder Zeit alles unter Kontrolle. Hast Du schon mal darüber nachgedacht, dass Gott auch in Seiner Souveränität einzigartig ist? Er selbst fordert uns dazu auf und sagt:

Unsere Sorgen Gott zu überlassen heißt, uns vor seiner Souveränität zu demütigen und Ihm dann für seine Weisheit und Liebe zu vertrauen.
(J. Bridges)

„Erinnert euch an das Frühere von der Urzeit her, dass ich Gott bin, und sonst ist keiner, dass ich Gott bin und gar keiner wie ich; der ich von Anfang an das Ende verkünde und von alters her, was noch nicht geschehen ist; der ich spreche: Mein Ratschluss soll zustande kommen, und all mein Wohlgefallen werde ich tun" (Jes 46,9.10).

Die Geschichte Hiobs zeigt sehr eindrücklich, dass Gott sowohl zerschlägt als auch heilt – und dass Ihm niemals etwas aus dem Ruder läuft. Wann strahlte der Glaube dieses Mannes am hellsten hervor? Genau zu der Zeit, als der HERR zuließ, dass Satan ihm seinen Besitz und seine Kinder wegnahm!

In beeindruckender Ergebenheit sagte Hiob in dieser Situation: „Der HERR hat gegeben, und der HERR hat genommen, der Name des HERRN sei gepriesen" (Hiob 1,21). So ein Glaubensvertrauen ist für Gott wertvoller als alles Gold der Welt (s. 1. Pet 1,6.7)!

Doch Gott zerschlägt nicht nur. Er heilt auch. Jeremia, der weinende Prophet, schreibt: „Wenn er betrübt hat, erbarmt er sich nach der Menge seiner Gütigkeiten" (Klgl 3,32).

Genau das war auch bei Hiob der Fall, denn „der HERR segnete das Ende Hiobs mehr als seinen Anfang" (Hiob 42,12). Dieses Ende hatte Gott

> **„Denn ich weiß ja die Gedanken, die ich über euch denke, spricht der Herr, Gedanken des Friedens und nicht zum Unglück, um euch Ausgang und Hoffnung zu gewähren."**
> (Jer 29,11)

von Anfang an im Blick. Hiob hatte Recht, als er über Gott sagte: „Was seine Seele begehrt, das tut er. Denn er wird vollenden, was über mich bestimmt ist; und dergleichen ist vieles bei ihm" (Hiob 23,13.14).

Das gilt auch für uns! Woher können wir das wissen? Weil Gott selbst uns im Neuen Testament versichert, dass denen, die Ihn lieben, alle Dinge zum Guten mitwirken (s. Röm 8,28). Aber wie ist das möglich? Weil Gott souverän ist!

Und während Er zerschlägt und wieder heilt; während Er uns durch Höhen oder Tiefen gehen lässt; während Er daran arbeitet, dass wir Seinem Sohn immer ähnlicher

werden, sollen wir immer wissen, dass der Herr voll innigen Mitgefühls und barmherzig ist (s. Jak 5,11)!

> *Was bedeutet es für dein
> Glaubensleben, dass Gott souverän
> ist und dass Sein ewiger Wille
> zustande kommen wird? Kennst
> du Beispiele, die deutlich machen,
> wie Gott einen Menschen dem Bild
> Seines Sohnes ähnlicher gemacht
> hat? Wie könnte das in deinem
> Leben aussehen?*

Notizen:

....

....

....

....

....

....

....

....

....

....

....

....

....

....

....

Der Unwandelbare

„Seht nun, dass ich bin, der da ist [d.h. der unveränderlich in sich selbst Bestehende], und kein Gott neben mir!" (5. Mo 32,39)

Gott ist absolut einzigartig! Nur Er ist es, der unveränderlich in sich selbst besteht. Er hat keinen Ursprung. Er ist der unerschaffene Schöpfer aller Dinge, der Leben in sich selbst besitzt – und es gibt, wem Er will!

Nur Er ist der Ewige, der außerhalb von Raum und Zeit existiert! Er ist größer als die Schöpfung und größer als die Zeit. Nur Er ist der wahrhaftige Gott!

Es gab wohl noch nie eine Zeit, in der sich moralische Werte und die Lebensweise der Menschen so rasant verändert haben, wie heute. Was gestern „in" war, ist heute schon wieder „out". Was vor kurzem noch als falsch angesehen wurde, wird heute als normal deklariert. Die Welt steht wirklich auf dem Kopf.

Was wir in diesem Chaos brauchen ist eine Konstante. Etwas, das sich nicht verändert; das Beständigkeit hat; auf das Verlass ist. Genau das finden wir in dem unwandelbaren Gott – dem Fels der Ewigkeiten!

In 5. Mose 32,39 nennt Er sich: „Ich bin, der da ist" – d.h. der unveränderlich in sich selbst Bestehende (vgl. Fußnote in der Elberfelder Übersetzung). Es ist hochinteressant, dass dieser Ausdruck ab diesem Moment zu einem neuen Namen Gottes wird. Ein Name, der sich durch das ganze Alte Testament zieht.

Aber nicht nur das: Im Neuen Testament greift der Schreiber des Hebräerbriefs diesen Namen auf. In Kapitel 1 zitiert er aus Psalm 102 und schreibt über den Sohn Gottes: „Du aber bist derselbe [d.h. der ewig Unveränderliche], und deine Jahre werden nicht vergehen" (Heb 1,12; vgl. Ps 102,27). Schließlich heißt es im letzten Kapitel: „Jesus Christus ist derselbe gestern und heute und in Ewigkeit" (Heb 13,8)!

Es ist glaubensstärkend, sich anzusehen, in welchen Situationen Gläubige Gott mit dem eben erwähnten Namen angeredet haben.

> **Seine Treue ist wie die großen Berge, sie steht unbewegt und unverrückbar fest. Jede Vorhersage in seinem Wort muss sich erfüllen, und jede Verheißung muss wahr werden. Denn es sind die Vorhersagen und Verheißungen eines treuen Gottes.**
> (J. Smith)

Als Gott David verspricht, ihm ein Haus zu bauen, geht David ins Gebet. Zuerst sagt er voller Bewunderung: „Darum bist du groß, HERR, Gott! Denn niemand ist dir gleich, und kein Gott ist außer dir, nach allem, was wir mit unseren Ohren gehört haben" (2. Sam 7,22).

Außerdem nimmt er Gott beim Wort und sagt:

„Und nun, Herr, HERR, du bist es, der da Gott ist [d.h. derselbe; der unveränderlich in sich selbst Bestehende] und deine Worte sind Wahrheit, und du hast dieses Gute zu deinem Knecht geredet" (2. Sam 7,28).

Mit anderen Worten: Weil Du mir diese Zusage gemacht hast und weil Du Dich nicht veränderst, sind Deine Worte Wahrheit. Deshalb kann ich fest auf Deine Zusage vertrauen.

Gott hat Wort gehalten – denn Seine Treue ist groß (s. Klgl 3,23)!

Weiter zu Josaphat: Als sich eine gewaltige Menge an Feinden gegen das Volk Gottes versammelt, betet er:

„HERR, Gott unserer Väter, bist du es nicht, der da Gott im Himmel ist [d.h. derselbe; der unveränderlich in sich selbst Bestehende], und bist du nicht der Herrscher über alle Königreiche der Nationen? Und in deiner Hand ist Kraft und Macht; und niemand vermag gegen dich zu bestehen. Hast nicht du, unser Gott, die Bewohner dieses Landes vor deinem Volk Israel vertrieben und es den Nachkommen Abrahams, deines Freundes, gegeben auf ewig?" (2. Chr 20,6.7).

Josaphat erkennt, dass Gott allmächtig und unveränderlich ist. Deshalb appelliert er an die Treue Gottes. Er erinnert den HERRN an Seine Versprechen und bittet Ihn um Hilfe in der Not. Gott hat wunderbar darauf geantwortet. Denn Er ehrt den Glauben, der sich auf Seine Treue stützt und alles von Ihm erwartet!

Auch Hiskia hat Gott als den Unveränderlichen angerufen. Als er von dem König Assyriens bedroht wird, nimmt er den Brief Sanheribs und breitet ihn vor dem HERRN aus. Dann beginnt er, wie folgt zu beten:

„HERR, Gott Israels, der du zwischen den Cherubim thronst, du allein bist es, der der Gott ist [d.h. derselbe; der unveränderlich in sich selbst Bestehende] von allen Königreichen der Erde; du hast den Himmel und die Erde gemacht" (2. Kön 19,15).

> **Gott hat nie ein Versprechen gegeben, dass zu gut war, um wahr zu sein.**
> (D.L. Moody)

Die Augen seines Herzens sind zuerst auf die Größe, die Erhabenheit, die Macht und die Unveränderlichkeit Gottes gerichtet. Mit diesem Blickwinkel bringt er dann sein Anliegen vor den HERRN – und wird wunderbar erhört!

Abschließend noch das Beispiel Nehemias: Als er und das Volk ihre Sünden vor Gott bekennen und sich vor Ihm demütigen, betet Nehemia:

„Du bist, der da ist [d.h. derselbe; der unveränderlich in sich selbst Bestehende], HERR, du allein; du hast die Himmel gemacht, der Himmel Himmel und all ihr Heer, die Erde und alles, was darauf ist, die Meere und alles, was in ihnen ist. Und du machst dies alles lebendig, und das Heer des Himmels betet dich an" (Neh 9,6.7).

Wieder jemand, der die Unveränderlichkeit, die Macht und die Majestät Gottes vor Augen hat. Wenn wir uns vor Gott demütigen, dann dürfen wir uns im Glauben an Sein Versprechen klammern: „Den Demütigen ... gibt er Gnade" (Jak 4,6)!

Er hat gesagt: „Wenn ich den Himmel verschließe und kein Regen sein wird, und wenn ich der Heuschrecke gebiete, das Land abzufressen, und wenn ich eine Pest unter mein Volk sende, und mein Volk, das nach meinem Namen genannt wird, demütigt sich, und sie beten und suchen mein Angesicht und kehren um von ihren bösen Wegen, so werde ich vom Himmel her hören und ihre Sünden vergeben und ihr Land heilen" (2. Chr 7,13.14).

Der Unwandelbare steht zu Seinem Wort! Das gilt auch für solche Aussagen. Er hält, was Er verspricht! Er will, dass wir erkennen, dass Er Derselbe ist – und dass das auch in unserem Leben sichtbar wird. Wie geschieht das? Indem wir Gott beim Wort nehmen, uns auf Seine Treue stützen und aus Glauben leben.

> **Wie könnten wir glauben, dass Er sich jemals gegen uns wenden würde – wenn wir Seine Unveränderlichkeit richtig vor Augen haben?**
> (J. Smith)

Der HERR hat folgende Worte zu Israel gesagt, die wir auch auf uns anwenden können:

„Ihr seid meine Zeugen, spricht der HERR, und mein Knecht, den ich erwählt habe: damit ihr erkennt und mir glaubt und einseht, dass ich derselbe bin [d.h. derselbe; der unveränderlich in sich selbst Bestehende].

Vor mir wurde kein Gott gebildet, und nach mir wird keiner

sein. Ich, ich bin der HERR, und außer mir ist kein Erretter"
(Jes 43,10.11).

> *Welche Auswirkung hat die*
> *Wahrheit, dass Gott sich nicht*
> *verändert, auf dein Glaubensleben?*
> *Wie können wir Zeugen davon*
> *sein, dass Gott sich nicht verändert*
> *hat? Wie können wir Ihm die*
> *Möglichkeit dazu geben, diese*
> *wunderbare Wahrheit in unserem*
> *Leben unter Beweis zu stellen?*

Notizen:

....

....

....

....

....

....

....

....

....

....

....

....

....

....

Der Wirkende

„Denn von alters her hat man nicht gehört noch vernommen, hat kein Auge einen Gott gesehen außer dir, der sich wirksam erweist für den, der auf ihn harrt." (Jes 64,3)

Gott wirkt. Er handelt. Er greift ein. Er verändert Dinge – und das oft „über die Maßen mehr, als was wir erbitten oder erdenken, nach der Kraft, die in uns wirkt" (Eph 3,20). Das erleben die, die auf Ihn harren – den einzigartigen Gott!

Vielleicht kann man Harren wie folgt beschreiben: Mit Glaubensvertrauen und einer lebendigen Hoffnung auf das Handeln Gottes warten und sehnsuchtsvoll danach Ausschau halten.

Micha hat es einmal wie folgt ausgedrückt: „Ich aber will ausschauen nach dem Herrn, will harren auf den Gott meines Heils; mein Gott wird mich erhören" (Micha 7,7).

Oft handelt Gott, wenn wir bewusst still stehen. Wenn wir auf Ihn warten. Am roten Meer rief Mose dem Volk zu: „Fürchtet euch nicht! Steht und seht die Rettung des Herrn, die er euch heute verschaffen wird" (2. Mo 14,13).

Und was geschah anschließend in dieser scheinbar ausweglosen Situation? Sie erlebten das gewaltige Wirken Gottes – denn für Ihn ist kein Ding unmöglich!

Einige Jahrhunderte später, zeigt uns Josaphat was harren auf den Herrn bedeutet: Eine gewaltige, feindliche Armee hatte sich zum Krieg gegen das Volk Gottes versammelt. Deshalb schreit Josaphat im Gebet:

„Unser Gott, willst du sie nicht richten? Denn in uns ist keine Kraft vor dieser großen Menge, die gegen uns kommt; und wir wissen nicht, was wir tun sollen, sondern auf dich sind unsere Augen gerichtet" (2. Chr 20,12).

Wie reagiert der HERR auf dieses erwartungsvolle Harren? Er zeigt sich als der Allmächtige. Er bewirkt einen großartigen Sieg – und erweist sich wirksam für den, der auf Ihn harrt!

Auch Ruben, Gad und der halbe Stamm Manasse haben auf Gott geharrt. Als sie in den Krieg zogen, wird gesagt: „Es wurde ihnen ... geholfen; ... denn sie schrien zu Gott im Kampf, und er ließ sich von ihnen erbitten, weil sie auf ihn vertraut hatten" (1. Chr 5,20).

> **Das Harren selbst ist nützlich für uns: Es prüft den Glauben, übt die Geduld, trainiert die Unterwürfigkeit und macht den Segen umso schöner, wenn er kommt.**
> (C.H. Spurgeon)

„Der lebendige Gott hat seine Wonne an einem lebendigen Glauben. Wir dürfen völlig versichert sein, dass es Gott umso willkommener und wohlgefälliger ist, je kühner der Glaube zugreift.

Wir brauchen nicht zu denken, dass Gott jemals durch die Handlungen eines gesetzlichen Geistes erfreut oder verherrlicht werde.

Nein, es erfreut sein Herz, wenn man rückhaltlos und ohne irgendeinen Zweifel auf Ihn vertraut. Je tiefer die Not und je finsterer die Wolke der Umstände ist, desto mehr wird Er durch den Glauben, der auf Ihn rechnet, verherrlicht." (Unbekannt)

Bei Daniel sehen wir etwas Ähnliches. Trotz des Gebots des Königs hörte dieser treue Mann nicht auf, zu beten. Deshalb wurde er den Löwen zum Fraß vorgeworfen. Doch der wirkende Gott hatte auch hier das letzte Wort.

Das Ergebnis: „Daniel wurde aus der Grube herausgeholt; und keine Verletzung wurde an ihm gefunden, weil er auf seinen Gott vertraut hatte" (Dan 6,24).

Wie können wir heute mehr erleben, dass Gott in und durch uns wirkt? Indem wir in unserem Leben alles ausräumen, was sein Wirken behindert. Paulus schreibt den Philippern: „Bewirkt euer eigenes Heil mit Furcht und Zittern" (Phil 2,12).

Das Wort „bewirkt" kann man in diesem Vers auch mit „kultiviert" übersetzen. Das bedeutet: Sieh zu, dass der Ackerboden deines Herzens in einem guten Zustand ist. Dann kann dort das wachsen, was Gott wachsen lassen will. Dann steht Seiner Rettung in den täglichen Umständen deines Lebens nichts im Weg.

> **Auf den Herrn zu harren bedeutet, Ihm bedingungslos und geduldig zu vertrauen, an Seine Liebe zu glauben, in Seiner Nähe zu bleiben und in ungebrochener Gemeinschaft mit Ihm zu leben.**
> (J.R. Miller)

„Denn Gott ist es, der in euch wirkt sowohl das Wollen als auch das Wirken, zu seinem Wohlgefallen" (Phil 2,13).

Der Herr will, dass wir Ihn als den kennenlernen, der uns nie im Stich lässt, wenn wir Ihm vertrauen. Er lässt uns nicht vor die Wand laufen. Denn Er selbst versichert uns: „Du wirst erkennen, dass ich der HERR bin: Die auf mich harren, werden nicht beschämt werden" (Jes 49,23).

Er freut sich darüber, wenn Er sieht, dass wir auf Ihn harren. Wenn wir auf Sein Wort vertrauen. Wenn wir auf Seine Güte hoffen. Deshalb hat der Heilige Geist in vielen Psalmen die Herzenshaltung der Schreiber festgehalten, die genau das getan haben (s. z.B. Ps 130,5; 119,49.147; 147,11).

Einmal heißt es: „Deine Güte, HERR, sei über uns, so wie wir auf dich geharrt haben" (Ps 33,22). Eine interessante Aussage!

Wenn wir bewusst auf Gott harren, dann bleibt das nicht ohne Folgen. Jesaja macht uns mit einem wunderbaren Versprechen Mut, wenn er sagt:

„Die auf den HERRN harren, gewinnen neue Kraft: Sie heben die Schwingen empor wie die Adler; sie laufen und ermatten nicht, sie gehen und ermüden nicht" (Jes 40,31).

Kaleb hat 45 Jahre lang auf den HERRN geharrt. Und Gott hat sich in Seinem Leben mächtig erwiesen. Mit 85 Jahren sagt dieser Mann Gottes: „Ich bin heute noch so stark wie an dem Tag, als Mose mich aussandte; wie meine Kraft damals, so ist meine Kraft jetzt zum Kampf und um aus- und einzuziehen" (Jos 14,11).

> *Deshalb lass Dich ermutigen! Gib nicht auf, sondern: „Harre auf den Herrn! Sei stark, und dein Herz fasse Mut, und harre auf den Herrn!" (Ps 27,14).*

„Glückselig alle, die auf ihn harren!" (Jes 30,18)

Notizen:

....

....

....

....

....

Der allein weise Gott

„Gott, dein Weg ist im Heiligtum! Wer ist ein großer Gott wie Gott?" (Ps 77,14)

Paulus spricht am Ende des Römerbriefs von dem „allein weisen Gott" (Röm 16,27). Ein wunderbarer Titel Gottes. Er ist einzigartig in Seiner Weisheit. Einer Weisheit, die die von Salomo bei weitem übertrifft. Wenn man sich etwas damit beschäftigt, dann kommt man aus dem Staunen nicht mehr raus!

Das Evangelium Gottes im Römerbrief ist ein Beispiel dafür. Wer außer dem allein weisen Gott hätte sich so etwas Geniales ausdenken können? Oder schau dir Gottes Wege mit Seinem irdischen Volk Israel an. Als Paulus in Römer 9-11 darüber nachdenkt, ruft er schließlich völlig überwältigt aus:

„O Tiefe des Reichtums, sowohl der Weisheit als auch der Erkenntnis Gottes! Wie unerforschlich sind seine Gerichte und unergründlich seine Wege!" (Röm 11,33).

Gottes Weg ist ein weiser Weg. Er weiß genau, wie jeder von uns veranlagt ist. Er weiß, welche Ängste und Sorgen wir haben. Er weiß, was Er uns zumuten kann und was nicht. Er führt uns so, wie es am besten für uns ist. Das macht folgendes Beispiel sehr deutlich:

Als das Volk Israel aus Ägypten zog, gab es verschiedene Möglichkeiten, welchen Weg sie einschlagen sollten. Doch Gott hat in Seiner Weisheit genau den richtigen Weg für sie ausgesucht. In 2. Mose 13 heißt es:

„Und es geschah, als der Pharao das Volk ziehen ließ, da führte Gott sie nicht den Weg durchs Land der Philister, obwohl er nahe war; denn Gott sprach: Damit es das Volk nicht bereue, wenn sie den Kampf sehen, und sie nicht nach Ägypten zurückkehren. Und Gott ließ das Volk auf den Weg der Wüste des Schilfmeeres abbiegen" (2. Mo 13,17.18).

Gott führt uns nicht immer den schnellsten Weg zum Ziel. Warum nicht? Weil wir darauf zu Fall kommen würden. Stattdessen führt Er uns den besten Weg. Den Weg, auf dem wir das Ziel sicher erreichen!

Gottes Wege sind höher als unsere Wege und seine Gedanken sind höher als unsere Gedanken (s. Jes 55,9). Deshalb haben wir oft Mühe damit, Gottes Führung richtig zu verstehen.

> „Ich bin der HERR, dein Gott, der dich lehrt zu tun, was dir nützt, der dich leitet auf dem Weg, den du gehen sollst."
> (Jes 48,17)

Warum führt Er mich in diese Richtung und nicht in eine andere? Warum musste dieses oder jenes ausgerechnet genau jetzt geschehen? Warum hat Gott das zugelassen? Das sind Fragen, die wir uns immer wieder stellen.

Jesus Christus hat einmal zu Petrus gesagt: „Was ich tue, weißt du jetzt nicht, du wirst es aber nachher verstehen" (Joh 13,7). Das trifft oft auch auf unser Leben zu.

Wenn wir einmal vor dem Richterstuhl des Christus stehen – und wir unser Leben aus der Perspektive Gottes sehen –, dann werden wir staunen, wie wunderbar und weise Gottes Wege mit uns waren!

Gewisse Dinge können wir nur verstehen, wenn wir sie vom Blickwinkel der Ewigkeit aus betrachten. Asaph wurde in Psalm 73 beinahe depressiv. Warum? Weil er über die Ungerechtigkeit nachdachte, die hier auf der Erde herrscht. Doch dann sagt er: „Bis ich hineinging in die Heiligtümer Gottes und jener Ende gewahrte" (Ps 73,17).

Er richtet seine Augen auf den Himmel. Er erkennt die Größe und Erhabenheit Gottes – und plötzlich lichtet sich der Nebel.

Anstatt die Ungläubigen wegen ihres Wohlstandes weiter zu beneiden, sagte er jetzt: „Wen habe ich im Himmel? Und neben dir habe ich an nichts Lust auf der Erde" (Ps 73,25). Ein beeindruckender Sinneswandel!

> **Kein unbestimmtes Schicksal und kein fragwürdiger Zufall herrscht über uns. Die unendliche Weisheit Gottes lenkt uns zu einem Ziel.**
> (C.H. Spurgeon)

Solche Erfahrungen sind für uns jedoch keine Garantie dafür, dass wir anschließend für den Rest unseres Lebens in dem Handeln Gottes ruhen. Der gleiche Schreiber wirkt in Psalm 77 wieder leicht depressiv.

Warum dieses Mal? Weil er das Leid in seinem Leben nicht verstehen kann. Weil er sich nur noch um sich selbst dreht – und bei ihm ein ganz falsches Gottesbild entsteht.

Doch dann erinnert sich an das, was er wirklich über Gott weiß. Seine Gedankenwelt verändert sich. Plötzlich fängt er an, über die Größe Gottes zu staunen. Er bewundert Ihn für Sein Tun und für Seine Weisheit. Deshalb sagt er: „Gott, dein Weg ist im Heiligtum! Wer ist ein großer Gott wie Gott?" (Ps 77,14).

Wie wichtig und entscheidend ist es, dass wir ein richtiges Gottesbild haben – besonders, wenn wir durch Schwierigkeiten gehen, in denen unser Glaube geprüft wird! Gott handelt immer weise – immer!

Asaph beendet den Psalm mit zwei Aussagen. Zuerst sagt er: „Im Meer ist dein Weg, und deine Pfade sind in großen Wassern, und deine Fußstapfen sind nicht bekannt" (Ps 77,20). Die Wege Gottes sind für uns oft unergründlich.

Doch dabei bleibt er nicht stehen. Obwohl die Wege Gottes für ihn nicht immer verständlich sind, kommt er zu der Überzeugung: „Du hast dein Volk wie eine Herde durch die Hand Moses und Aarons geleitet" (Ps 77,21).

Fest steht: Gott führt uns! Mit Weisheit. Mit der Geschicklichkeit Seiner Hände (s. Ps 78,72)!

Davon konnte David am Ende seines Lebens auch ein Lied singen. Obwohl es Zeiten gab, in denen er wie ein Rebhuhn auf den Bergen gejagt wurde (s. 1. Sam 26,20). Obwohl er durch viele Täler gehen musste, die ihm den Schlaf geraubt haben. Trotzdem kommt er zu dem Ergebnis:

„Gott – sein Weg ist vollkommen ... er lenkt vollkommen meinen Weg" (2. Sam 22,31.33).

> *Was bedeutet es, dass Gottes Weg vollkommen ist? Was bedeutet es für dein Glaubensleben, dass der allein Weise Gott dein Vater ist? Was sagen dir folgende Verse über die Weisheit Gottes: Jesaja 43,16.19; 5. Mose 32,4?*

Notizen:

....

....

....

....

....

....

Der einzigartige Retter-Gott

„Weil es keinen anderen Gott gibt, der auf solche Weise zu erretten vermag." (Dan 3,29)

Rettung! Das ist es, was wir Menschen brauchen. Rettung in dieser Zeit und für die Ewigkeit. Ein Sünder braucht ewige Errettung – wegen seiner Sünden. Ein Christ braucht tägliche Rettung – in den Umständen seines Lebens.

Gott ist ein Retter-Gott. Er hat Freude daran, Menschen zu retten. Das wird schon im Alten Testament deutlich:

Die große Rettung Gottes für Israel geschah in Ägypten – und am Roten Meer! Im Propheten Hosea erinnert der HERR sie daran und sagt: „Ich aber bin der HERR, dein Gott, vom Land Ägypten her; und du kennst keinen Gott außer mir, und da ist kein Retter als nur ich" (Hos 13,4).

Außer Ihm gibt es keinen Gott. Außer Ihm gibt es keinen Retter. Auch in dieser Hinsicht ist Er absolut einzigartig. Deshalb sagt Er: „Ich, ich bin der HERR, und außer mir ist kein Erretter" (Jes 43,11).

Das wird nirgendwo deutlicher als in Jesus Christus, dem Sohn Gottes. Denn durch Ihn hat Gott sich in einer einzigartigen Weise als Retter gezeigt.

Als der Sohn Gottes in diese Welt kam, wurde Er Jesus genannt, was bedeutet: „Der HERR ist Rettung." Vor seiner Geburt hatte ein Engel bereits zu Joseph gesagt: „Du sollst seinen Namen Jesus nennen; denn er wird sein Volk erretten von ihren Sünden" (Mt 1,21).

Was für ein großartiger Gott, der bereit ist, in Seine eigene Schöpfung einzutreten, um Seine hilflosen Geschöpfe von ihren Sünden zu retten!

Die Hirten in Bethlehem bekamen die Botschaft: „Denn euch ist heute in der Stadt Davids ein Erretter geboren, welcher ist Christus, der Herr" (Lk 2,11). Und stell dir vor: Selbst nachdem die Juden den Heiland gekreuzigt haben, bietet Gott ihnen noch einmal Rettung an. Das hat Petrus gepredigt:

> „Ein gerechter und rettender Gott ist keiner außer mir! Wendet euch zu mir und werdet gerettet, alle ihr Enden der Erde! Denn ich bin Gott und keiner sonst." (Jes 45,22)

„Der Gott unserer Väter hat Jesus auferweckt, den ihr ermordet habt, indem ihr ihn an ein Holz hängtet. Diesen hat Gott durch seine Rechte zum Führer und Heiland erhöht, um Israel Buße und Vergebung der Sünden zu geben" (Apg 5,30.31).

Doch sie haben nicht gewollt! Deshalb sagt Gott über Christus: „Ich habe dich auch zum Licht der Nationen gesetzt, um meine Rettung zu sein bis an das Ende der Erde" (Jes 49,6).

Gott ist tatsächlich ein Retter-Gott, „der will, dass alle Menschen errettet werden und zur Erkenntnis der Wahrheit kommen" (1. Tim 2,3.4)!

Doch Gottes Rettung beschränkt sich nicht auf die ewige Errettung von unseren Sünden. Als Gläubige haben wir Gottes Rettung jeden Tag nötig – mitten in den Umständen des Lebens. Das haben beispielsweise die drei Freunde Daniels erlebt, die in den glühend heißen Feuerofen geworfen wurden.

Als Nebukadnezar sah, wie der HERR sie darin bewahrte, wurde ihm schlagartig klar, wer der wahrhaftige Gott ist. Deshalb sagt er: „Weil es keinen anderen Gott gibt, der auf solche Weise zu erretten vermag" (Dan 3,29).

Und wir heute? Was brauchen wir, wenn wir von dem Teufel versucht werden oder wenn unser Glaube aufgrund von Schwierigkeiten zusammenzubrechen droht? Dann brauchen wir die Hilfe, den Beistand und die Rettung unseres Herrn. Und genau dafür haben wir Christus als unseren großen Hohepriester.

> **Wir besitzen eine unanfechtbare, unfehlbare Errettung, eine Errettung, die dem Ansturm jedes kommenden Tages gewachsen ist.**
> (J.G. Bellett)

Der auferstandene Sieger von Golgatha ist jetzt vom Himmel aus ununterbrochen für uns aktiv, um uns Rettung zu schenken. Deshalb schreibt Paulus, dass wir jetzt „durch sein Leben gerettet werden" (Röm 5,10). Oder wie es im Hebräerbrief heißt: „Daher vermag er diejenigen auch völlig zu erretten, die durch ihn Gott nahen, indem er allezeit lebt, um sich für sie zu verwenden" (Heb 7,25). Wunderbar!

Aber das ist noch nicht alles: Es gibt noch eine Rettung, die jederzeit geschehen kann. Von dieser großartigen Rettung spricht Paulus, wenn er schreibt: „Jetzt ist unsere Errettung näher, als damals, als wir gläubig wurden" (Röm 13,11). Das ist die Rettung, die wir bald bei der Entrückung erleben werden.

„Denn unser Bürgertum ist in den Himmeln, von woher wir auch den Herrn Jesus Christus als Heiland erwarten" (Phil 3,20). Wir warten darauf, dass Christus als Retter vom Himmel kommt, um uns aus dieser verfluchten und sündigen Welt herauszunehmen. Er wird uns retten, damit wir dann für alle Ewigkeit bei Ihm im Haus des Vaters sein werden.

Noch bevor die furchtbaren Gerichte Gottes über diese Welt hereinbrechen, wird Er kommen, „Jesus, der uns errettet von dem kommenden Zorn … Denn Gott hat uns nicht zum Zorn gesetzt, sondern zur Erlangung der Errettung durch unseren Herrn Jesus Christus" (1. Thes 1,10; 5,9).

Was für einen wunderbaren Retter-Gott haben wir! Er schenkt uns Rettung für die Vergangenheit, für die Gegenwart und für die Zukunft! „... der uns von so großem Tod errettet hat und errettet, auf den wir unsere Hoffnung gesetzt haben, dass er uns auch ferner erretten wird" (2. Kor 1,10).

> *Versuche die drei Arten von Rettung, die wir gesehen haben, mit eigenen Worten zu beschreiben? Welche anderen Beispiele gibt es in der Bibel, in denen die Rettung Gottes in den gegenwärtigen Umständen gezeigt wird? Welche Rolle spielt unser Gebetsleben dabei (lies z.B. Philipper 1,19)?*

Notizen:

....

....

....

....

....

....

....

....

....

....

Einzigartig in Heiligkeit

„Keiner ist heilig wie der Herr!" (1. Sam 2,2)

„Heilig, heilig, heilig ist der Herr der Heerscharen" rufen gewaltige Seraphim, die den Thron Gottes umgeben und dabei ehrfurchtsvoll ihr Angesicht und ihre Füße bedecken.

Gott ist einzigartig in Seiner Heiligkeit. Deshalb sagt Hanna im Gebet: „Keiner ist heilig wie der Herr" (1. Sam 2,2). Es gibt niemanden, der das Böse so sehr hasst und das Gute so sehr liebt, wie Er!

Heiligkeit hat verschiede Aspekte, die wir uns im Laufe dieses Buches noch genauer anschauen werden. An dieser Stelle soll der Fokus darauf liegen, dass Gott das Böse in Seiner Gegenwart nicht ertragen kann – weil Er heilig ist!

Habakuk sagt über Gott: „Du bist zu rein von Augen, um Böses zu sehen" (Hab 1,13). Deshalb sagt David auch: „Du hasst alle, die Frevel tun ... den Mann des Blutes und des Truges verabscheut der Herr" (Ps 5,6.7).

Die Bibel gibt uns an einigen Stellen Eindrücke von der heiligen Majestät Gottes. Als Gott z.B. Seinem irdischen Volk auf dem Berg Sinai das Gesetz gab, wird gesagt:

„Da waren Donner und Blitze und eine schwere Wolke auf dem Berg und ein sehr starker Posaunenschall; und das ganze Volk, das im Lager war, zitterte... Und der ganze Berg Sinai rauchte, weil der Herr auf ihn herabstieg im Feuer; und sein Rauch stieg auf wie der Rauch eines Schmelzofens, und der ganze Berg bebte sehr" (2. Mo 19,16.18). Wahrhaftig ein „Sinai an Heiligkeit" (Ps 68,18)!

Im ersten Lied der Bibel heißt es: „Wer ist dir gleich unter den Göttern, HERR! Wer ist dir gleich, herrlich in Heiligkeit, furchtbar an Ruhm, Wunder tuend!" (2. Mo 15,11).

Gottes Heiligkeit steht auch mit Seiner Gerechtigkeit und Seinen Gerichten in Verbindung. Das wird sehr eindrücklich im Propheten Jesaja gezeigt, der schreibt:

„Und der HERR der Heerscharen wird im Gericht erhaben sein, und Gott, der Heilige, sich heilig erweisen in Gerechtigkeit" (Jes 5,16).

Gott ist gerecht und in dem Sinn heilig, dass Er das Böse in Seiner Gegenwart nicht ertragen kann – Er muss es richten. Er ist der Richter der ganzen Erde. Die höchste Instanz, die es gibt. Der, der das finale Urteil über jeden Menschen spricht.

Gott sah, dass in den Tagen Noahs die Bosheit des Menschen in rasanter Geschwindigkeit förmlich explodierte. Das schmerzte Ihn in Seinem Herzen – und Er brachte eine gewaltige, weltweite Flut, in der nur 8 Menschen überlebten.

> **Im Licht Seiner großen Heiligkeit sehen wir die große Schuld der Sünde.**
> (O. Winslow)

Später hat der HERR Feuer und Schwefel auf Sodom und Gomorra regnen lassen, weil die Sünden der Menschen dort buchstäblich zum Himmel schrien.

Wie ernst wurde die Übertretung des Gesetzes zu Beginn von Gott bestraft! Als ein Mann am Sabbat Holz auflas, lautete das Urteil des HERRN über ihn: „Der Mann soll gewiss getötet werden; die ganze Gemeinde soll ihn außerhalb des Lagers steinigen" (4. Mo 15,35).

Wir sind heute nicht mehr unter dem Gesetz – aber wir haben es mit dem gleichen Gott zu tun! Deshalb heißt es in Hebräer 12,29: „Denn auch unser Gott ist ein verzehrendes Feuer" – ein Zitat aus 5. Mose 4,24.

> **Wer nicht an das Blut des Lammes glaubt, muss den Zorn des Lammes spüren.**
> (T. Watson)

Die erste Sünde, die uns seit dem Kommen des Heiligen Geistes an Pfingsten berichtet wird, wurde von Gott mit dem Tod geahndet. Ananias und Saphira starben beide aufgrund ihrer Heuchelei (s. Apg 5).

Von den Korinthern waren etliche krank oder entschlafen. Warum? Weil sie in unwürdiger Weise am Mahl des Herrn teilgenommen hatten (s. 1. Kor 11,30).

Johannes schreibt, dass es Sünde zum Tod gibt (1. Joh 5,16), Paulus stellt das Gesetz von Saat und Ernte vor (s. Gal 6,7) und Petrus sagt, dass die Zeit gekommen ist, dass das Gericht beim Haus Gottes anfängt (s. 1. Pet 4,17). Das alles zeigt uns, dass wir es mit einem heiligen und gerechten Gott zu tun haben.

Mit heiliger Eifersucht und mit Augen wie eine Feuerflamme beobachtet der Sohn Gottes in richterlicher Majestät seit fast 2000 Jahren das Zeugnis der Christenheit (s. Offb 2; 3).

Zu Beginn sagte Er: „Aber ich habe gegen dich, dass du deine erste Liebe verlassen hast" (Offb 2,4) und gegen Ende lautet Sein Urteil: „So, weil du lau bist und weder warm noch kalt, werde ich dich ausspeien aus meinem Mund" (Offb 3,16). Wie ernst ist das!

Wir kennen den Herrn Jesus als das Lamm Gottes. Er kam in Sanftmut. Er ließ sich widerstandslos zur Schlachtbank führen, um Sühnung für uns zu tun. Doch es gibt auch eine andere Seite des Lammes. Eine Seite, die oft übersehen wird. Und das ist Sein schrecklicher Zorn!

Das Lamm wird in Kürze – während der Drangsalszeit – ein furchtbares Gericht über diese Erde bringen. Dieses Gericht wird so schrecklich sein, dass die Menschen zu den Bergen und den Felsen sagen werden:

„Fallt auf uns und verbergt uns vor dem Angesicht dessen, der auf dem Thron sitzt, und vor dem Zorn des Lammes" (Offb 6,16).

Jesaja schreibt darüber: „Verkrieche dich in die Felsen und verbirg dich im Staub vor dem Schrecken des HERRN und vor der Pracht seiner Majestät!" (Jes 2,10).

> **Gott versichert uns, dass die Gerechtigkeit siegen, dass das Böse gerichtet und dass der Glaube belohnt werden wird.**
> (W. Wiersbe)

Am großen weißen Thron wird die Heiligkeit Gottes dann noch einmal in ganz besonderer Weise sichtbar. Wie unfassbar ernst ist die Szene, die uns das heilige Wort Gottes im Blick auf die Schwelle zur Ewigkeit vor Augen malt:

„Und ich sah einen großen weißen Thron und den, der darauf saß, vor dessen Angesicht die Erde entfloh und der Himmel ... Und die Toten wurden gerichtet ... nach ihren Werken ... Und wenn jemand nicht geschrieben gefunden wurde in dem Buch des Lebens, so wurde er in den Feuersee geworfen (Offb 20,11.12.15).

Und an anderen Stellen wird ergänzt:

„... die Hölle des Feuers ... die ewige Pein ... die äußerste Finsternis: Dort wird das Weinen und das Zähneknirschen sein ... wo ihr Wurm nicht stirbt und das Feuer nicht erlischt" (Mt 25,46; 8,12; Mk 9,47.48).

Das alles zeigt: „Es ist furchtbar in die Hände des lebendigen Gottes zu fallen" (Heb 10,31)!

Das Bewusstsein darüber, dass Gott heilig und erhaben ist und Seine Augen stets auf uns gerichtet sind, sollte uns dahin führen, unser Leben in Heiligkeit und Ehrfurcht vor Gott zu leben. Wie Petrus schreibt:

„Wenn ihr den als Vater anruft, der ohne Ansehen der Person richtet nach eines jeden Werk, so wandelt die Zeit eurer Fremdlingschaft in Furcht" (1. Pet 1,17).

Gleichzeitig darf uns das schonungslose und furchtbare Gericht, dem unzählige verlorene Menschen entgegengehen, nicht kalt lassen. Deshalb schreibt Paulus: „Da wir nun den Schrecken des Herrn kennen, so überreden wir die Menschen ... Lasst euch versöhnen mit Gott" (2. Kor 5,11.20)!

> *Was bedeutet es, dass Gott sich heilig erweist in Gerechtigkeit? Wie kannst du heilig leben? Welche anderen Aspekte von Heiligkeit fallen dir ein?*

Notizen:

....

....

....

....

....

....

....

....

....

....

....

Was Gott wichtig ist

„Siehe, du hast Gefallen an der Wahrheit im Innern."
(Ps 51,8)

Gott geht es nicht nur um das äußere „Was", sondern besonders auch um das innere "Wie". Nicht nur was ich tue ist Ihm wichtig. Er sieht tiefer. Ihm geht es besonders darum, mit welcher Herzenshaltung, mit welcher Motivation und aus welchem Antrieb ich etwas tue.

Auch das war ein Problem der Pharisäer, die Gott nicht kannten. Sie gaben Almosen und beteten. Äußerlich alles top – aber trotzdem völlig wertlos! Warum? Weil sie es nicht taten, um Gott zu gefallen, sondern um Ehre von Menschen zu bekommen. Der Herr hat dieses Verhalten scharf verurteilt (s. Mt 6,1-6).

„Der HERR sieht nicht auf das, worauf der Mensch sieht; denn der Mensch sieht auf das Äußere, aber der HERR sieht auf das Herz" (1. Sam 16,7). Ein wichtiges Prinzip!

Genau das war das große Problem der Pharisäer: Sie hatten viele äußere Dinge, auf die sie stolz waren, aber ihr Herz war weit entfernt von Gott. Jesus Christus hat sehr deutliche Worte gefunden, um ihnen das klar zu machen:

„Ihr Heuchler! Treffend hat Jesaja über euch geweissagt, indem er spricht: ,Dieses Volk ehrt mich mit den Lippen, aber ihr Herz ist weit entfernt von mir. Vergeblich aber verehren sie mich, indem sie als Lehren Menschengebote lehren'" (Mt 15,7-9).

Dieser Zustand kann sich auch bei uns einschleichen. Wie schnell passiert es, dass wir anfangen, großen Wert auf eine äußere religiöse Form zu legen, während unsere Herzen gleichzeitig kalt oder gesetzlich sind.

Gott geht es nicht um Traditionalismus, Kultur oder einen frommen Anstrich. Ihm geht es um Wahrhaftigkeit. Ihm geht es darum, dass die Gesinnung des Herrn Jesus bei uns sichtbar wird (s. Phil 2,5)!

Um das etwas greifbarer zu machen, schauen wir uns ein Beispiel von David an – dem Mann nach dem Herzen Gottes:

David hatte schlimm gesündigt. Ihm wird Ehebruch und Mord nachgewiesen! Eine schreckliche Sache. Was sollte er jetzt tun, wo die Sache aufgeflogen war?

Eine Möglichkeit wäre: Das Ganze einfach durch religiöse Handlungen zu überspielen. Also einfach weitermachen wie vorher, vielleicht noch ein paar Opfer mehr opfern und hoffen, dass Gott damit zufrieden gestellt wird.

> „Denn an Frömmigkeit habe ich Gefallen und nicht am Schlachtopfer, und an der Erkenntnis Gottes mehr als an Brandopfern."
> (Hos 6,6)

Aber David kannte Gott – und deshalb wusste er auch, worauf es bei Gott wirklich ankommt. Daher sagt er: „Siehe, du hast Gefallen an der Wahrheit im Innern" (Ps 51,8). Also keine schöne Fassade, sondern Echtheit, Wahrhaftigkeit, Aufrichtigkeit.

Dann geht er noch weiter und erklärt: „Denn du hast kein Gefallen an Schlachtopfern, sonst gäbe ich sie; an Brandopfern hast du kein Wohlgefallen" (Ps 51,18). Er wusste also, dass es Gott nicht in erster Linie um äußerlichen Gottesdienst ging. Aber um was dann?

„Die Opfer Gottes sind ein zerbrochener Geist; ein zerbrochenes und zerschlagenes Herz wirst du, Gott, nicht verachten" (Ps 51,19). Das trifft den Nagel auf den Kopf. Das ist wahre Gottes-Erkenntnis. Zu wissen, was Gott wichtig ist.

Noch ein Beispiel. Dieses Mal aus dem Neuen Testament. Dort sagt Jesus Christus:

„Wenn du nun deine Gabe zum Altar bringst und dich dort erinnerst, dass dein Bruder etwas gegen dich hat, so lass deine Gabe dort vor dem Altar und geh zuvor hin, versöhne dich mit deinem Bruder; und dann komm und bring deine Gabe dar" (Mt 5,23.24).

Das gleiche Prinzip. Gott geht es nicht nur darum, dass wir Gottesdienst für Ihn tun, sondern besonders darum, dass zunächst mal zwischenmenschliche Beziehungen in Ordnung gebracht werden.

Vielleicht ist das eines der Gebote, die wir am meisten übertreten. Wir machen einfach weiter, obwohl das christliche Miteinander in Scherben liegt!

Aber es geht auch anders, wie uns das folgende ermutigende Beispiel aus dem Leben von Bakht Singh zeigt:

> **Ich bin davon überzeugt, dass viele Gebete nicht beantwortet werden, weil wir nicht bereit sind, jemandem zu vergeben.**
> (D.L. Moody)

„Ich erinnere mich daran, wie ich an einem Sonntag schon früh gekommen war und mich mit einem außergewöhnlichen Verlangen nach der Gemeinschaft beim Tisch des Herrn hinsetzte.

Ein Bruder namens Devadas sprach über Matthäus 5,23.24: ‚Wenn du nun deine Gabe darbringst zu dem Altar und dich dort erinnerst, dass dein Bruder etwas gegen dich hat, so lass deine Gabe dort vor dem Altar und geh zuvor hin, versöhne dich mit deinem Bruder, und dann komm und bringe deine Gabe dar.'

Da erinnerte ich mich plötzlich daran, dass ich einen Bruder kürzlich verletzt hatte, als ich eine Einladung, bei ihm zu essen, nicht annahm. Ich bat Gott um Vergebung und versprach: ‚Herr, ich werde das nachher sofort wieder in Ordnung bringen.' Dann wiederholte Devadas: ‚Geh zuvor hin, versöhne dich, und dann bringe deine Gabe dar.'

Ich sprang auf, verließ meinen Platz, und obwohl es ein sehr heißer Tag im Mai war, rannte ich den ganzen Weg – es waren immerhin etwa 400 m – zu dem Bruder, darauf hoffend, dass ich noch rechtzeitig zurück sein würde.

‚Hast du etwas gegen mich?', fragte ich ihn, sobald ich ihn sah. Er bejahte es, und ich bat ihn um Vergebung, woraufhin wir niederknieten und gemeinsam beteten. Dann rannte ich wieder zurück und kam zu meiner großen Freude gerade noch rechtzeitig zum Abendmahl wieder an." (T.E. Koshy / *Bakht Singh – Ein auserwähltes Werkzeug Gottes in Indien* / CLV)

> *Wie würdest du Hosea 6,6 mit eigenen Worten erklären? Was lernst du aus diesem Vers über Gott? Was lernen wir aus Matthäus 5,23.24 hinsichtlich der Priorität Gottes? Woher kommt es, dass wir das Gebot des Herrn in Matthäus 5,23.24 oft nicht beachten? Kennst du einen Bruder oder eine Schwester, die zu Recht etwas gegen dich hat, weil du dich falsch verhalten hast? Was bedeutet es, ein zerbrochenes Herz und einen zerschlagenen Geist zu haben?*

Achtung: Falsches Gottesbild!

„Herr, ich kannte dich, dass du ein harter Mann bist."
(Mt 25,24)

Was geschieht, wenn das Volk Gottes den lebendigen Gott aus den Augen verliert? Was passiert, wenn die Erkenntnis über Gott immer mehr abnimmt und dadurch irgendwann ein falsches Gottesbild entsteht?

Das hat verheerende Folgen! Sowohl das Alte wie auch das Neue Testament machen das deutlich – und das hat sich bis heute nicht geändert.

> **Ein stolzer Glaube ist ebenso ein Widerspruch wie ein demütiger Teufel.**
> (S. Charnock)

Im Propheten Jesaja sagt der Herr: „Darum wird mein Volk weggeführt aus Mangel an Erkenntnis" (Jes 5,13). Weißt du, was das bedeutet? Mangelnde Erkenntnis darüber, wie Gott ist, führte dazu, dass ein ganzes Volk in die Gefangenschaft geführt wurde!

Hosea geht sogar noch einen Schritt weiter, wenn er schreibt: „Mein Volk wird vertilgt aus Mangel an Erkenntnis" (Hos 4,6). Warum ist das so? Weil ein falsches Gottesbild uns von Gott entkoppelt. Und wenn wir von Gott entkoppelt sind, dann verlieren wir die Orientierung. Dann beurteilen wir Dinge ganz anders, als Gott es tut. Dann leben wir am Ziel vorbei und ziehen das Gericht Gottes auf uns.

Genau das sehen wir im neuen Testament bei der Gemeinde in Laodizea – ein prophetisches Bild von der christlichen Zeitepoche, in der wir heute leben.

Wie sieht der geistliche Zustand Laodizeas aus? Selbstzufriedenheit. Überheblichkeit. Blindheit für ihren eigenen Zustand und mangelnde Erkenntnis Gottes. Gibt es ein

Mittel, um das zu ändern? Ja. Augensalbe! Göttliche Augensalbe, um wieder klar zu sehen (s. Offb 3,18).

Das ist es, was wir heute brauchen: Geöffnete Augen für die Herrlichkeit des Herrn. Wahre Erkenntnis Gottes. Licht über Gott, damit wir unseren Zustand in Seinem Licht erkennen!

Aber in der Regel macht uns unsere Selbstzufriedenheit genau an dieser Stelle einen Strich durch die Rechnung. Denn leider gibt es nur Wenige, die bereit sind, zuzugeben, dass Gott ihnen wieder neu die Augen öffnen muss; nur Wenige, die sich neu aufmachen, die Eigenschaften Gottes und Seine moralische Schönheit zu studieren und ihr Leben daran auszurichten.

> **Es geht um die Größe Gottes, nicht um die Bedeutung des Menschen. Gott hat den Menschen klein und das Universum groß gemacht, um etwas über sich selbst zu sagen.**
> (J. Piper)

Es ist ja auch viel bequemer, einfach so weiterzumachen wie immer –, anstatt im Wort Gottes zu forschen und unser Gottesbild im Licht der Bibel formen zu lassen.

Zu der Zeit, als Jesaja und Hosea lebten, geschah im Volk Gottes immer noch Gottesdienst. Es gab eine äußere Form der Anbetung. Allerdings hatte das Volk vergessen, um wen es eigentlich ging. Sie hatten vergessen, wer Gott ist und wie Gott ist. Sie wussten nicht mehr, was vor Gott eigentlich zählt.

Genau in der gleichen Gefahr stehen wir heute auch! Es gibt Teile in der Christenheit, wo man von dem lieben Gott im Himmel redet. Ein Schmuse-Gott, der alle unsere Wünsche erfüllt und der auch mal fünf gerade sein lässt. Oft gilt hier das Motto: Lehren trennen, die Liebe eint! Hauptsache man fühlt sich wohl.

Das Problem ist nur: Diesen Gott gibt es nicht. Das ist ein Götze, den sich die Menschen selbst geschaffen haben. Mit der Bibel hat dieses Gottesbild jedenfalls nichts zu tun.

Es gibt aber auch das andere Extrem. Dass man Gott als strengen Richter sieht, der uns zwar liebt, aber der uns sofort bestraft, wenn wir etwas falsch machen. Oft werden dann menschliche Regeln aufgestellt, die dabei helfen sollen, mehr der Heiligkeit Gottes zu entsprechen. Aber in Wirklichkeit führen genau diese Menschengebote in eine gesetzliche Gefangenschaft.

Man schaut auf andere Gläubige herab, weil man denkt, dass man mehr Erkenntnis hat als sie. Ähnlich wie bei den Pharisäern, herrscht ein selbstgerechter Geist, bei dem die Barmherzigkeit auf der Strecke bleibt. Auch die liebevolle Aufnahme von andersdenkenden Glaubensgeschwistern kommt viel zu kurz.

> **„Er hat dem Elenden und dem Armen zum Recht verholfen; da stand es gut. Heißt das nicht, mich zu erkennen?, spricht der Herr."**
> (Jer 22,16)

Diese Extreme zeigen uns, welchen Einfluss unser Gottesbild auf unsere Glaubenspraxis haben kann. Deshalb ist es so wichtig, Gott wirklich so zu erkennen, wie Er ist – und zu erfassen, was Ihm wichtig ist. Das macht uns zu Seinen Nachahmern!

„Wir kennen dieses Prinzip aus eigener Erfahrung. Eine fortdauernde Bewunderung verändert etwas in uns.

Man übernimmt zum Beispiel Wesenszüge der geliebten Helden, man gebraucht ihre Sätze, ahmt ihre Stimme nach, ihre Gesichtsausdrücke, ihre Gewohnheiten, ihre Ausdrucksweise und vielleicht übernimmt man sogar ihre Überzeugungen. Je bewundernswerter der Held ist und je intensiver die Bewunderung, desto eindrücklicher wird die Veränderung sein.

Jesus ist unendlich bewundernswert und unsere Bewunderung für Ihn sollte in der höchsten Form der Anbetung gipfeln. Wenn wir ihn deshalb betrachten, wie wir es tun sollten, dann wird die Veränderung tiefgründig sein." (J. Piper / *Gott allein* / Herold Verlag)

In Matthäus 25 erzählt Jesus ein Gleichnis, in dem drei Personen Talente erhalten und damit handeln sollen. Zwei von ihnen sind treu und vermehren das, was sie empfangen haben. Doch der Dritte nimmt sein Talent und vergräbt es in der Erde. Warum?

Als er von seinem Herrn zur Rechenschaft gezogen wird, sagt er: „Ich kannte dich, dass du ein harter Herr bist, und deswegen habe ich dieses Talent vergraben." Die falsche Vorstellung über seinen Herrn führte zu einer falschen Handlung.

Dadurch wird deutlich, dass unser Gottesbild auch eine konkrete Auswirkung auf unseren Dienst hat – und darauf, wie wir die Beziehung leben, in der wir zu Gott stehen. Es macht einen großen Unterschied, ob wir einem harten Herrn dienen oder einem gnädigen Herrn.

Um besser zu erkennen, wie Gott ist, werden wir uns in den nächsten Andachten Sein Wesen etwas genauer ansehen.

„Wer sich rühmt, rühme sich dessen: Einsicht zu haben und mich zu erkennen, dass ich der HERR bin, der Güte, Recht und Gerechtigkeit übt auf der Erde; denn daran habe ich Gefallen, spricht der HERR."
(Jer 9,23)

> *Wie kannst du dafür sorgen, dass du ein richtiges Gottesbild bekommst? Was denkst du über Gott? Siehst du ihn eher als einen strengen oder als einen gnädigen Herrn? Dienst du Ihm aufgrund von Druck und Pflichtgefühl oder aus Dankbarkeit für das, was Er dir in Christus geschenkt hat? Wie könntest du ein möglicherweise falsches Gottesbild korrigieren?*

Notizen:

....

....

....

....

....

....

....

....

....

....

....

....

....

....

....

....

DAS WESEN GOTTES

„Kannst du die Tiefe Gottes erreichen oder das Wesen des Allmächtigen ergründen? Himmelhoch sind sie – was kannst du tun? Tiefer als der Scheol – was kannst du erkennen?" (Hiob 11,7.8)

Die Bibel zeigt uns Gottes einzigartige und geniale Eigenschaften. Eigenschaften, die unser Vorstellungsvermögen übersteigen. Denken wir nur an Seine ewige Existenz, Seine Unendlichkeit, Seine Unveränderlichkeit, Seine Allmacht, Seine Allwissenheit oder Seine Allgegenwart. Wir werden uns diese wunderbaren Attribute später noch genauer anschauen.

Aber das ist noch nicht alles: Das Neue Testament zeigt uns außerdem das Wesen Gottes. Das, was Er in sich selbst ist. Gott ist Licht (s. 1. Joh 1,5) und Gott ist Liebe (1. Joh 4.8.16). Das macht Sein Wesen aus. Das ist Seine Natur. Das kennzeichnet Ihn.

Licht und Liebe sind sozusagen der Kern Gottes. Aus diesen Wesenszügen gehen Seine perfekten moralischen Eigenschaften hervor. Sie sind, bildlich gesprochen, wie Lichtstrahlen, die aus Seinem Wesen hervorscheinen. Sie bilden die Grundlage für Sein Handeln.

GOTT IST LICHT

Was bedeutet es, dass Gott Licht ist? Welche Eigenschaften hat das Licht? Es strahlt. Es erhellt. Es wärmt. Es glänzt. Es ist rein. Es macht etwas sichtbar. Dass das Wesen Gottes Licht ist, zeigt uns besonders Gottes herrliche Heiligkeit und Seine vollkommene Güte.

Die herrliche Pracht Seiner Majestät

„HERR, mein Gott, du bist sehr groß, mit Majestät und Pracht bist du bekleidet, du, der in Licht sich hüllt wie in ein Gewand." (Ps 104,1.2)

Dieser Vers macht deutlich, dass Licht mit der Majestät und Pracht Gottes in Verbindung steht. Ein beeindruckendes Thema!

Als der HERR sich Hiob im Sturmwind offenbart, fordert Er ihn heraus mit den Worten: „Schmücke dich doch mit Erhabenheit und Hoheit, und kleide dich in Pracht und Majestät!" (Hiob 40,10). Hiob konnte das nicht – denn das kann nur Gott!

> **In Gott sind Schätze, die nie geleert werden können – und Freuden, die nie enden werden!**
> (T. Watson)

Es ist für den Menschen außerdem unmöglich, Gott in Seiner Absolutheit zu sehen – so brillant, majestätisch und erhaben ist Er! Deshalb hat der HERR damals schon zu Mose gesagt: „Du vermagst nicht mein Angesicht zu sehen, denn nicht kann ein Mensch mich sehen und leben" (2. Mo 33,20).

Im Neuen Testament schreibt Paulus, der bei seiner Bekehrung ein Licht gesehen hatte, das den Glanz der Sonne übertraf, von dem: „selige[n] und alleinige[n] Machthaber ..., der ein unzugängliches Licht bewohnt, den keiner der Menschen gesehen hat noch sehen kann" (1. Tim 6,16).

Selbst die Seraphim bedecken in der Gegenwart Gottes ihre Angesichter und ihre Füße. Dabei rufen sie mit lauter Stimme: „Heilig, heilig, heilig ist der HERR der Heerscharen" (Jes 6,3).

Im Buch Hiob steht: „Siehe, er breitet sein Licht um sich aus ... Um Gott ist furchterregende Pracht" (Hiob 36,30;

37,22). Und in den Psalmen heißt es: „Majestät und Pracht sind vor seinem Angesicht, Stärke und Herrlichkeit in seinem Heiligtum" (Ps 96,6). Das gibt uns eine kleine Vorstellung von dem, was die Gegenwart Gottes kennzeichnet.

Die Majestät Gottes übersteigt das Fassungsvermögen des menschlichen Verstandes.
(J. Calvin)

Als Habakuk sich daran erinnert, was das Volk Israel bereits mit dem Heiligen erlebt hatte, fügt er hinzu: „Seine Pracht bedeckt die Himmel, und die Erde ist voll seines Ruhmes. Und es entsteht ein Glanz wie das Licht der Sonne; Strahlen sind zu seinen Seiten, und dort ist die Hülle seiner Macht" (Hab 3,3.4).

Menschen, die noch keine Vergebung ihrer Sünden haben, müssen sich vor der Pracht der Majestät Gottes fürchten. Denn Gott – der Licht ist – wird einmal die Werke der Finsternis mit heiligem Zorn bestrafen.

Jesaja schreibt über die schreckliche Drangsalszeit: „Verkrieche dich in die Felsen und verbirg dich im Staub vor dem Schrecken des HERRN und vor der Pracht seiner Majestät!" (Jes 2,10).

Ganz anders sieht es für Kinder Gottes aus. Sie hat der Lichtglanz des Evangeliums der Herrlichkeit des Christus angestrahlt (s. 2. Kor 4,4). Deshalb kennen sie den Herrn Jesus – die Ausstrahlung der Herrlichkeit Gottes (s. Heb 1,3) – als ihren persönlichen Retter.

„Denn der Gott, der sprach: Aus Finsternis leuchte Licht, ist es, der in unsere Herzen geleuchtet hat zum Lichtglanz der Erkenntnis der Herrlichkeit Gottes im Angesicht Jesu Christi." (2. Kor 4,6)

Wir sehen die Herrlichkeit Gottes im Angesicht eines Menschen: Dem Herrn der Herrlichkeit! Was für eine Offenbarung Gottes! „Niemand hat Gott jemals gesehen; der eingeborene [einzigartige] Sohn, der im Schoß des Vaters ist, der hat ihn kundgemacht ... und wir haben seine Herrlichkeit angeschaut" (Joh 1,18.14).

Und weißt du, was Gottes Absicht mit uns ist? Davon lesen wir ganz am Ende der Bibel, wo Johannes von einem Engel die Gemeinde als das himmlische Jerusalem gezeigt bekommt. Dort sagt der Engel zu ihm:

„Komm her, ich will dir die Braut, die Frau des Lammes, zeigen. Und er führte mich im Geist weg auf einen großen und hohen Berg und zeigte mir die heilige Stadt, Jerusalem, herabkommend aus dem Himmel von Gott; und sie hatte die Herrlichkeit Gottes. Ihr Lichtglanz war gleich einem sehr wertvollen Stein, wie ein kristallheller Jaspisstein" (Offb 21,9-11).

> **„Reden will ich von der herrlichen Pracht deiner Majestät."**
> (Ps 145,5)

Wie groß ist das! Wir sind dazu berufen, die Herrlichkeit Gottes widerzuspiegeln. Wieder ist von einem herrlichen Lichtglanz die Rede. Wie das genau aussehen wird, können wir uns kaum vorstellen. Aber es wird überwältigend sein!

*„Loben sollen sie den Namen des HERRN!
Denn sein Name ist hoch erhaben, er allein;
seine Majestät ist über Erde und Himmel."
(Ps 148,13)*

> *Welche anderen Bibelstellen fallen dir ein, die das Licht Gottes in Verbindung mit Seiner Pracht und Majestät zeigen? Was kannst du über die herrliche Pracht der Majestät Gottes sagen (s. Ps 145,5)? Versuche 2. Korinther 4,6 mit eigenen Worten zu erklären!*

Notizen:

....

....

....

....

....

....

....

....

....

....

....

....

....

....

....

....

....

....

....

Das Wunder der Offenbarung Gottes

„Aus Zion, der Schönheit Vollendung, ist Gott hervorgestrahlt." (Ps 50,2)

Licht hat die Eigenschaft, dass es strahlt. Es macht etwas offenbar. Das lässt uns daran denken, wie Gott sich den Menschen über die Jahrhunderte hinweg gezeigt hat.

Im Alten Testament konnte der HERR Sich nur bruchstückartig zeigen. Warum? Weil die Frage der Sünde noch nicht gelöst war. Deshalb musste Er in gewisser Hinsicht dem Menschen gegenüber auf Distanz gehen.

Aus diesem Grund sagte Gott bei der Gesetzgebung am Berg Sinai zu Mose: „Siehe, ich werde zu dir kommen im Dunkel des Gewölks" (2. Mo 19,9). Kurz danach heißt es: „Und Mose nahte dem Dunkel, wo Gott war" (2. Mo 20,21).

In 5. Mose 5 wird uns mitgeteilt, dass Gott aus dem Dunkel und der Finsternis redete. Und in 1. Könige 8 sagt Salomo bei der Einweihung des Tempels: „Der HERR hat gesagt, dass er im Dunkel wohnen wolle" (1. Kön 8,12).

In sich selbst war und ist Gott immer Licht. Aber hätte Er sich in Seinem Handeln mit den Menschen im Alten Testament völlig offenbart, dann wären die Menschen augenblicklich gestorben. Deshalb die bekannten Worte Gottes an Mose: „Du vermagst nicht mein Angesicht zu sehen, denn nicht kann ein Mensch mich sehen und leben" (2. Mo 33,20).

Damals wohnte Gott also im Dunkeln. Er war durch Vorhänge, durch Opfer und durch Priester von den Menschen abgeschirmt.

Erst als Jesus Christus, der ewige Sohn Gottes, Mensch wurde, ist Gott sozusagen hinter dem Vorhang hervorgekommen. In Jesus hat Er sich uns als Licht und Liebe offenbart – wie niemals zuvor!

> **Indem er uns offenbart, wer er ist und was er tut, ruft unser Herr uns auf, immer mit zuversichtlichem Glauben auf ihn zu schauen.**
>
> (D. Fortner)

Deshalb steht im Johannes-Evangelium: „… die Gnade und die Wahrheit ist durch Jesus Christus geworden. Niemand hat Gott jemals gesehen; der eingeborene Sohn, der im Schoß des Vaters ist, der hat ihn kundgemacht" (Joh 1,17.18).

Er ist die Ausstrahlung Seiner Herrlichkeit und der Abdruck Seines Wesens (s. Heb 1,3). Deshalb sagt der Sohn Gottes: „Wer mich gesehen hat, hat den Vater gesehen" (Joh 14,9). Durch Ihn können wir Gott jetzt in einer Weise kennen wie kein einziger Gläubiger aus dem Alten Testament!

Es ist gewaltig, dass wir Gott heute als Licht und Liebe kennen dürfen. Erst im Neuen Testament hat Gott sich den Menschen so geoffenbart. Auch in dieser Hinsicht leben wir heute in einer einzigartigen Zeit!

Johannes schreibt, „dass Gott Licht ist und gar keine Finsternis in ihm ist" (1. Joh 1,5). Gottes Wesen ist absolut rein und makellos. Das bedeutet: Sünde ist Ihm wesensfremd. In Ihm gibt es nichts Böses – gar keine Finsternis!

Doch nicht nur das: Gott hasst das Böse. Er verabscheut die Werke der Finsternis. Er zürnt über die Sünde. Habakuk sagt über Ihn: „Bist du nicht von alters her, HERR, mein Gott, mein Heiliger? … Du bist zu rein von Augen, um Böses zu sehen" (Hab 1,12.13).

Wo wurde diese Wahrheit über Gott am deutlichsten sichtbar? Am Kreuz von Golgatha! Als Christus dort mit den unzähligen Sünden der Gläubigen beladen war, kam plötzlich eine große Finsternis über das ganze Land.

So etwas hatte es noch nie gegeben: Drei Stunden Finsternis – und das mitten am Tag! Während dieser dunklen Stunden schrie Jesus mit lauter Stimme: „Mein Gott, mein Gott, warum hast du mich verlassen?" (Mt 27,46).

Warum ist das geschehen? Warum musste Jesus Christus dort von Gott verlassen werden? Weil die Heiligkeit Gottes es erforderte. Der Sündenträger hat selbst am Kreuz die Antwort auf diese Frage gegeben und gesagt: „Doch du bist heilig" (Ps 22,4). Gottes Heiligkeit kennt keine Kompromisse!

Der Sohn Gottes musste in diese schreckliche Finsternis eintreten, um uns – die Finsternis waren (s. Eph 5,8) – fähig zu machen, „zu dem Anteil am Erbe der Heiligen in dem Licht" (Kol 1,12). Wir werden einmal in dem wunderbaren Licht Gottes stehen – in Seiner heiligen Gegenwart. Aber nur, weil Christus für uns in der Finsternis war!

> *Inwiefern hat Gott sich den Menschen im Alten Testament bruchstückartig offenbart? Welche Situationen im Leben des Herrn Jesus fallen dir ein, in denen sichtbar wird, dass Gott Licht und Liebe ist? Warum wurde in den drei Stunden der Finsternis die Heiligkeit Gottes sichtbar wie niemals zuvor?*

Notizen:

....

....

Die Frucht des Lichts

„Wer ist dir gleich unter den Göttern, Herr! Wer ist dir gleich, herrlich in Heiligkeit, furchtbar an Ruhm, Wunder tuend!" (2. Mo 15,11)

Nachdem der Herr im Alten Testament das Volk Israel erlöst hat, finden wir das erste Lied in der Bibel. Die Israeliten loben Gott und singen: „Wer ist dir gleich, herrlich in Heiligkeit ..." (2. Mo 15,11).

Ein erlöstes Volk hat Ehrfurcht vor Gott und bewundert Seine Heiligkeit. Aber weil sie wissen, dass Gott für sie ist – denn das hatte Er ja am Roten Meer bewiesen –, brauchen sie keine Angst vor Ihm zu haben.

> **„Wer sollte nicht [dich], Herr, fürchten und deinen Namen verherrlichen? Denn du allein bist heilig."** (Offb 15,4)

Das gilt auch für uns. Wir sind hinter dem Blut des Lammes in Sicherheit und gleichzeitig können wir wie Paulus sagen: „Wenn Gott für uns ist, wer gegen uns?" (Röm 8,31)!

Doch wir sollten nie vergessen, woher wir kommen und was Gott aus uns gemacht hat! Wir waren moralisch finster, böse, verdorben. Von Gott getrennt und verfinstert am Verstand. In der Gewalt der Finsternis. Ohne Erkenntnis Gottes.

Aber Gott ist in Seiner unfassbaren Gnade aktiv geworden. Er hat uns berufen „aus der Finsternis zu seinem wunderbaren Licht" (1. Pet 2,9). Das ist unser Ziel: Mit Gott in Seinem wunderbaren Licht zu sein. Dort ist unser himmlisches Erbe, unser ewiger Besitz.

Wir waren Finsternis, aber jetzt sind wir Licht in dem Herrn (s. Eph 5,8). Gott hat uns ewiges Leben gegeben. Ein himmlisches Leben, eine neue, göttliche Natur. Deshalb nennt die Bibel uns Kinder und Söhne des Lichts (s. 1. Thes 5,5). Das ist unsere Stellung vor Gott. So sieht Gott uns.

Genau deshalb fordert Er uns dazu auf, jetzt auch als Kinder des Lichts zu leben. Und wie tun wir das? Paulus schreibt: „Wandelt als Kinder des Lichts ... indem ihr prüft, was dem Herrn wohlgefällig ist" (Eph 5,8.10).

Unser erstes Erkennungszeichen als Kinder des Lichts ist, dass wir den Willen Gottes tun wollen. Das ist das Verlangen des neuen Lebens. Und genau das will auch der Geist Gottes, der in uns wohnt.

Außerdem bringt das neue Leben – das durch Licht und Liebe gekennzeichnet ist – Frucht für Gott hervor. Frucht, die unvergänglich ist. Frucht, die in Ewigkeit bleibt. In Epheser 5,9 macht Paulus eine sehr interessante Aussage:

> **Das Maß unseres Gehorsams ist ein Kriterium für unsere Ehrfurcht vor Gott.** (J. Bridges)

„Denn die Frucht des Lichts besteht in aller Gütigkeit und Gerechtigkeit und Wahrheit."

Wer hätte gedacht, dass Gütigkeit als erstes bei der Frucht des Lichts erwähnt wird? Man hätte eher mit Heiligkeit gerechnet. Das zeigt uns einen wichtigen Punkt:

Licht und Liebe sind bei Gott keine Gegensätze. Sie stehen in vollkommener Harmonie zueinander. Sie greifen ineinander über. Gottes Liebe ist heilige Liebe und Gottes Licht ist voller Gütigkeit.

Gütigkeit bedeutet, dass wir unseren Mitmenschen liebevoll Gutes tun. Entweder in materieller oder in geistlicher Hinsicht. Dadurch zeigt sich das göttliche Licht sozusagen in Seiner liebenden und gewinnenden Art.

Die Welt ist kalt, böse und hartherzig. Wir dagegen sollen das Gute wirken gegen alle – am meisten aber gegenüber den Hausgenossen des Glaubens (s. Gal 6,10). Wenn wir Güte ausstrahlen, dann sind wir Nachahmer Gottes!

Außerdem zeigt sich die Frucht des Lichts in praktischer Gerechtigkeit und Wahrheit. Ein Leben in praktischer Gerechtigkeit stimmt mit dem überein, was Gott von sich – d.h. von Seinem Wesen – offenbart hat. Es ist ein Leben, dass dem Willen Gottes entspricht. Römer 12 gibt uns viele Beispiele dafür, wie das praktisch aussieht.

Außerdem sollen wir wahrhaftig, aufrichtig, echt sein. Wir haben die Aufgabe, die Wahrheit, die Gott uns offenbart hat, festzuhalten und auch tatsächlich darin zu leben. Dazu gehört auch, dass wir uns von allem trennen, was gegen den Willen Gottes ist. Denn welche Gemeinschaft hat Licht mit Finsternis (s. 2. Kor 6,14)?

> *Was bedeutet es, Licht in dem Herrn zu sein? Welche Rolle spielt die Furcht des Herrn dabei? Überlege dir Beispiele dafür, wie Güte, Gerechtigkeit und Wahrheit in deinem Leben sichtbar werden können?*

Notizen:

....

....

....

....

....

Göttliche Ausgewogenheit

„Weiche vom Bösen und tue Gutes." (Ps 34,15)

Wir kommen jetzt auf einen ganz entscheidenden Punkt zu sprechen: Johannes schreibt, „dass Gott Licht ist und gar keine Finsternis in ihm ist" (1. Joh 1,5). Das zeigt uns zwei wichtige Aspekte:

- die Perfektion Gottes als Licht in positiver Hinsicht – dass Er absolut rein und durch und durch gut ist.
- dass es in Gott nichts Schlechtes, nichts Böses und nichts Unreines gibt – also die völlige Abwesenheit der Sünde.

Beides ist wahr – und es ist sehr wichtig, dass wir beide Punkte im Auge behalten. Denn wenn man hier einen unausgewogenen Fokus hat, dann bekommt man ein einseitiges Gottesbild!

Das geschieht beispielsweise, wenn man nur betont, dass Gott ohne Sünde ist und dass Er sie hasst – und man dabei die positiven Aspekte, die damit korrespondieren, außer Acht lässt.

> **Das Böse mit dem Guten zu überwinden ist wahrhaftig christlich.**
> (T. Watson)

Folgendes Beispiel macht das deutlich: Gott lügt nicht und Er hasst die Lüge. Das ist wahr. Aber das ist nur eine Seite der Medaille. Damit geht nämlich gleichzeitig einher, dass Gott wahrhaftig ist und die Wahrheit liebt. Auch das ist wahr. Er hasst das Böse und tut es nicht. Gleichzeitig liebt Er das Gute – und alles, was Er tut, ist gut!

Das ist für unser Glaubensleben enorm wichtig: Wenn wir uns nur darauf konzentrieren, dass Böse zu vermeiden, ohne uns dabei auf das Gute zu fokussieren, fallen wir auf einer Seite vom Pferd. Dann stehen wir in der Gefahr, gesetzlich zu werden.

Schon David sagt in Psalm 34: „Weiche vom Bösen und tue Gutes" (Ps 34,15). Im Neuen Testament schreibt Paulus:

Liebe bedeutet, kein Unrecht zu tun, wenn einem Unrecht getan wurde, und gleichzeitig nach Möglichkeiten und Wegen zu suchen, das Böse mit Gutem zu überwinden.
(Unbekannt)

„Lasst uns nun die Werke der Finsternis ablegen, die Waffen des Lichts aber anziehen" (Röm 13,12).

Wir brauchen beides. Wir sollen einerseits von der Ungerechtigkeit abstehen; aber wir sollen andererseits auch das tun, was in Philipper 4,8 steht:

„Im Übrigen, Brüder, alles, was wahr, alles, was würdig, alles, was gerecht, alles, was rein, alles, was lieblich ist, alles, was wohllautet, wenn es irgendeine Tugend und wenn es irgendein Lob gibt, dies erwägt."

In Epheser 4,28-32 wird das auch sehr deutlich. Durch die Vermeidung des Bösen darf kein Vakuum entstehen. Das Böse soll durch das Gute ersetzt werden:

- Wir hören nicht nur auf zu lügen, sondern wir reden die Wahrheit miteinander.
- Wir hören nicht nur auf zu stehlen, sondern wir geben jetzt gerne an andere weiter.
- Wir vermeiden es nicht nur, faule Worte zu reden, sondern wir sind darauf ausgerichtet, andere durch unsere Worte zu ermutigen und zu erbauen.
- Anstelle von Bitterkeit, Wut und Zorn sollen wir jetzt Güte, Mitleid und Vergebung zeigen.

Paulus schreibt in Römer 12: „Lass dich nicht von dem Bösen überwinden, sondern überwinde das Böse mit dem Guten" (Röm 12,21). Das ist eine Ausrichtung, die Gott gefällt!

> *Worauf fokussierst du dich mehr:*
> *Das Böse zu meiden oder das Gute*
> *zu tun? Überlege dir Beispiele,*
> *wie du das Böse mit dem Guten*
> *überwinden kannst!*

Notizen:

....

....

....

....

....

....

....

....

....

....

....

....

....

....

....

....

....

....

....

....

Gemeinschaft im Licht

„Denn bei dir ist der Quell des Lebens, in deinem Licht werden wir das Licht sehen." (Ps 36,10)

Ein Kernaspekt des Lichts ist: Es macht etwas offenbar. Es lässt Dinge sichtbar werden. Es zeigt die Dinge, wie sie wirklich sind. Deshalb schreibt Paulus:

„Alles aber, was bloßgestellt wird, wird durch das Licht offenbar gemacht; denn das Licht ist es, welches alles offenbar macht" (Eph 5,13).

Paulus hat das selbst auf dem Weg nach Damaskus erlebt. Denn dort hatte er eine persönliche Begegnung mit Jesus Christus. Paulus sah am Himmel ein großes Licht, das in sein Leben hineinleuchtete. Dieses göttliche Licht und die Worte Jesu haben den stolzen Pharisäer von seiner Sündhaftigkeit überführt. Das war der große Wendepunkt seines Lebens.

Das, was bei Paulus bei seiner Bekehrung geschah, gilt vom Grundsatz her auch für unser Glaubensleben. Wenn Gottes Licht auf unser Leben fällt und die hintersten Ecken unseres Herzens ausleuchtet, dann erkennen wir uns selbst.

> **Die Stunden, die wir mit Gott verbringen, sind der Brunnen, aus dem unsere Heiligung fließt – und unsere Freude.**
> (R. Alcorn)

Dann sehen wir Dinge, die nicht zu dem Licht passen. Dinge, die deshalb ausgeräumt werden müssen. Dadurch führt der Herr uns zum Selbstgericht. Wir bekennen Sünden und tun Buße. Und weil wir dann im Licht leben, können wir die Gemeinschaft mit Gott wieder voll genießen!

Ein Leben im Licht ist also die Voraussetzung für Gemeinschaft mit Gott – und auch für Gemeinschaft unter

Kindern Gottes. Denn Johannes schreibt: „Wenn wir aber in dem Licht wandeln, wie er in dem Licht ist, so haben wir Gemeinschaft miteinander" (1. Joh 1,7).

Das beinhaltet zwei Punkte:

- das persönliche Abwenden von der Sünde
- das Praktizieren des Guten, mit denen, die den Herrn aus reinen Herzen anrufen!

Das ist wahre christliche Gemeinschaft. Gemeinschaft im Licht!

Schauen wir uns nochmal das Leben des Sohnes Gottes an. Einerseits zeigt es uns, wie Gott ist. Andererseits war die Offenbarung dieses wunderbaren Lebens wie ein Scheinwerfer, der göttliches Licht auf das Leben der Menschen warf. Deshalb wird in Johannes 1,4 gesagt: „In ihm war Leben, und das Leben war das Licht der Menschen."

Christus ist das wahrhaftige Licht, bei dem es keinen Schatten gab. Er hat moralisch perfekt gelebt. Dadurch hat Er die Menschen in das Licht Gottes gestellt. In der Gegenwart dieses heiligen Menschen – dem Heiligen Gottes – haben Menschen ihre eigene Sündhaftigkeit erkannt. Denn das moralische Licht Gottes bringt alles ans Licht, was sonst von der Finsternis verborgen wird.

> **„Und süß ist das Licht, und wohltuend den Augen, die Sonne zu sehen."** (Pred 11,7)

Deshalb hat Jesus Christus gesagt: „Jeder, der Böses tut, hasst das Licht und kommt nicht zu dem Licht, damit seine Werke nicht bloßgestellt werden; wer aber die Wahrheit tut, kommt zu dem Licht, damit seine Werke offenbar werden, dass sie in Gott gewirkt sind" (Joh 3,20.21).

Wer etwas zu verbergen versucht, der meidet das Licht. Ein böses Gewissen versteckt sich. Wer aber ein reines

Herz hat, der freut sich darüber, sich im Licht aufzuhalten. Der sucht die Gegenwart Gottes; der lebt in Gottesfurcht vor Seinem Angesicht. Genau das sollte uns kennzeichnen!

Jetzt sind wir das Licht der Welt. Jetzt sind wir die, die göttliches Licht in dieser moralischen Finsternis verbreiten sollen. Wie tun wir das? Indem wir Christus in unserem Leben sichtbar werden lassen. Indem wir Sein wunderbares Leben ausstrahlen.

„... Kinder Gottes inmitten eines verdrehten und verkehrten Geschlechts, unter dem ihr scheint wie Lichter in der Welt, darstellend das Wort des Lebens" (Phil 2,15.16). Wenn das geschieht, wird etwas von dem Wesen Gottes an uns gesehen!

> *Was bedeutet es, dass Jesus Christus gesagt hat: „Ich bin das Licht der Welt" (Joh 8,12)? Welche Rolle spielt das Wort Gottes im Leben eines Christen für ein Leben im Licht (s. z.B. Heb 4,12.13)? Was bedeutet es, dass Wort des Lebens in dieser dunklen Welt dazustellen?*

Notizen:

....

....

....

....

....

....

Gott ist gut!

„Du bist gut und tust Gutes; lehre mich deine Satzungen!" (Ps 119,68)

Gott ist Licht. Darin sehen wir einerseits Seine Heiligkeit, aber auch Seine Güte. Licht ist nicht nur hell, sondern auch warm und wohltuend. Gott ist nicht nur völlig frei von Bösem; Er ist auch durch und durch gut. Immer. Jederzeit. Jeden Tag.

Paulus schreibt im Römerbrief: „Da ist keiner, der Gutes tut, da ist auch nicht einer" (Röm 3,12). Eine krasse Aussage! Wenn du wissen willst, wer wirklich gut ist, dann musst du auf Gott sehen. Deshalb hat Jesus Christus gesagt: „Niemand ist gut als nur einer, Gott" (Mk 10,18). Neben Seiner moralischen Vollkommenheit verblasst jedes Geschöpf.

Die Tatsache, dass Gott gut ist, zeigt sich besonders in Seinem Handeln. Deshalb steht in Psalm 119,68 über Ihn: „Du bist gut und tust Gutes." Das gilt auch für Gottes Ziele und für Seine Motivation. Alles, was Er beabsichtigt und tut, ist gut. Alles!

Gott ist der Vater der Lichter, von dem jede gute Gabe kommt (s. Jak 1,17). Seine Güte währt ewig. Sie verändert sich nicht. Denn bei Gott gibt es noch nicht einmal den Schatten eines Wechsels!

> **Die Güte Gottes ist das, was Ihn dazu bringt, freundlich, herzlich, segnend und guten Willens gegenüber dem Menschen zu sein. Er ist herzensgut und voller Mitgefühl. Durch Seine Natur ist Er immer geneigt, Segen zu verbreiten und Er findet Wohlgefallen im Glück Seines Volkes.**
> (Unbekannt)

Denk nur mal den geistlichen Segen, den Er uns gegeben hat: Den Heiligen Geist, das ewige Leben, Gnadengaben, das lebendige Wort Gottes. Er hat uns in Christus mit jeder geistlichen Segnung gesegnet, die es gibt. Er sorgt dafür, dass unser innerer Mensch jeden Tag erneuert wird. Er gibt uns täglich neue geistliche Kraft. Und vieles mehr (s. 2. Pet 1,3)!

Darüber hinaus hat Gott auch gute Absichten mit deinem Leben. Warum? Weil Er es gut mit dir meint! Deswegen sagt die Bibel, dass „denen, die Gott lieben, alle Dinge zum Guten mitwirken" (Röm 8,28).

> **Es heißt den Herrn versuchen, wenn wir an der Erweisung Seine Güte zweifeln, die uns alles gibt, was wir bedürfen.**
>
> (J.N. Darby)

David ruft schon im Alten Testament voller Bewunderung: „Wie groß ist deine Güte ...!" (Ps 31,20). Wie viel mehr Ursache haben wir dafür, über die Güte Gottes zu staunen – und Ihm immer wieder neu dafür zu danken!

Als Georg Müller auf der Beerdigung seiner Frau eine Ansprache halten sollte, wählte er als Predigttext: „Du bist gut und tust Gutes; lehre mich deine Satzungen!" (Ps 119,68).

Er teilte die Predigt in drei Teile ein:

- Der Herr war gut, indem Er mir diese Frau gegeben hat,
- Er war gut, dass Er sie mir für so lange Zeit zur Seite gestellt hat (39 Jahre und 4 Monate),
- Er war gut und hat gut gehandelt, indem Er sie von mir genommen hat.

Gott ist immer gut – auch wenn es uns schlecht geht oder wir uns schlecht fühlen. Gottes Güte hängt nicht von unseren Gefühlen ab. Er war gestern gut, Er ist heute gut und Er wird auch morgen gut sein. Er verändert sich nicht!

Das zu wissen, ist unendlich wertvoll. Denn das gibt dir die Gewissheit, dass dein Vater im Himmel immer einen guten Willen, gute Absichten, und gute Ziele mit dir hat. Wer das im Glauben ergreift, dessen

> „Schmeckt und seh
> dass der Herr gütig
> ist! Glückselig der
> Mann, der zu ihm
> Zuflucht nimmt!"
> (Ps 34,9)

Leben verändert sich. Der fängt an Gott zu vertrauen – und der kann auch schwere Zeiten aus der Hand Gottes annehmen!

> *Was bedeutet es für dein Glaubensleben, dass Gott durch und durch gut ist? Was bedeutet es, dass denen, die Ihn lieben, alle Dinge zum Guten mitwirken? Was kann dich davor bewahren, an der Güte Gottes zu zweifeln? Vergiss nie: Gott ist gut – jeden Tag!*

Notizen:

....

....

....

....

....

....

....

....

....

....

....

Gott tut Gutes

„Preist den HERRN, denn er ist gut, denn seine Güte währt ewig!" (1. Chr 16,34)

In Epheser 5,9 wird Gütigkeit bei der Frucht des Lichts als erstes genannt. Güte gehört zum Wesen Gottes. Gott und Güte sind untrennbar miteinander verbunden!

Eine der Aussagen über Gott, die in der Bibel am häufigsten gemacht wird, lautet wie folgt: Er ist „langsam zum Zorn und groß an Güte" (s. 2. Mo 34,6; 4. Mo 14,18; Neh 9,17 usw.)!

Anstatt die Bosheit der Menschen augenblicklich in heiligem Zorn zu bestrafen, begegnet der HERR ihnen mit Güte. Jesus Christus sagte über den Vater: „Er ist gütig gegen die Undankbaren und Bösen" (Lk 6,35). Und: „Er lässt seine Sonne aufgehen über Böse und Gute und lässt regnen über Gerechte und Ungerechte" (Mt 5,45).

In Psalm 145 rühmt David die Güte Gottes und sagt: „Der HERR ist gut gegen alle" (Ps 145,9). Keiner ist ausgenommen. Gott lässt selbst Ungläubige, die nichts von Ihm wissen wollen, Gutes erleben. Gottes Güte ist für alle da. Das bedeutet auch, dass ungerechte, böse und undankbare Leute nur deshalb noch am Leben sind, weil Gott langmütig und gütig ist!

> Unsere Herzen können dankbar sein, weil wir wissen, dass uns auch aus Schmerz und Verlust Gutes erwachsen wird.
> (J.R. Miller)

Viele Menschen denken wie folgt: „Alles Gute und Positive in meinem Leben ist das Normale. Das Schlechte und Negative ist unnormal – und das schreibe ich Gott zu." Die Tatsachen werden verdreht und Gott wird auf die Anklagebank gesetzt.

Ähnlich ist es bei der Frage: „Wie kann ein liebender Gott so viel Leid in der Welt zulassen." Hier könnte man genauso gut die Gegenfrage stellen: Wie kann es sein, dass jeden Tag Milliarden von Menschen, die nichts von Gott wissen wollen und deren Sünden zum Himmel schreien, etwas zu Essen haben? Wie kann es sein, dass so viele Menschen, obwohl sie böse sind, jeden Tag so viel Gutes erleben dürfen?

Wir können folgende Unterscheidung machen:

- Die Gnade Gottes ist Seine Liebe denen gegenüber, die eigentlich Strafe verdient haben.
- Die Barmherzigkeit Gottes ist Seine Liebe gegenüber denen, die in Not sind.
- Die Güte Gottes ist Seine Liebe jedem Geschöpf gegenüber – ohne Ausnahme!

Wie zeigt sich die Güte Gottes? Sie zeigt sich in Seiner wohlwollenden, freundlichen, gebenden und hilfsbereiten Haltung. Gott liebt es, Gutes zu geben! Deshalb schreibt Jakobus: „Jede gute Gabe und jedes vollkommene Geschenk kommt von oben herab, von dem Vater der Lichter" (Jak 1,17).

Alles Gute, was du jemals erlebt hast, entspringt allein der Güte Gottes. Jeder Herzschlag. Jeder Atemzug. Jede Sekunde an Lebenszeit. Jede Tasse Kaffee am Morgen. Jeder Sonnenstrahl. Jeder ruhige Schlaf. Jeder schmerzfreie Moment. Jede Mahlzeit auf deinem Teller. Jede Wahrnehmung deiner Geschmacksnerven. Jeder Moment der Freude.

Wie viel Grund haben wir – jeden Tag –, dankbar für die große Güte Gottes zu sein! Gesundheit, Nahrung, Kleidung, ein Dach über dem Kopf, Arbeit, Verwandte, Freunde – das ist alles kein Zufallsprodukt, sondern ein Beweis der Güte Gottes an dir! Wie Jeremia treffend sagt:

„Es sind die Gütigkeiten des HERRN, dass wir nicht aufgerieben sind; denn seine Erbarmungen sind nicht zu Ende; sie sind alle Morgen neu, deine Treue ist groß" (Klgl 3,22.23).

Gott sorgt für Seine Geschöpfe. Wie in den Psalmen gesagt wird: „Sie alle warten auf dich, dass du ihnen ihre Speise gibst zu seiner Zeit. Du gibst ihnen: Sie sammeln ein. Du tust deine Hand auf: Sie werden gesättigt mit Gutem" (Ps 104,27.28).

Paulus schreibt an Timotheus von: „Gott, der uns alles reichlich darreicht zum Genuss" (1.Tim 6,17). Gott erlaubt uns, Dinge, die Er uns gibt, zu genießen. Auch das ist Seine Güte!

> „Denn die Berge mögen weichen und die Hügel wanken, aber meine Güte wird nicht von dir weichen."
> (Jes 54,10)

Doch alles, was wir bis jetzt vor uns hatten, sind nur kleine Krümmel im Vergleich zu der Güte Gottes, die Er uns in Jesus Christus gezeigt hat. Wir lesen davon im Titusbrief, wo es heißt: „Als aber die Güte und die Menschenliebe unseres Heiland-Gottes erschien, errettete er uns" (Tit 3,4.5).

Willst du wissen, ob Gott gut ist? Dann schau nach Golgatha. Die Güte Gottes strahlt am hellsten hervor, als Jesus Christus dort am Kreuz für uns starb! Das ist der unwiderlegbare Beweis dafür, dass Gott uns nichts Gutes vorenthalten hat.

„Er, der doch seinen eigenen Sohn nicht verschont, sondern ihn für uns alle hingegeben hat: wie wird er uns mit ihm nicht auch alles schenken?" (Röm 8,32). Das Kreuz ist der größte Beweis dafür, dass Gott es gut mit uns meint!

Wir sind ewige Denkmäler der Güte Gottes! Er hat uns in Christus – dem Geliebten – angenehm gemacht und uns unauflöslich für immer mit Ihm verbunden, „damit er in den kommenden Zeitaltern den überragenden Reichtum seiner Gnade in Güte an uns erwiese in Christus Jesus" (Eph 2,6.7).

> *Was sagen dir die Verse in Psalm 104,10-15 über Gottes Güte in der Natur? Welche anderen Bibelstellen fallen dir ein, in denen die Güte Gottes deutlich wird (z.B. 145,14-16; Apg 14,17 etc.)? Was bedeutet Gott dir, wenn du über Seine Güte in deinem Leben nachdenkst?*

Notizen:

....

....

....

....

....

....

....

....

....

....

....

....

Auswirkungen der Güte Gottes

„Zieht nun an als auserwählte Gottes: ... Güte" (Kol 3,12)

Nachdem der Psalmist über Gott schreibt: „Du bist gut und tust Gutes", spricht er eine Bitte aus. Er sagt: „Lehre mich deine Satzungen!" (Ps 119,68).

Warum will er von Gott belehrt werden? Weil er erkannt hat, dass Gott gut ist und dass Er Gutes tut. Seine Erkenntnis über Gott ruft bei ihm eine Reaktion hervor. Das soll auch bei uns so sein.

Welche Auswirkungen sollte die Erkenntnis darüber, dass Gott durch und durch gut ist und dass Er nur Gutes tut, auf unser Leben haben?

- Wir sollen Ihn loben und anbeten: „Lobt den HERRN! Preist den Herrn, denn er ist gut, denn seine Güte währt ewig!" (Ps 106,1). Hast du Gott schon mal dafür angebetet, dass Er vollkommen gut ist?

  Wie viel Grund haben wir, Ihn für Seine Güte zu preisen! „Preise den HERRN, meine Seele, und vergiss nicht alle seine Wohltaten!" (Ps 103,2).

- Wir sollen dankbar sein: „Danksagend allezeit für alles dem Gott und Vater" (Eph 5,20). Wie kann man allezeit für alles danken? Das geht nur, wenn man darauf vertraut, dass Gott durch und durch gut ist und dass Er denen, die Ihn lieben, alle Dinge zum Guten dienen lässt (s. Röm 8,28).

  Nimm dir die Zeit, über das Gute, das Gott dir schon gegeben hat und dir täglich gibt, nachzudenken und Gott bewusst dafür zu danken. Wie oft freuen wir uns über die Gaben, aber vergessen dabei, dem Geber zu danken!

- Wir sollen Gott vertrauen: „Schmeckt und seht, dass der HERR gütig ist! Glückselig der Mann, der zu ihm Zuflucht nimmt!" (Ps 34,9). Je mehr wir realisieren, wie groß die Güte Gottes ist und dass Er es gut mit uns meint, werden wir unser Leben in Seine gute Hand legen.

David sagt in Psalm 63: „Denn deine Güte ist besser als Leben." Er war davon überzeugt, dass, selbst wenn er hier alles entbehren müsste, Gottes Güte seine Bedürfnisse stillen würde.

- Wir brauchen nicht auf fleischliche Begierden zu reagieren: „Jede gute Gabe und jedes vollkommene Geschenk kommt von oben herab, von dem Vater der Lichter, bei dem keine Veränderung ist noch der Schatten eines Wechsels" (Jak 1,17).

> **Wir sollten immer Gutes tun; das ist das eigentliche Ziel unseres Lebens, gut zu sein und Gutes zu tun.**
> (T. Watson)

Die Begierde betrügt uns. Sie will uns einreden, dass Gott uns etwas Gutes vorenthält, was wir uns selbst nehmen müssen. Doch wenn wir ihr nachgeben, führt das zum Tod – zur Unterbrechung der Gemeinschaft mit Gott –, wie bei Adam und Eva. Aber Gott gibt uns immer das, was wirklich gut für uns ist. Dieses Bewusstsein hilft uns, Überwinder zu sein!

- Wir werden ermutigt zum Gebet: „Wenn nun ihr, die ihr böse seid, euren Kindern gute Gaben zu geben wisst, wie viel mehr wird euer Vater, der in den Himmeln ist, denen Gutes geben, die ihn bitten!" (Mt 7,11).

Die Erkenntnis, dass Gott gut ist und gerne Gutes gibt, macht uns Mut, erwartungsvoll zu beten. „Denn du, Herr, bist gut und zum Vergeben bereit und groß an Güte für alle, die dich anrufen" (Ps 86,5).

- Wir sollen selbst anderen gegenüber gütig sein: „Lasst uns aber nicht müde werden, Gutes zu tun, ... lasst uns das Gute wirken gegenüber allen, am meisten aber gegenüber den Hausgenossen des Glaubens" (Gal 6,9.10).

Als Kinder des Lichts soll die Frucht des Lichts in unserem Leben gesehen werden – und die besteht u.a. in aller Gütigkeit (s. Eph 5,8.9). Auch zur Frucht des Heiligen Geistes gehört: Güte (s. Gal 5,22). Und Paulus fordert uns dazu auf, als Auserwählte Gottes Güte anzuziehen (s. Kol 3,12).

„Siehe, das Auge des HERRN ist gerichtet auf die, die ihn fürchten, auf die, die auf seine Güte harren ... denn seine Güte währt ewig" (Ps 33,18; 136,1).

> *Welche anderen Reaktionen fallen dir ein, die zu der Güte Gottes passen? Wie hat der Herr Jesus Güte gezeigt und was kannst du in dieser Hinsicht von Ihm lernen?*

Notizen:

....

....

....

....

GOTT IST LIEBE

Wunderbare göttliche Liebe

Licht und Liebe – das sind die großen Wesenszüge Gottes. Nachdem Johannes in seinem ersten Brief einmal schreibt, dass Gott Licht ist (s. 1. Joh 1,5), sagt er danach zweimal, dass Gott Liebe ist (s. 1. Joh 4,8.16) – eine gewaltige Wahrheit! Wenn man sie im Glauben ergreift, dann verändert sich das Leben!

Was ist Liebe eigentlich? Es ist unmöglich, Liebe genau zu definieren. Warum? Weil Gott selbst Liebe ist. Bibelausleger haben sie als die kraftvolle Macht Seiner Natur bzw. Seines Wesens beschrieben.

Liebe ist nicht einfach nur ein Gefühl. Sie zeigt sich durch Zuneigung und Zuwendung – in Wort und Tat. Liebe sucht das Gute des anderen. Sie geht auf die Bedürfnisse der Mitmenschen ein. Liebe gibt gerne. Sie gibt bedingungslos. Sie opfert sich für andere auf.

Der Mensch liebt von Zeit zu Zeit. Menschliche Liebe leuchtet auf und verglimmt wieder. Aber Gottes Liebe ist ewig und konstant. Sie kommt aus der Ewigkeit und reicht bis in alle Ewigkeit!

Gottes Liebe hat keinen Anfang und kein Ende. Sie war schon da „vor Grundlegung der Welt", sie ist kontinuierlich da – ohne irgendwelche Schwankungen – und wird auch dann weiter bestehen, wenn die jetzigen Himmel und die Erde vergangen sein werden.

> **Die Liebe Gottes hat ihren Ursprung in der Ewigkeit, und nichts in Zeit und Raum kann den Herrn veranlassen, Seine Liebe zu ändern.**
> (K. Campbell)

Von Ewigkeit her gibt es eine Liebe, die innerhalb der Gottheit existiert: Ewige, göttliche Liebe zwischen dem

Vater und dem Sohn. Wunderbare göttliche Liebe in einer ungetrübten, harmonischen Beziehung. Eine Liebe, die von tiefster Gemeinschaft und Vertrautheit gekennzeichnet ist.

Wo kommt das Wort Liebe zum ersten Mal im Wort Gottes vor? In 1. Mose 22! Dort sagt Gott zu Abraham: „Nimm deinen Sohn, deinen einzigen, den du lieb hast, den Isaak ...“ (1. Mo 22,2). Diese Liebe Abrahams zu seinem Sohn Isaak ist ein Bild göttlicher Liebe – der Liebe des Vaters zu Seinem einzigartigen Sohn!

Christus ist der ewige Sohn des Vaters – der Sohn Seiner Liebe (s. Kol 1,13). Nur Er konnte im Gebet sagen: „Du hast mich geliebt vor Grundlegung der Welt“ (Joh 17,24).

Selbst als der Sohn Gottes als Mensch hier auf der Erde war, war Er gleichzeitig auch im Schoß des Vaters (s. Joh 1,18; 3,13). Er hat diesen Platz – den verborgenen Ort der Liebe – nie verlassen und wird ihn auch nie verlassen! Unfassbar groß!

Paulus schreibt, dass Gott der selige und alleinige Machthaber ist. Das bedeutet: Gott ist in sich selbst vollkommen glücklich. Die ewige Liebe zwischen dem Vater und dem Sohn führt zu ewiger Freude.

Sieben Mal wird im Johannesevangelium gesagt, dass der Vater den Sohn liebt bzw. liebt hat (Joh 3,35; 5,20; 10,17; 15,9; 17,23.24.26).

Seine einzigartige Person, Sein Wesen, Seine Eigenschaften, Seine Gesinnung, Seine Fähigkeiten – alles ist absolut bewundernswert! Im Hohenlied ruft die Braut einmal prophetisch über Ihn aus: „Alles an ihm ist lieblich“ (Hld 5,16).

Es ist auch interessant, dass im Neuen Testament sieben Mal das öffentliche Zeugnis des Vaters über den Sohn widergegeben wird, das bei der Taufe Jesu geschah:

„Dieser ist [oder: du bist] mein geliebter Sohn, an dem ich Wohlgefallen gefunden habe" (Mt 3,17; 17,5; Mk 1,11; 9,7; Lk 3,22; 9,35; 2. Pet 1,17). Das zeigt uns die Vollkommenheit und unendliche Tiefe der Liebe zwischen dem Vater und dem Sohn.

Jesus Christus hat ununterbrochen die Liebe Seines Vaters genossen – und das erfüllte Sein Herz mit Freude (s. Joh 15,10.11)!

Aber der Sohn liebt auch den Vater! Und auch diese Liebe wurde hier auf der Erde sichtbar. Wodurch? Durch den Gehorsam des Herrn Jesus. Als der Sohn Gottes kurz davor stand ans Kreuz zu gehen, sagte Er zu Seinen Jüngern:

„Damit die Welt erkenne, dass ich den Vater liebe und so tue, wie mir der Vater geboten hat. – Steht auf, lasst uns von hier weggehen!" (Joh 14,31) Dann setzte Er Seinen Weg fort, um aus Liebe zu Seinem Vater das größte Werk zu vollbringen, das jemals getan worden ist!

Göttliche Liebe, die keinen Anfang und kein Ende hat. Ewige Liebe zwischen Gott dem Vater und Gott dem Sohn. Gott ist Liebe. Was für einen wunderbaren Gott haben wir!

„Niemand kann sich die Majestät, die Herrlichkeit,
den Reichtum des Besitzes,
der Liebe und der Freude vorstellen oder beschreiben,
die Christus gehörten, bevor die Welt war."
(G. Everard)

> *Welche Eigenschaften der Liebe fallen dir ein? Was ist einzigartig an der Liebe zwischen dem Vater und dem Sohn? Untersuche den Kontext der sieben Stellen im Johannesevangelium, in denen gesagt wird, dass der Vater den Sohn liebt.*

Notizen:

....

....

....

....

....

....

....

....

....

....

....

....

....

....

....

....

....

....

Wie Gott uns liebt

„Seht, welch eine Liebe uns der Vater gegeben hat ..." (1. Joh 3,1)

Die Liebe Gottes ist eines der Hauptthemen im Neuen Testament! Das macht deutlich: Gott will, dass wir begreifen, was Seine Liebe beinhaltet. Er will, dass sie konkrete Auswirkungen auf unser Leben hat – und dass sie durch uns sichtbar wird!

Die Liebe Gottes bewegt sich nicht nur zwischen dem Vater und dem Sohn. Sie richtet sich auch auf die Menschen. Wenn man darüber nachdenkt, kann man einfach nur staunen. Warum? Weil es in uns eigentlich gar nichts Liebenswertes gab.

Deshalb schreibt Paulus: „Gott aber erweist seine Liebe zu uns darin, dass Christus, da wir noch Sünder waren, für uns gestorben ist" (Röm 5,8).

Gott hat uns geliebt, als wir noch gottlose Sünder waren. Feinde Gottes. Kinder des Zorns. Hassenswürdig. Voller Schuld. Grade das macht den wahrscheinlich bekanntesten Vers der Bibel so unfassbar groß:

„Denn so hat Gott die Welt geliebt, dass er seinen eingeborenen Sohn gab, damit jeder, der an ihn glaubt, nicht verloren gehe, sondern ewiges Leben habe" (Joh 3,16).

Eine Sache ist völlig klar: Gottes Liebe den Menschen gegenüber ist völlig unverdient. Sie ist auch an keine Bedingungen geknüpft. Gott liebt uns, weil Er Liebe ist – nicht weil wir es verdient hätten. Er liebt uns, weil Er lieben will!

Das war übrigens auch schon bei dem Volk Israel so, zu dem Gott sagte: „Nicht weil ihr mehr wäret als alle Völker, hat der HERR sich euch zugeneigt und euch erwählt; denn ihr seid das geringste unter allen Völkern; sondern wegen der Liebe des Herrn zu euch" (5. Mo 7,7.8).

Wodurch wird die Liebe Gottes zu uns sichtbar? Wie zeigt sie sich? In verschiedener Hinsicht. Am klarsten und deutlichsten am Kreuz. Denn dort hat der Vater den Sohn Seiner Liebe mit den Sünden derer beladen, die einmal an Ihn glauben würden. Er hat Ihn für unsere Schuld bestraft.

> **Die Größe Gottes besteht nicht nur in der Majestät seines Wesens und der Unendlichkeit seiner Macht, sondern auch darin, dass er die Summe aller moralischen und geistigen Vorzüge ist!**
> (A.W. Pink)

Wie es im Römerbrief heißt: „Er, der doch seinen eigenen Sohn nicht verschont, sondern ihn für uns alle hingegeben hat" (Röm 8,32). Das ist der unwiderlegbare Beweis der Liebe Gottes zu uns!

Auch die Größe dieser Liebe wird nirgendwo so deutlich wie am Kreuz. Jesus Christus hat selbst gesagt: „Größere Liebe hat niemand als diese, dass jemand sein Leben lässt für seine Freunde" (Joh 15,13).

Seine Liebe ließ Ihn stellvertretend für uns in das Gericht Gottes gehen – und in den Tod. Wie gewaltig ist das!

„Denn die Liebe ist gewaltsam wie der Tod, hart wie der Scheol ihr Eifer; ihre Gluten sind Feuergluten, eine Flamme Jahs. Große Wasser vermögen nicht die Liebe auszulöschen, und Ströme überfluten sie nicht." (Hld 8,6.7)

Wenn man Johannes 3,16 liest, wird eine Sache oft übersehen: Gottes Liebe beschränkt sich nicht darauf, uns vor dem Verlorengehen zu retten. Sie geht viel weiter. Sie will uns ewiges Leben schenken. Leben in Überfluss. Ein himmlisches Leben, dass unfassbar reich macht! Das zeigt uns die Qualität und den Reichtum der Liebe Gottes.

Johannes ruft staunend: „Seht, welch eine Liebe uns der Vater gegeben hat, dass wir Kinder Gottes heißen sollen! Und wir sind es." Mit anderen Worten: Schaut euch die Qualität dieser herrlichen Liebe Gottes an. Sie hat uns sogar zu Kindern Gottes gemacht!

Dazu kommt noch, was Paulus in Römer 5 schreibt: „Die Liebe Gottes ist ausgegossen in unsere Herzen durch den Heiligen Geist" (Röm 5,5). Sie ist sozusagen durch den Geist in uns verankert.

Was für eine Liebe, die uns nicht nur vor dem Verlorengehen rettet, sondern die uns außerdem ewiges Leben schenkt, uns zu Kindern Gottes macht und durch den Heiligen Geist in unseren Herzen wohnt!

Wenn wir im Haus des Vaters sind – am ewigen Wohnort Gottes – werden wir Ihn für Seine Liebe anbeten und immer wieder neu darüber staunen. Bildlich gesprochen könnte man sagen: In der Ewigkeit werden wir uns ungestört auf dem Ozean der Liebe Gottes hierhin und dorthin bewegen ohne je an eine Grenze zu stoßen.

> *Was bedeutet es, dass Gottes Liebe uns gegenüber völlig unverdient und an keine Bedingungen geknüpft ist? Was kannst du in schweren Zeiten tun, wenn du vielleicht in der Gefahr stehst, an der Liebe Gottes zu zweifeln? Wie würdest du die Größe und die Qualität der Liebe Gottes beschreiben?*

Unveränderliche Liebe

„Denn ich bin überzeugt, dass weder Tod noch Leben, ... uns zu scheiden vermögen wird von der Liebe Gottes, die in Christus Jesus ist, unserem Herrn." (Röm 8,38.39)

Die Liebe Gottes ist unumschränkt, unerschöpflich, unvergänglich – und unveränderlich. Das zeigt sich auch in der wunderbaren Stellung, die Gott uns aus Gnade geschenkt hat.

Paulus schreibt den Ephesern, dass Gott uns „angenehm gemacht hat in dem Geliebten" (Eph 1,6 – s. Fußnote Elberfelder Bibel). Weißt du was das bedeutet? Wir stehen jetzt in Christus – dem Geliebten des Vaters – vor Gott. Sozusagen eingehüllt in Ihn.

Wenn Gott dich sieht, dann sieht Er Christus. Deshalb liebt der Vater dich auch mit derselben Liebe, mit der Er Seinen wunderbaren Sohn liebt (s. Joh 17,23). Das ist unfassbar groß!

Aber vielleicht denkst du jetzt: Und was passiert, wenn ich gesündigt habe? Die Antwort lautet: Dann sieht Gott dich immer noch in Christus! Was? Auch dann? Ja, auch dann! Dann liebt Er dich immer noch mit derselben Liebe, mit der Er dich geliebt hat, als Christus für dich starb.

Seine Liebe verändert sich nicht. Sie geht nicht wie ein Lichtschalter zwanzigmal am Tag aus und wieder an. Gott sieht uns in Christus. Er liebt uns, weil Er Liebe ist! Auch Christus hat Seine Jünger trotz ihres häufigen Versagens geliebt – und zwar bis ans Ende (s. Joh 13,1).

Und gerade wenn du in Sünde gefallen bist, ist es so wichtig, dass du daran denkst, dass Gott dich unveränderlich liebt. Dass Seine liebenden Augen immer noch auf Dich gerichtet sind!

Warum ist das wichtig? Weil dich das demütigt. Weil es dich zu Gott zurückzieht. Dadurch verstehst du, dass Gottes Liebe völlig unverdient ist. Und das Bewusstsein der unwandelbaren Liebe Gottes bricht den Stolz. Es führt zur Buße.

Genau das sehen wir bei Petrus. Nachdem er dreimal gelogen und Christus verleugnet hat, kräht plötzlich der Hahn. Jesus blickt Petrus in die Augen – und dieser sanftmütige, liebevolle Blick bricht Petrus das Herz.

Das ist unverdiente Liebe. Das ist die Gnade Gottes. Das bedeutet es, nicht unter Gesetz zu sein. Denn das Gesetz verdammt einen Menschen, sobald er es übertritt.

Genau dieses Bewusstsein der unverdienten Liebe Gottes gibt neue Kraft, wieder aufzustehen, wenn man gefallen ist. Nichts und niemand kann uns von der Liebe Gottes trennen. Das macht Paulus am Ende von Römer 8 durch einige rhetorische Fragen und eine herrliche Aussage unmissverständlich klar:

> **Die Liebe Gottes gibt niemanden auf.**
> (C. ten Boom)

„Wenn Gott für uns ist, wer gegen uns? ... Gott ist es, der rechtfertigt; wer ist es, der verdamme? ... Wer wird uns scheiden von der Liebe des Christus? ... Denn ich bin überzeugt, dass weder Tod noch Leben, weder Engel noch Fürstentümer, weder Gegenwärtiges noch Zukünftiges, noch Gewalten, weder Höhe noch Tiefe, noch irgendein anderes Geschöpf uns zu scheiden vermögen wird von der Liebe Gottes, die in Christus Jesus ist, unserem Herrn" (Röm 8,33-35.38.39).

Jetzt wird vielleicht jemand denken: „Ja, aber dann ist das ja ein Freifahrtschein zum Sündigen. Dann kann ich ja sündigen, wie ich will, weil Gott mich trotzdem liebt."

Gottes Liebe ist unendlich - und kann nicht verstanden werden! Sie ist ewig - und kann nicht gemessen werden! Und sie ist unveränderlich - und kann nicht von ihren Gegenständen abgewendet werden!
(J. Smith)

Wenn jemand wirklich so denkt, hat er ein ganz falsches Verständnis von der Beziehung, die Kinder Gottes zum Vater haben. Wenn jemand mit der Einstellung lebt: „Ich sündige einfach, weil Gott mich ja trotzdem liebt" – bei dem muss man ernsthaft bezweifeln, ob er überhaupt errettet bzw. von neuem geboren ist. Zu so jemandem sagt Gottes Wort niemals: „Mach ruhig weiter so, du kommst ganz sicher in den Himmel."

Es gilt immer der Grundsatz: „Der Herr kennt die sein sind; und: Jeder, der den Namen des Herrn nennt, stehe ab von der Ungerechtigkeit!" (2. Tim 2,19). Gott sieht das Herz. Er weiß, ob da echter, rettender Glaube ist oder nicht.

Wir können nur das beurteilen, was wir sehen. Und bei jemandem, der sich Christ nennt, der aber aktiv in Sünde lebt, kommen große Fragezeichen darüber auf, ob sein Bekenntnis wirklich echt ist. Und wir sollten nicht vergessen, dass es einmal Menschen geben wird, die dachten, sie seien errettet, die aber ewig verloren gehen, weil sie niemals eine echte Beziehung zu Jesus Christus hatten (s. Mt 7,21-23).

Eine Frage, die damit verbunden ist, lautet: Was passiert, wenn ein wiedergeborener Christ sündigt oder aktiv in Sünde lebt? Welche Konsequenzen hat das?

Eine augenblickliche Folge ist, dass der Genuss der Gemeinschaft mit dem Vater und dem Sohn unterbrochen wird. Auch die Freude im Herrn verschwindet. Man wird unglücklich. Gott liebt uns immer noch, aber auf unserer Seite geht die Freude an dieser Liebe verloren.

Außerdem muss dieses Kind Gottes damit rechnen, dass der Vater es züchtigen wird. Deshalb steht in Hebräer 12: „Wen der Herr liebt, den züchtigt er" und direkt danach: „Gott handelt mit euch als mit Söhnen; denn wer ist ein Sohn, den der Vater nicht züchtigt?" (Heb 12,7).

Es geht also nicht um die Bestrafung eines strengen Richters, sondern um die Erziehung eines liebenden Vaters. Das macht deutlich:

Auch die Erziehung Gottes in unserem Leben ist ein Beweis dafür, dass Er uns liebt. „Denn wen der Herr liebt, den züchtigt er" (Heb 12,6). Wenn wir Ihm egal wären, dann würde Er uns einfach auf dem sündigen Weg laufen lassen. Das wäre schrecklich!

Gottes Züchtigung kann ganz unterschiedlich aussehen. Oft ist sie schmerzhaft. Sie tut weh. Aber sie gehört zu Seiner Erziehung dazu. Der Vater züchtigt uns, weil Er uns liebt und damit Gutes beabsichtigt. Er verfolgt ein gutes Ziel!

> *Welche Auswirkungen sollte die wunderbare Tatsache, dass Gottes Liebe unveränderlich ist, auf dein Leben haben? Warum bricht das Bewusstsein der unwandelbaren Liebe Gottes unseren Stolz? Wie kann Gottes liebende Züchtigung im Leben eines Christen aussehen?*

Gottes Liebe genießen

„Erhaltet euch selbst in der Liebe Gottes." (Jud 21)

Hast du schon einmal erlebt, wie die Liebe Gottes ein Leben verändert hat? Es gab einmal einen Mann, der die Christen bis aufs Blut verfolgte. Er hat sie sogar unter Todesandrohung gezwungen, den Namen Jesu zu lästern. Er tat das in religiösem Fanatismus. Ein scheinbar hoffnungsloser Fall.

Doch genau dieser Mann – Saulus von Tarsus – wurde von der Liebe Gottes überwältigt. Die Liebe Jesu hat sein Leben komplett auf den Kopf gestellt. Und zwar so sehr, dass er irgendwann gesagt hat:

„Was ich aber jetzt lebe im Fleisch, lebe ich durch Glauben, durch den an den Sohn Gottes, der mich geliebt und sich selbst für mich hingegeben hat" (Gal 2,20).

Paulus hatte erkannt, dass Gott ihn ganz persönlich liebt. Deshalb sprach er von dem „Sohn Gottes, der mich geliebt und sich selbst für mich hingegeben hat" (Gal 2,20).

Das im Glauben zu erfassen, verändert Leben. Denn was gibt es schöneres als das Wissen, geliebt zu werden? Das gilt auch für dich! Du sollst wissen, dass der Herr dich ganz persönlich liebt. Du sollst wissen, dass Er sich ganz speziell für dich aus Liebe am Kreuz hingegeben hat. Eine größere Liebe gibt es nicht.

Deshalb denke immer daran: Egal wie du dich fühlst und was auch immer in deinem Leben geschieht, Gott liebt dich. Immer! Auch wenn du vielleicht nicht verstehst, warum Er dieses oder jenes zulässt. Gott ist Liebe!

Ein Bauer hatte einmal eine Wetterfahne auf sein Haus setzen lassen, mit der Inschrift: „Gott ist Liebe." Die Leute fragten ihn natürlich, was das bedeuten soll. Seine Antwort war: „Woher der Wind auch wehen mag, Gott ist jederzeit Liebe."

Dann kam irgendwann der Tag, an dem seine Frau starb. Doch inmitten von Trauer und Leid blieb er trotzdem gefasst und erlebte den Frieden Gottes, den die Welt nicht geben kann.

Was gab ihm diesen Halt und Trost in seinem Schmerz? Das, was auf der Wetterfahne stand: „Gott ist Liebe."

Jesus weiß das Schlimmste über uns – und doch ist Er derjenige, der uns am meisten liebt!
(A.W. Tozer)

Er sagte: „Meine Wetterfahne lehrte und erinnerte mich beständig an die Wahrheit des Wortes, das ich dort oben anbrachte, als es mir gut ging: Gott ist Liebe: Sie allein trägt mich auch durch alles Leid hindurch."

Wir können sagen: Die Liebe Gottes ist der Anker der Seele! Sie ist permanent und unveränderlich auf uns gerichtet. Gott liebt uns immer, jederzeit! Aber es liegt an uns, diese Liebe auch tatsächlich zu genießen. Deshalb schreibt Judas: „Erhaltet euch selbst in der Liebe Gottes" (Jud 21).

Was bedeutet das? Folgendes: Wir sollen die Liebe Gottes nicht nur theoretisch kennen. Wir sollen sie auch wirklich genießen. Wir sollen jederzeit das Bewusstsein Seiner Liebe bewahren – egal wie die Umstände sind.

Warum ist das so wichtig? Weil uns das glücklich macht. Weil es uns mit Ruhe und Frieden erfüllt. Weil es unser Vertrauen auf Gott stärkt. Und genau das möchte Er!

Fünfmal nennt Johannes sich in seinem Evangelium „den Jünger, den Jesus liebte". Warum? War er etwa der Lieblingsjünger des Herrn Jesus?

Ganz sicher nicht! Denn Jesus liebte alle Seine Jünger gleich. Aber Johannes hatte ein Bewusstsein von der Liebe Seines Herrn. Er genoss sie. Deshalb nennt er sich so.

Es ist eine Sache, dass Gott uns liebt und dass seine Liebe uns immer zur Verfügung steht. Es ist eine andere Sache, diese Liebe Gottes auch tatsächlich täglich zu genießen und darin unser Genüge zu finden.
(Unbekannt)

Leider ist das bei uns in der Lebenspraxis oft nicht der Fall. Warum? Weil wir die Liebe Gottes nicht vor Augen haben. Weil wir uns nicht im Sonnenschein Seiner Liebe aufhalten. Folgende Illustration macht das klar:

Scheint jetzt gerade die Sonne? Die Antwort ist immer: Ja, sie scheint. Denn sie scheint immer – Tag und Nacht! Doch manchmal dringt ihr Licht nicht so zu uns durch, wie wir es uns vielleicht wünschen. Warum nicht?

Einerseits, weil die Erde die Gewohnheit hat, sich immer wieder von der Sonne wegzudrehen. Und anderseits, weil zeitweise Nebel aufsteigt oder Wolken aufziehen, wodurch die Sicht auf die Sonne verdeckt wird. Es liegt aber nie an der Sonne, dass wir ihre wärmenden Strahlen nicht genießen können!

Die Anwendung für uns liegt auf der Hand: Gott liebt uns immer – zu jeder Zeit! Seine Liebe ist rund um die Uhr bedingungslos auf uns gerichtet. Aber es kann passieren, dass wir die Liebe Gottes aus den Augen verlieren. Dafür kann es mehrere Gründe geben:

- Wir lassen uns so sehr von Sorgen vereinnahmen, dass sie uns den Blick auf die Liebe Gottes vernebeln.

- Weltliche Dinge erobern unser Herz. Das verdrängt den Genuss und die Freude an Gottes Liebe, denn Johannes schreibt: „Wenn jemand die Welt liebt, so ist die Liebe des Vaters nicht in ihm" (1. Joh 2,15).

- Wir sind Glaubensgeschwistern gegenüber hartherzig: „Wer aber irgend irdischen Besitz hat und sieht seinen Bruder Mangel leiden und verschließt sein

Herz vor ihm, wie bleibt die Liebe Gottes in ihm?"
(1. Joh 3,17).

• Wir sind ungehorsam, indem wir die Gebote des
Herrn missachten. Denn Er hat gesagt: „Wenn ihr
meine Gebote haltet, so werdet ihr in meiner Liebe
bleiben, wie ich die Gebote meines Vaters gehalten
habe und in seiner Liebe bleibe. Dies habe ich zu
euch geredet, damit meine Freude in euch sei und
eure Freude völlig werde" (Joh 15,10.11).

In jedem dieser Fälle liegt es nur an uns, wenn wir die wär-
mende Liebe Gottes nicht mehr genießen. Deshalb lasst uns
viel über die Liebe Gottes nachdenken – besonders dann,
wenn wir durch schwierige Zeiten gehen.

Lasst uns nicht anfangen, die Welt zu lieben, sondern auf
himmlische Dinge ausgerichtet sein. Lasst uns einander in
Liebe begegnen – mit Liebe in Tat und Wahrheit – und dadurch die Gebote Jesu befolgen.

> *Welche anderen Gründe fallen dir
> ein, die einen Christen von dem
> Genuss der Liebe Gottes abhalten
> können? Welche Ursachen gibt es
> in deinem Leben dafür, dass du die
> Liebe Gottes oft nicht so genießt,
> wie du es eigentlich könntest? Was
> war die Hauptquelle der Freude
> im Leben des Herrn Jesus hier
> auf der Erde und wie hat Er dafür
> gesorgt, dass diese Freude niemals
> unterbrochen wurde?*

Gott lieben

„Wer nicht liebt, hat Gott nicht erkannt, denn Gott ist Liebe." (1. Joh 4,8)

Wenn jemand wirklich im Glauben erkennt, dass Gott Liebe ist, der wird auch selbst lieben. Von dieser Person geht Liebe aus. Genau das ist Gottes Ziel mit uns: Dass Seine Liebe durch uns sichtbar wird!

Es ist sehr interessant, was Jesus Christus geantwortet hat, als Er gefragt wurde, welches das große Gebot im Gesetz wäre:

„,Du sollst den Herrn, deinen Gott, lieben mit deinem ganzen Herzen und mit deiner ganzen Seele und mit deinem ganzen Verstand.' Dieses ist das große und erste Gebot. Das Zweite aber, ihm Gleiche, ist: ,Du sollst deinen Nächsten lieben wie dich selbst'" (Mt 12,37-39).

Diese beiden Aufforderungen fassen sozusagen die Zehn Gebote zusammen. Wir sind als Christen nicht unter Gesetz, weil wir mit Christus gestorben sind (s. Röm 7,4). Wir sind unter der Gnade. Und wir tun Gottes Willen aus Dankbarkeit für das, was Er für uns getan hat (s. Röm 6,14).

Trotzdem gibt es im Gesetz viele Dinge, die auch einen Appell an unsere Herzen richten. Denn auch wir sollen Gott mit unserem ganzen Herzen und mit unserer ganzen Seele und mit ganzem Verstand lieben.

> **Der Genuss der Liebe des Christus ist das Geheimnis aller echten Hingabe.**
> (H. Smith)

Unsere erste (beste) Liebe (s. Offb 2,4) sollte immer Gott gelten. Denn es gibt niemanden, der liebenswerter ist als Er. Außerdem gibt es auch niemanden, der uns so sehr geliebt hat wie Er!

Johannes schreibt: „Wir lieben, weil er uns zuerst geliebt hat" (1. Joh 4,19). Je mehr wir uns mit Seiner Liebe beschäftigen, umso mehr werden wir Ihn wiederlieben. Genau das möchte der Herr auch von uns. Denn Liebe kann nur durch Liebe befriedigt werden.

Ein Mensch, der Gott liebt, möchte Ihn auch genießen!
(T. Watson)

Deshalb sagt der Sohn Gottes zu der Gemeinde in Ephesus: „Aber ich habe gegen dich, dass du deine erste Liebe verlassen hast" (Offb 2,4). Er liebt uns zu sehr, als dass Er gleichgültig darüber hinweggehen könnte, wenn Seine Liebe in uns keinen Widerhall findet!

Wie zeigen wir Gott, dass wir Ihn lieben? Dafür gibt es viele Möglichkeiten. Vier davon lauten:

- Indem wir das tun, wozu Gott uns ausdrücklich auffordert. Jesus Christus hat gesagt: „Wer meine Gebote hat und sie hält, der ist es, der mich liebt" (Joh 14,21). In den Evangelien finden wir viele Gebote des Herrn, die wir befolgen sollen (s. z.B. Mt 5,23.24; 6,1-6; Joh 13,34 etc.).

- Indem wir grundsätzlich danach streben, den Willen Gottes zu tun. Der Herr hat es wie folgt ausgedrückt: „Wenn jemand mich liebt, wird er mein Wort halten" (Joh 14,23). Das Wort steht in Verbindung mit der vollen Offenbarung der Gesinnung des Herrn und der Gedanken des Vaters.

  Das Halten Seines Wortes geht über das Halten Seiner Gebote hinaus. Es setzt voraus, dass die Seele in Gemeinschaft mit Gott ist und dass sie den Wunsch hat, Seinen Willen zu tun. Man gehorcht auch dann, wenn der Wille Gottes nicht explizit durch Gebote definiert ist.

- Indem wir in Prüfungen ausharren und fest auf Gott vertrauen. Jakobus schreibt dazu: „Glückselig der Mann, der die Prüfung erduldet! Denn nachdem er bewährt ist, wird er die Krone des Lebens empfangen, die er denen verheißen hat, die ihn lieben" (Jak 1,12).

- Indem wir Ihm mit Hingabe dienen. Nachdem der Herr den Gläubigen in Ephesus vorwirft, dass sie ihre erste bzw. beste Liebe verlassen haben, fordert Er sie dazu auf, wieder die ersten Werke zu tun (s. Offb 2,4.5).

Es ist Ihm nicht egal, wenn wir anfangen, lau zu werden. Es ist Ihm nicht egal, wenn wir Ihm nur noch aus Pflichtgefühl oder Routine dienen und der Antrieb nicht mehr die Liebe zu Ihm ist.

„Wir wissen aber, dass denen, die Gott lieben, alle Dinge zum Guten mitwirken." (Röm 8,28) Einmal kam eine große Sünderin zu dem Herrn, die Ihm mit Hingabe mit ihren Tränen die Füße gewaschen hat. Jesus sagt über sie: „Sie hat viel geliebt" (Lk 7,47). Das zeigt, dass das Maß unserer Liebe sich auch in der Hingabe im Dienst für den Herrn zeigt.

Jesus Christus möchte, dass unsere Liebe zu Ihm jede andere Liebe in unserem Leben in den Schatten stellt (s. Lk 14,26).

Dabei geht es nicht einfach nur um emotionale Gefühlsbewegungen. Liebe hat mit einer Willensentscheidung zu tun. Wir sollen uns bewusst dafür entscheiden, Gott über alles zu lieben.

Und der Schlüssel, um Gott mehr zu lieben, besteht darin, dass wir Seine Schönheit, Seine Herrlichkeit und Seine

Liebe mehr erkennen. Deshalb sollen wir uns viel damit beschäftigen.

Paulus betete dafür, dass die Epheser mehr von der Liebe des Christus erkennen sollten – eine Liebe, die alle Erkenntnis übersteigt (s. Eph 3,19). Mach das auch zu deinem Gebet!

> *Wie kannst du es in deinem Alltag umsetzen, Gott mehr zu lieben? Was bedeutet es, Gott über alles zu lieben? Worin besteht der Unterschied zwischen: „den anderen zu lieben, wie sich selbst" und „den anderen zu lieben, wie Christus uns liebt"?*

Notizen:

....

....

....

....

....

....

....

....

....

....

....

....

Liebe zu allen Heiligen

„Und dieses Gebot haben wir von ihm, dass, wer Gott liebt, auch seinen Bruder liebe." (1. Joh 4,21)

Im Gesetz steht geschrieben: „Du sollst deinen Nächsten lieben wie dich selbst." Eine hohe Messlatte, die für die Israeliten sehr herausfordernd war. Aber für uns gilt heute ein Maßstab, der noch höher ist. Denn Jesus Christus hat gesagt:

„Ein neues Gebot gebe ich euch, dass ihr einander liebet, damit, wie ich euch geliebt habe, auch ihr einander liebet" (Joh 13,34).

Wir sollen einander so lieben, wie Christus uns geliebt hat. Was bedeutet das? Johannes gibt uns die Antwort:

„Hieran haben wir die Liebe erkannt, dass er für uns sein Leben hingegeben hat; auch wir sind schuldig, für die Brüder das Leben hinzugeben" (1. Joh 3,16).

Das geht sehr weit – aber genau diesen Maßstab stellt Gott uns vor! Dabei dürfen wir nicht vergessen: Er verlangt von uns nie etwas, wozu Er uns nicht auch befähigt. Bei unserer Bekehrung hat Er uns ein Leben geschenkt, das die Fähigkeit hat, so zu lieben, wie Gott liebt.

> **Du kannst geben, ohne zu lieben. Aber du kannst nicht lieben, ohne zu geben.**
> (A. Carmichael)

Und genau das sollen wir tun. Deshalb schreibt Paulus in Epheser 5: „Seid nun Nachahmer Gottes, als geliebte Kinder, und wandelt in Liebe" (Eph 5,1.2).

Die Jünger sollten Liebe untereinander haben. Das war eines der Gebote, die der Herr ihnen gegenüber am meisten wiederholt hat.

Und diese Liebe zeigt sich nicht einfach nur in schönen Worten, sondern „in Tat und Wahrheit" (1. Joh 3,18). Wir werden mehrmals dazu aufgefordert, dass die Liebe oder die Bruderliebe ungeheuchelt sein soll (s. 1. Pet 1,22; Röm 12,9).

Liebe zeigt sich unter anderem dadurch, dass man herzlich zueinander ist (s. Röm 12,10). Außerdem ist es ein Erkennungszeichen des neuen Lebens, dass wir andere Christen lieben (s. 1. Joh 3,14).

Wir lieben einander, indem wir auf die materiellen oder geistlichen Bedürfnisse des anderen eingehen. Wenn wir das tun, dann hat die Liebe Gottes ihr Ziel mit uns erreicht (1. Joh 4,12)!

Das alles zeigt, wie wichtig dem Herrn wahrhaftige Liebe unter Kindern Gottes ist! Und wenn diese Liebe tatsächlich in Tat und Wahrheit sichtbar wird, dann entsteht daraus ein wunderbares Zeugnis für die Menschen, die uns umgeben.

Wie Jesus selbst gesagt hat: „Daran werden alle erkennen, dass ihr meine Jünger seid, wenn ihr Liebe untereinander habt" (Joh 13,35).

Gott ist dieses Thema so wichtig, dass Er uns in 1. Korinther 13 viele Aspekte der Liebe vorstellt, die in unserem Leben sichtbar werden sollen (s. 1. Kor 13,4-7). Und diese Liebe sollen wir nicht nur denen gegenüber zeigen, mit denen wir uns gut verstehen oder die in allen biblischen Lehrfragen mit uns übereinstimmen. Die Epheser, die Kolosser und Philemon werden ausdrücklich dafür gelobt, dass sie Liebe zu allen Heiligen hatten (s. Eph 1,15; Kol 1,4; Phm 1,5)!

Wenn wir einander mehr mit den Augen Gottes sehen – als solche, die in Christus Jesus sind und die in Ihm ewiges Leben besitzen –, dann werden wir einander auch mehr so lieben, wie Gott uns liebt!

Hier ist die goldene Regel für das christliche Miteinander: „Alles unter euch geschehe in Liebe" (1.Kor 16,14). Alles! Auch wenn man den anderen mal ermahnen oder zurechtweisen muss. Der Antrieb und die Motivation muss immer die Liebe zu Gott und die Liebe zueinander sein!

Selbst die größten Glaubenstaten nützen nichts, wenn sie nicht aus Liebe geschehen. Liebe muss der Motor sein, der uns antreibt, die Motivation, die uns in Bewegung versetzt. Das ist es, was vor Gott wirklich zählt (s. 1. Kor 13,1-3)!

> *Lies den ersten Johannesbrief und finde heraus, wie oft in diesem Brief die Liebe unter Christen thematisiert wird! Petrus schreibt mehrfach von Bruderliebe. Untersuche den jeweiligen Zusammenhang und wende es auf dein Leben an!*

Notizen:

....

....

....

....

....

....

....

....

Gottes Barmherzigkeit, Trost und Gnade

„Gott aber, der reich ist an Barmherzigkeit, wegen seiner vielen Liebe." (Eph 2,4)

Dass Gott Liebe ist, ist die Quelle für viele Seiner wunderbaren Eigenschaften. Er ist beispielsweise der Vater der Erbarmungen, der Gott allen Trostes und der Gott aller Gnade (s. 2. Kor 1,3; 1. Pet 5,10).

Barmherzigkeit geht direkt aus der Liebe Gottes hervor. Deshalb schreibt Paulus: „Gott aber, der reich ist an Barmherzigkeit, wegen seiner vielen Liebe" (Eph 2,4).

Dass Gott der Vater der Erbarmungen ist, zeigt uns, dass wir in Ihm die Quelle der Erbarmungen und der Barmherzigkeit haben.

Barmherzigkeit ist Gottes Herz in unserem Elend. Sie richtet den Blick auf die Liebe Gottes, die uns in unserer Not zur Hilfe kommt.

Als wir noch in einem elenden Zustand auf dem Weg in die ewige Verdammnis waren, hat Er uns in Seiner großen Barmherzigkeit wiedergezeugt (s. 1. Pet 1,3). Er hat uns neues Leben geschenkt und uns in Christus zu einer neuen Schöpfung gemacht.

Aber das ist noch nicht alles. Der Vater der Erbarmungen ist in jeder Not für uns da! Gerade dann, wenn wir niedergeschlagen sind.

Als Lazarus krank war und große Not in Bethanien herrschte, wird im Johannesevangelium ausdrücklich gesagt: „Jesus aber liebte Martha und ihre Schwester und Lazarus" (Joh 11,5).

Gerade in schweren Zeiten sollst du wissen, „dass der Herr voll innigen Mitgefühls und barmherzig ist" (Jak 5,11).

Gottes Barmherzigkeit ist immer für dich da, um dich zu stützen und dir beizustehen, wenn du niedergeschlagen bist. Jeremia bringt es wie folgt auf den Punkt:

„Es sind die Gütigkeiten des HERRN, dass wir nicht aufgerieben sind; denn seine Erbarmungen sind nicht zu Ende; sie sind alle Morgen neu, deine Treue ist groß" (Klgl 3,22.23).

Gott wird auch der Gott allen Trostes genannt (s. 2. Kor 1,3). Er kann uns in einer Weise trösten, wie niemand sonst.

Er ist denen nahe, die zerbrochenen Herzens sind. David hat das erlebt: „Bei der Menge meiner Gedanken [Kümmernisse] in meinem Innern erfüllten deine Tröstungen meine Seele mit Wonne" (Ps 94,19).

Wenn Gott Leid zulässt, dann hält Er auch Trost bereit: „Der uns tröstet in all unserer Bedrängnis, damit wir die trösten können, die in allerlei Bedrängnis sind, durch den Trost, mit dem wir selbst von Gott getröstet werden" (2. Kor 1,4).

> **Es ist eine wunderbare Gnade, wenn der Seele göttliches Leben mitgeteilt wird, wenn man einen lebendigen Glauben an Christus hat, eine Hoffnung auf Gottes Barmherzigkeit und wenn man den liebt, an dem alles lieblich ist.**
> (J.C. Philpot)

Er nimmt Notiz von jeder Träne, die wir hier auf der Erde vergossen haben. Sie sind alle in Seinem Buch aufgezeichnet (s. Ps 56,8). Und Er versichert uns, dass Er selbst einmal jede Träne von unseren Augen abwischen wird (s. Offb 21,4). Er gibt ewigen Trost!

Außerdem ist Er der Gott aller Gnade (s. 1. Pet 5,10). Gnade ist Gottes unverdiente Gunst. Sie beginnt dort, wo jeder Rechtsanspruch aufhört. Sie macht Gott als Geber groß.

Völlig unverdient hat Er uns mit souveräner Gnade zu Seiner ewigen Herrlichkeit berufen. Völlig unverdient hat Er uns durch Seinen Sohn errettet. Denn in Ihm ist die Gnade Gottes erschienen (s. Tit 2,11).

Völlig unverdient sind wir durch die Gnade unseres Herrn Jesus Christus unendlich reich geworden (s. 2. Kor 8,9). Sein Vater ist auch unser Vater geworden – und Er hat uns in Christus mit jeder geistlichen Segnung gesegnet, die es gibt (s. Eph 1,3).

Darin sehen wir den überragenden Reichtum Seiner Gnade. Wir können alle sagen: „Durch Gottes Gnade bin ich, was ich bin" (1. Kor 15,10). Jeder Christ ist ein ewiges Denkmal der Gnade Gottes (s. Eph 2,7).

Aber auch für die gegenwärtige Zeit steht uns die Gnade Gottes Tag für Tag zur Verfügung. Aus Seiner Fülle empfangen wir eine Gnade nach der anderen (s. Joh 1,16). Er gibt uns jede Gnade, die wir brauchen, um Ihm zu dienen (s. 2. Kor 9,8). Selbst wenn wir uns schwach und unfähig fühlen, verspricht Er, dass uns Seine Gnade genügt (s. 2. Kor 12,9).

Sie befestigt unsere Herzen (s. Heb 13,9) und macht uns zu Überwindern. Überwinder, die nicht mehr von der Sünde beherrscht werden (s. Röm 6,14). Ja, seitdem bei dem Tod Jesu der Vorhang des Tempels zerrissen ist, haben wir sogar jederzeit Zugang zum Thron der Gnade, wo wir „Barmherzigkeit empfangen und Gnade finden zu rechtzeitiger Hilfe" (Heb 4,16).

Wir sollen nie vergessen: Dieser Vater der Erbarmungen, der Gott allen Trostes und der Gott aller Gnade ist in Jesus Christus unser Vater geworden. Er liebt uns als Seine Kinder und schenkt uns Barmherzigkeit, Trost und Gnade!

Je mehr wir Seine Liebe im Glauben ergreifen, umso mehr werden wir Ihm furchtlos vertrauen. Denn: „Die vollkommene Liebe treibt die Furcht aus" (1. Joh 4,18).

> *Welche anderen Eigenschaften Gottes sind unmittelbar mit Seiner Liebe verbunden? Welche Beispiele für Trost, Barmherzigkeit und Gnade fallen dir im Leben Jesu ein? Wozu drängt uns die Liebe des Christus (s. 2. Kor 5,14)?*

Notizen:

....

....

....

....

....

....

....

....

....

....

....

....

....

....

....

....

Durst nach Gott?

„Zu dir breite ich meine Hände aus; wie ein lechzendes Land lechzt meine Seele nach dir." (Ps 143,6)

Jonathan Edwards hat gesagt: „Gott zu genießen ist die einzige Freude, die unseren Seelen wirklich Befriedigung geben kann." Das ist wahr! In Psalm 16 steht: „Fülle [Sättigung] von Freuden ist vor deinem Angesicht" (Ps 16,11).

Genau dafür hat Gott uns geschaffen: Damit wir Gemeinschaft mit Ihm haben! Er ist die Quelle des Lebens. Die Quelle der Freude. Die Quelle der Zufriedenheit. Es gibt nichts, was die Seele so sehr zur Ruhe bringt und was uns so eine tiefe Erfüllung gibt, wie echte Gemeinschaft mit dem lebendigen Gott!

Hattest du schon mal Durst nach Gott? Die Söhne Korahs kannten das sehr gut. Sie haben sich mit jeder Faser ihres Herzens nach Gott ausgestreckt. Psalm 42 macht das deutlich:

„Wie ein Hirsch lechzt nach Wasserbächen, so lechzt meine Seele nach dir, o Gott! Meine Seele dürstet nach Gott, nach dem lebendigen Gott: Wann werde ich kommen und erscheinen vor Gottes Angesicht?" (Ps 42,2.3).

Was für eine Wertschätzung für Gott! Was für ein tiefes Herzensverlangen zeigt sich in diesen Worten! Kennen wir heute noch etwas davon? Oder wirkt das für uns eher abstrakt und etwas abgehoben?

Bei den Söhnen Korahs war dieser Durst nach Gott keine Eintagsfliege. Das macht auch Psalm 84 deutlich, denn dort sagen sie:

„Es sehnt sich, ja, es schmachtet meine Seele nach den Vorhöfen des HERRN; mein Herz und mein Fleisch rufen laut nach dem lebendigen Gott ... Denn ein Tag in deinen Vorhöfen ist besser als sonst tausend" (Ps 84,3.11).

Nichts außer Gott kann deine Seele wirklich befriedigen.
(J. Wesley)

Diese Männer haben die Gemeinschaft mit Gott zur höchsten Priorität ihres Lebens gemacht – und so ein Leben in der Gegenwart Gottes hat Auswirkungen! Es führt zu Glaubensüberzeugungen. Deshalb sagen sie an einer anderen Stelle: „Alle meine Quellen sind in dir" (Ps 87,7).

Sie wussten, dass sie in Gott alles finden, was sie brauchen, um glücklich zu sein. Von Ihm kommt die Kraft, die wir benötigen, der Frieden, der uns ruhig macht, der Trost, der verwundete Herzen heilt, und die Gnade, die durchträgt.

Das haben sie erlebt. Sie haben in Zeiten der Not Zuflucht bei Ihm gesucht. Daher kam ihre Überzeugung: „Gott ist uns Zuflucht und Stärke, eine Hilfe, reichlich gefunden in Drangsalen" (Ps 46,2).

Sie haben sich in Prüfungen und Schwierigkeiten auf den HERRN geworfen und erlebt, wie Er aus Leid Gutes hervorgehen lässt. In Psalm 84 haben sie das wie folgt formuliert:

„Wenn sie durchs Tränental gehen, machen sie es zu einem Quellenort; ja, mit Segnungen bedeckt es der Frühregen" (Ps 84,7).

Sie haben aufrichtig vor den Augen Gottes gelebt und fest auf Ihn vertraut. Dadurch haben sie Glaubenserfahrungen gemacht. Und deshalb konnten sie mit Glaubensüberzeugung sagen:

„Denn der HERR, Gott, ist Sonne und Schild; Gnade und Herrlichkeit wird der HERR geben, kein Gutes vorenthalten denen, die in Lauterkeit wandeln. HERR der Heerscharen, glückselig der Mensch, der auf dich vertraut!" (Ps 84,11.12).

Was es bedeuten kann, Durst nach Gott zu haben und ganz auf Ihn ausgerichtet zu sein, wird im Leben David Brainerds sehr schön sichtbar. Jonathan Edwards schreibt über ihn:

„Seine Liebe zu Gott entsprang in erster Linie und hauptsächlich der überragenden Vorzüglichkeit von Gottes eigenem Wesen und baute nicht auf der vorgefassten Meinung auf, dass Gott ihn liebte, ihm seine Gunst gewährte und große Dinge für ihn getan oder ihm große Dinge verheißen hätte.

Gäbe es nur mehr Menschen, die eine solche Sehnsucht nach Gott haben, dass sie alles andere in ihrem Leben verdrängen würden! (A.W. Tozer)

Seine Freude war Freude in Gott und nicht in sich selbst. Wir sehen in seinem Tagebuch, wie seine Seele von Zeit zu Zeit im Lauf seines Lebens mit unbeschreiblicher Seligkeit und Trost erfüllt wurde.

Die ergreifenden Betrachtungen und lebhaften Vorstellungen von Gottes unendlicher Herrlichkeit, Seiner unveränderlichen Glückseligkeit, Seiner Souveränität und allumfassenden Herrschaft, dazu die seligen Übungen in der Liebe zu Gott – sich selbst Ihm hinzugeben, sich vor Ihm zu erniedrigen, sich seinetwegen zu verleugnen, von Ihm abhängig zu sein, für Seine Herrlichkeit zu wirken, Ihm eifrig zu dienen – und die erfreulichen Aussichten oder Hoffnungen, die er über das künftige Wachstum des Reiches Christi hatte, waren die Grundlage seines starken und beständigen Trostes." (J. Edwards / *Das Leben von David Brainerd* / 3L Verlag)

David hatte ebenfalls eine tiefe Sehnsucht nach Gott. Auch er hat die Gemeinschaft mit Gott über alles gestellt. In Psalm 27,4 sagt er:

„Eins habe ich von dem HERRN erbeten, danach will ich trachten: zu wohnen im Haus des HERRN alle Tage meines Lebens, um anzuschauen die Lieblichkeit des HERRN und nach ihm zu forschen in seinem Tempel."

Das war sein Fokus: Die Herrlichkeit Gottes. Und daraus wuchs ein zunehmendes Verlangen nach Gemeinschaft mit dem HERRN. Als er in der Wüste Juda war, betete er:

„Gott, du bist mein Gott! Früh suche ich dich. Es dürstet nach dir meine Seele, nach dir schmachtet mein Fleisch in einem dürren und lechzenden Land ohne Wasser – so wie ich dich angeschaut habe im Heiligtum –, um deine Macht und deine Herrlichkeit zu sehen" (Ps 63,2.3).

Ein anderes Beispiel ist Mose. Er bekommt in der Bibel ein einzigartiges Zeugnis ausgestellt. Gott redete mit ihm, von Angesicht zu Angesicht, wie ein Mann mit einem Freund redet (s. 2. Mo 33,11).

> **O Gott, erhebe unsere Gedanken und Gefühle zu Dir. Gib uns durch Deinen Heiligen Geist diese Sehnsucht nach Deiner Gegenwart, dieses glühende Verlangen nach Dir.**
> (F. Bourdillion)

Mose kannte Gott. Und das führte ihn dazu, dass er Gott noch besser kennenlernen wollte. Er hatte bereits einige Eindrücke von der Herrlichkeit Gottes bekommen. Doch genau das erweckte in ihm das Verlangen, mehr von Seiner Herrlichkeit zu sehen.

Deshalb betete er: „Lass mich doch deine Herrlichkeit sehen!" (2. Mo 33,18). Gott hat darauf geantwortet!

Der Mensch, der am meisten von Gott hat, ist derjenige, der sich sehnsuchtsvoll nach mehr von Gott ausstreckt. Warum sind wir oft so irdisch gesinnt und so oberflächlich in geistlichen Dingen? Weil uns eine tiefe Sehnsucht nach

Gott fehlt. Selbstzufriedenheit ist ein tödlicher Feind für geistliches Wachstum!

Jeder Christ wird letztendlich zu dem, wohin sein geistliches Verlangen ihn geführt hat. Unser geistliches Leben ist das Ergebnis unseres geistlichen Hungers. Wir sind so nahe beim Herrn, wie wir es letztendlich sein wollen.

Dreimal lesen wir im Neuen Testament von völliger Freude. Wir bekommen sie, wenn wir die Liebe Jesu genießen (s. Joh 15,11), wenn wir in der Gemeinschaft mit dem Vater und dem Sohn leben (s. 1. Joh 1,4) und wenn wir im Namen des Sohnes beten und Gebetserhörungen erleben (s. Joh 16,24).

Gott will, dass diese Freude eine Realität in unserem Leben ist. Er möchte, dass wir ein erfülltes Glaubensleben haben. Er möchte unseren Durst stillen!

„Die wichtigsten Fragen, die denen, die sich zu Christus bekennen, gestellt werden sollten, lauten: Haben eure Seelen Durst nach Gott? Ist euer Leben auf Ihn zentriert? Streckt ihr euch danach aus, Ihn immer mehr kennenzulernen?" (Martin Lloyd Jones).

> *Was bedeutet es, Durst nach Gott zu haben? Wie sah dieser Durst im Leben von Paulus aus? Welchen Zusammenhang gibt es zwischen: Gott zu erkennen und Glaubenserfahrungen mit Ihm zu machen?*

Notizen:

....
....
....
....
....
....
....
....
....
....
....
....
....
....
....
....
....
....
....
....
....
....
....
....
....
....
....
....
....

DIE ATTRIBUTE GOTTES

Ein herrliches Panorama

„Loben sollen sie den Namen des Herrn! Denn sein Name ist hoch erhaben, er allein; seine Majestät ist über Erde und Himmel." (Ps 148,13)

Es ist großartig und von unschätzbarem Wert, wie viel die Bibel uns über die einzigartigen Eigenschaften Gottes mitteilt. Bevor wir auf einzelne Attribute genauer eingehen, hier ein kleiner Vorgeschmack von diesen wunderbaren Herrlichkeiten:

- Gott ist unendlich. Er ist ein Geist, der in einem unzugänglichen Licht wohnt und in Seiner Absolutheit nicht gesehen werden kann. Er ist unermesslich – ohne Grenzen oder Limitierungen. Er ist das, was Er ist, in einem unendlichen Maß. Einzigartig und unvergleichlich!

- Gott existiert in sich selbst. Das bedeutet, dass Er Leben in sich selbst besitzt. Er braucht niemanden, um existieren zu können. Er ist vollkommen autonom und unabhängig von jedem geschaffenen Wesen.

- Gott ist selbstgenügsam. Er ist in sich selbst völlig zufrieden. Er braucht niemanden um glücklich zu sein. Er ist sich selbst genug, weil Er vollkommen ist und keine Bedürfnisse hat, wie wir Menschen.

- Gott ist ewig. Er ist unvergänglich, für immer fortdauernd, endlos. Er war schon immer da – und Er wird auch immer da sein. Er existiert außerhalb der Zeit. Für Ihn sind 1000 Jahre wie ein Tag und ein Tag wie 1000 Jahre.

- Gott ist unveränderlich. Er ist absolut genial und perfekt. Weil das so ist, würde Ihn jede Veränderung unvollkommen machen - und das ist unmöglich! Er ist der Fels der Ewigkeiten – unwandelbar derselbe, gestern, heute und in Ewigkeit.

- Gott ist allmächtig. Er besitzt eine ewige und unendliche Kraft, die niemals abnimmt. Bei Ihm gibt es nichts Schweres und nichts Leichtes. Er kann tun, was Er will. Für Ihn ist nichts unmöglich.

> **Gottes Herrlichkeit liegt vor allem in Seinen Attributen, die wie verschiedenen Strahlen sind, durch die das göttliche Wesen hervorstrahlt.**
> (T. Watson)

- Gott ist allwissend. Er kennt alles. Die Vergangenheit, die Gegenwart und die Zukunft sind vor Ihm wie ein aufgeschlagenes Buch. Er kennt die sichtbaren Dinge und die Unsichtbaren. Die Geheimnisse, die Sehnsüchte und die Motivation des menschlichen Herzens. Nichts ist Ihm verborgen. Er ist der an Wissen Vollkommene.

- Gott ist allgegenwärtig. Der Himmel und die Erde können Ihn nicht fassen. Von allen Seiten umgibt Er uns. Niemand kann vor Ihm weglaufen oder sich vor Ihm verstecken. Er ist mit uns, überall wohin wir gehen.

- Gott ist souverän. Er ist der alleinige Machthaber, der auf dem Thron sitzt, der regiert und der zu jederzeit alle Dinge unter Kontrolle hat. Er herrscht über Zeit und Ewigkeit. Sein Ratschluss kommt ganz sicher zustande und niemand kann Seinem souveränen Willen widerstehen.

> *Welche Bibelstellen fallen dir zu den einzelnen Punkten ein? Welche anderen Gedanken verbindest du mit diesen Eigenschaften Gottes? Was bedeutet es für dein Glaubensleben, dass du eine persönliche Beziehung zu diesem großen Gott haben darfst?*

Die Unendlichkeit Gottes

„Groß ist der HERR und sehr zu loben, und seine Größe ist unerforschlich." (Ps 145,3)

Gott ist unendlich. Er ist ein Geist, der keine Grenzen hat. Keine Limitierungen. Er ist ein Wesen, das alle Seine perfekten Eigenschaften in unmessbarer Fülle besitzt. Einzigartig und unvergleichlich!

Wir sind messbar. Gott nicht. Wir haben Limitierungen. Gott hat keine. Unsere Existenz hat einen Anfang. Seine hat weder Anfang noch Ende.

Der Unterschied zwischen dem Schöpfer und dem Geschöpf besteht nicht in einer messbaren Größe. Gott ist ganz anders als wir. Er befindet sich sozusagen auf einer anderen Skala. Ein ganz anderes Wesen. Überragend. Transzendent.

Zu sagen, dass Gott unendlich ist, heißt, dass Er nicht messbar ist – im Gegensatz zu allem, was Er erschaffen hat. Gewicht beschreibt die Gravitationskraft der Erde auf materielle Gegenstände. Entfernung beschreibt den Abstand zwischen Gegenständen im Raum. Länge beschreibt eine Ausdehnung im Raum.

Aber auf Gott ist das alles nicht anwendbar! Auf diese Art und Weise betrachten wir das, was Er geschaffen hat, aber nicht den Schöpfer selbst. Er übersteigt diese Dinge. Seine Dimension überragt die Schöpfung!

„Als der unerschaffene Schöpfer ist Gott der Einzige, der unendlich, unlimitiert und unmessbar ist. Das macht Ihn zu dem größten, höchsten und perfektesten Wesen, das wir uns vorstellen können." (M. Barrett / *None Greater* / Baker Books)

Gott übersteigt unseren Verstand, denn: „Seine Größe ist unerforschlich" (Ps 145,3). Er ist absolut genial und perfekt. Es ist unmöglich, sich jemanden oder etwas vorzustellen, was größer, besser, perfekter oder genialer wäre als Gott. Deshalb heißt es schon im Buch Hiob:

„Kannst du die Tiefe Gottes erreichen oder das Wesen des Allmächtigen ergründen? Himmelhoch sind sie – was kannst du tun? Tiefer als der Scheol – was kannst du erkennen?" (Hiob 11,7).

„Beim Betrachten und Beschreiben Seiner Majestät verstummt alle Beredsamkeit und erweist sich alle geistige Anstrengung als ungenügend ... Wäre es möglich, Ihn mit Worten voll zu beschreiben, so wäre Er in Wirklichkeit geringer als die menschliche Sprache." (Novatian / *On the Trinity* / Macmillan)

Gott ist alles, was Er ist, in einem unendlichen Maß. Gottes Macht ist eine unendliche Macht. Deshalb ist Er der Allmächtige. Gottes Wissen ist unendlich. Deshalb wird Er der an Wissen Vollkommene genannt (s. Hiob 37,16). Gottes Weisheit ist unendlich. Deshalb spricht Paulus von Ihm als dem allein weisen Gott (s. Röm 16,27).

> **Die ganze Welt ist jetzt unser Tempel, denn die Unendlichkeit Gottes versichert uns, dass Anbetung an jedem Ort und an jeder Stelle stattfinden kann.**
> (C.H. Spurgeon)

Gottes Gegenwart ist nicht auf den geschaffenen Raum begrenzt. Deshalb sagt Salomo: „Siehe, die Himmel und der Himmel Himmel können dich nicht fassen" (2. Chr 6,18). In gleicher Weise ist Seine Existenz auch nicht auf die Zeit begrenzt. Er wohnt in Ewigkeit (s. Jes 57,15).

Gottes Liebe ist unermesslich. Sie ist grenzenlos, weil Gott selbst Liebe ist. Diese Liebe hat unsere Sünden von uns entfernt, so weit wie der Osten vom Westen ist – also bildlich gesprochen: Unendlich weit! Und diese Liebe hat uns unendlich reich beschenkt: Mit der Gabe des ewigen Lebens!

Ein wiedergeborener Christ besitzt Gottes eigenes Leben und hat Anteil an dessen Unendlichkeit. Auch das übersteigt unseren Verstand. Ebenso wie „die überragende Größe seiner Kraft an uns, den Glaubenden, nach der Wirksamkeit der Macht seiner Stärke" (Eph 1,19). Oder wie der überragende Reichtum Seiner Gnade, die Er in Güte an uns erwiesen hat (s. Eph 2,7).

Es gibt keinen Reichtum, der unbegrenzt ist und keine Energie, die unerschöpflich ist. Es sei denn, wir sprechen von dem Reichtum und der Energie Gottes!

Unsere Begrenztheit erinnert uns ununterbrochen daran, dass wir von einem unbegrenzten Gott abhängig sind. Und das ist gut so! Denn es erfüllt uns mit Freude, wenn wir unseren Blick wegwenden von unserer Beschränktheit und hin zu Gott, für den es keine Grenzen gibt!

> *Was bedeutet die Wahrheit, dass Gott unendlich ist, für dein Glaubensleben? Was bedeutet es, dass Gott transzendent (übernatürlich, überragend) ist und alles Geschaffene übersteigt? Wofür kannst du Ihn anbeten, wenn du über folgende Verse nachdenkst: Jesaja 40,28; Philipper 4,7; Epheser 3,19?*

Die Selbstexistenz Gottes

„Da sprach Gott zu Mose: ‚Ich bin, der ich bin.'"
(2. Mo 3,14)

Gott hat keinen Ursprung. Er existiert in sich selbst. Niemand hat Ihn geschaffen. Ursprung ist ein Wort, dass nur in Verbindung mit einem geschaffenen Wesen gebraucht werden kann. Aber Gott ist der unerschaffene Schöpfer aller Dinge. Alles findet seinen Ursprung in Ihm. Er war im Anfang und Er bleibt in Ewigkeit.

Niemand hat Gott Leben gegeben. Und niemand kann Ihm das Leben nehmen. Ihm, der allein Unsterblichkeit besitzt (s. 1. Tim 6,16)!

Alle Dinge sind durch Ihn und für Ihn geschaffen worden: Himmlische, irdische, sichtbare und unsichtbare. Alles besteht nur durch Ihn (s. Kol 1,16.17).

Weil das so ist, verdient Gott alle Ehre und Anbetung. Wie es im Buch der Offenbarung heißt:

„Du bist würdig, o unser Herr und unser Gott, zu empfangen die Herrlichkeit und die Ehre und die Macht; denn du hast alle Dinge erschaffen, und deines Willens wegen waren sie und sind sie erschaffen worden" (Offb 4,11).

Gott gibt uns keine Begründung für Sein Dasein. Er ist niemandem gegenüber Rechenschaft schuldig. Er ist vollkommen unabhängig von Raum und Zeit – und von allen Seinen Geschöpfen. Völlig autonom.

Er selbst braucht niemanden. Gleichzeitig hängt alles von Ihm ab. Denn Er trägt alles durch das Wort Seiner Macht (s. Heb 1,3).

Gott nennt sich selbst den „Ich bin". Dieser Name Gottes beinhaltet, dass Er Leben in sich selbst besitzt. Genau das lesen wir auch in Johannes 5,26: „Denn wie der Vater Leben in sich selbst hat, so hat er auch dem Sohn gegeben, Leben zu haben in sich selbst."

Gott ist der Lebendige, Unwandelbare, Selbstexistierende und daher unabhängig von allen anderen.
(F.W. Grant)

Kein Geschöpf besitzt Leben in sich selbst. Gäbe es Gott nicht, gäbe es kein Leben! Wir Menschen müssen bekennen: Ich bin, weil Er ist. Aber Gott sagt: Ich bin, der ich bin!

Die Bibel spricht von dem lebendigen Vater (s. Joh 6,57), dem Sohn des lebendigen Gottes (s. Mt 16,16) – dem Lebendigen (s. Offb 1,18) – und dem lebendigen Gott (s. Jer 10,10).

Außerdem wird Jesus Christus das Leben (s. Joh 14,6), der Urheber des Lebens (s. Apg 3,15) und das ewige Leben genannt (s. 1. Joh 5,20). Bei Ihm ist die Quelle des Lebens (s. Ps 36,9): Das natürliche, das geistliche und das ewige Leben kommen von Ihm!

Alles Leben ist daher eine Gabe Gottes. Das macht Paulus auf dem Areopag deutlich, wenn er sagt: „… als ob er noch etwas nötig habe, da er selbst allen Leben und Odem und alles gibt … Denn in ihm leben und weben und sind wir" (Apg 17,25.28).

Im Buch Hiob heißt es: „Wenn er sein Herz nur auf sich selbst richtete, seinen Geist und seinen Odem an sich zurückzöge, so würde alles Fleisch insgesamt verscheiden und der Mensch zum Staub zurückkehren" (Hiob 34,14.15).

Das macht mehr als deutlich: Der Mensch ist ein erschaffenes, abhängiges Wesen. Er besitzt nichts von sich aus. Er ist hinsichtlich Seiner Existenz in jedem Augenblick vollkommen abhängig von Seinem Schöpfer.

Paulus stellt daher die rhetorische Frage: „Was aber hast du, das du nicht empfangen hast?" (1. Kor 4,7) und David sagt im Gebet: „Denn von dir kommt alles, und aus deiner Hand haben wir dir gegeben" (1. Chr 29,14).

„Gott trägt nicht nur das Universum (das Er geschaffen hat) durch Seine grenzenlose Macht, reguliert es durch Seine Weisheit, erhält es durch Seine Güte und regiert die Menschheit durch Seine Gerechtigkeit und Seine Gerichte. Er hat nicht nur Geduld damit und wacht darüber mit Seinem Schutz.

Es gibt außerdem keinen Tropfen an Weisheit oder Licht, an Gerechtigkeit, Macht oder echter Wahrheit, der nicht von Ihm ausgeht und der Seine Ursache nicht in Ihm hat." (Calvin / *Institutes of the Christian Religion 1.2.1*)

Die Sünde des Menschen besteht im Kern darin, dass er sich auf den Thron seines Lebens setzt und sagt: „Ich bin, der ich bin". Mit anderen Worten: Ich bin mein eigener Herr. Ich bin unabhängig. Ich brauche Gott nicht.

> **Er enthält eine unendliche Fülle des Seins in sich selbst, und kein anderes Wesen hat auch nur im Geringsten zu Seiner Existenz beigetragen.**
> (S. Davies)

Dieses eigenwillige Streben nach Unabhängigkeit ist die Wurzel des Bösen. Wie es im Propheten Jesaja heißt: „Wir alle irrten umher wie Schafe, wir wandten uns jeder auf seinen Weg" (Jes 53,6).

Doch jeder, der Jesus Christus im Glauben angenommen hat, kann sagen: „Durch Gottes Gnade bin ich, was ich bin" (1. Kor 15,10). Wir sind verbunden mit der Quelle des Lebens – und das für alle Ewigkeit!

> *Warum ist es wichtig, zu begreifen,*
> *dass nur Gott unerschaffen ist?*
> *Was sollte das Wissen darüber,*
> *dass alles, was wir haben, von*
> *Gott kommt, bei uns bewirken? In*
> *welchen Lebensbereichen hast du*
> *die Tendenz, Gott außen vor zu*
> *lassen und unabhängig von Ihm zu*
> *handeln? Was kann dir dabei helfen,*
> *das zu ändern?*

Notizen:

....

....

....

....

....

....

....

....

....

....

....

....

....

....

....

....

....

Die Selbstgenügsamkeit Gottes

„... noch wird er von Menschenhänden bedient, als ob er noch etwas nötig habe." (Apg 17,25)

Es gab mal eine Zeit – wenn man es überhaupt Zeit nennen kann – als Gott der Vater, Gott der Sohn und Gott der Heilige Geist allein existiert haben. Es gab keine Himmel, welche die Herrlichkeit Gottes erzählten und auch keine Erde, die von Menschen bevölkert war. Es gab keine Engel, die Seine Heiligkeit rühmten und auch kein Universum, das durch das Wort Seiner Macht aufrechterhalten wurde.

Es gab nur Gott – den dreieinen Gott. Sonst nichts. Und das nicht nur für einen Tag, ein Jahr oder ein Zeitalter, sondern von Ewigkeit her. Und Gott war dabei völlig zufrieden. Selig in sich selbst. Es hat Ihm an nichts gefehlt.

Gott ist sich selbst genug. Er braucht niemanden, um glücklich zu sein. Er ist der selige und alleinige Machthaber. Er freut sich über sich selbst – von Ewigkeit zu Ewigkeit!

Die Schöpfung ist ein Akt der Souveränität Gottes. Er hat sie nicht aus einem Bedürfnis heraus ins Dasein gerufen. Denn Er hat keine Bedürfnisse, im Gegensatz zu Seinen Geschöpfen.

Gott bewirkt Veränderung in der Welt, aber Er selbst verändert sich nicht. Er erschafft und erneuert, aber Er selbst ist zeitlos, ewig. Er versorgt seine Geschöpfe, aber Er selbst benötigt nichts.

Seine Beziehung zu allem Erschaffenen und Sein Interesse an Seinen Geschöpfen entspringt Seinem freien Willen und Seinem souveränen Wohlgefallen. Er hat keine notwendige Beziehung zu irgendetwas außerhalb von sich selbst. Auch wenn Gott die Welt nicht erschaffen hätte, wäre Er vollkommen glücklich in sich selbst!

Gott ist unendlich glücklich im Genuss von sich selbst. (J. Edwards) | Die Selbstgenügsamkeit Gottes zeigt uns, wie klein und unbedeutend wir sind (s. Gal 6,3). Sie versetzt dem menschlichen Stolz einen Todesstoß. Alles, was wir Gott geben können, gehört Ihm sowieso schon. Er ist weder auf die Schöpfung noch auf Seine Geschöpfe angewiesen. Deshalb sagt Paulus:

„Der Gott, der die Welt und alles darin gemacht hat, dieser, der der Herr des Himmels und der Erde ist, wohnt nicht in Tempeln, die mit Händen gemacht sind, noch wird er von Menschenhänden bedient, als ob er noch etwas nötig habe, da er selbst allen Leben und Odem und alles gibt" (Apg 17,24.25).

Und der Herr selbst sagt in Psalm 50: „Denn mein ist alles Getier des Waldes, das Vieh auf tausend Bergen. Ich kenne alle Vögel der Berge, und das Wild des Feldes ist mir bekannt. Wenn mich hungerte, ich würde es dir nicht sagen; denn mein ist der Erdkreis und seine Fülle" (Ps 50,10-12).

Er besitzt in sich selbst unendliche Weisheit. Niemand hat sie Ihm gegeben. Deshalb stellt Er Hiob die rhetorische Frage: „Wer hat mir zuvor gegeben?" (Hiob 41,3). Er hat sich auch nirgendwo Rat geholt, um Seine genialen Pläne zu entwerfen. Deshalb ruft Paulus voller Bewunderung: „Wer hat den Sinn des Herrn erkannt, oder wer ist sein Mitberater gewesen?" (Röm 11,34).

Wenn man bedenkt, dass Gott vollkommen selbstgenügsam ist und keine Bedürfnisse hat, dann ist es umso beeindruckender, dass Jesus Christus, der Sohn Gottes, Mensch geworden ist. Denn als Mensch hat Er zum ersten Mal aus eigener Erfahrung menschliche Bedürfnisse kennengelernt. Das Bedürfnis nach göttlicher Hilfe, Leitung und Schutz, nach Essen und Trinken, nach Ruhe und Schlaf oder nach Mitleid und Gemeinschaft.

Und das alles, obwohl Er gleichzeitig der große „Ich bin" war, der gesagt hat: „Ehe Abraham wurde, bin ich" (Joh 8,58). Gott und Mensch in einer Person. Ein Wunder, das wir nicht verstehen, aber anbetend bewundern können!

Er kam, um unseren Bedürfnissen zu begegnen. Deshalb stellte Er sich nicht vor als der „Ich bin, der ich bin", sondern sagte:

- „Ich bin das Brot des Lebens" (Joh 6,35)
- „Ich bin das Licht der Welt" (Joh 8,12)
- „Ich bin die Tür der Schafe" (Joh 10,7)
- „Ich bin der gute Hirte" (Joh 10,10)
- „Ich bin die Auferstehung und das Leben" (Joh 11,25)
- „Ich bin der Weg, die Wahrheit und das Leben" (Joh 14,6)
- „Ich bin der wahre Weinstock" (Joh 15,1)

Im Licht der Selbstgenügsamkeit Gottes, wird uns unsere Abhängigkeit bewusst. Denn wir haben Bedürfnisse. Wir brauchen Hilfe. Wir brauchen Weisheit, Gnade, Kraft und vieles mehr. Gott hat uns als abhängige Wesen geschaffen, damit wir uns zu Ihm wenden und in Ihm alles finden, was wir brauchen!

Allerdings ist es eine Sache, das theoretisch zu wissen, und eine andere, es auch zu verwirklichen. Wie können wir unsere Abhängigkeit von Gott praktisch zeigen? Durch Gebet! Denn Gebet ist der Ausdruck von Abhängigkeit.

Er ist in der Tat selbstgenügsam und selbstbestehend. Er kann sehr gut ohne dich auskommen – aber was bist du ohne Ihn!
(S. Davies)

Wir wenden uns vertrauensvoll an Gott, die Quelle des Segens, weil wir Seine Hilfe benötigen. Wenn wir aber so gut wie gar nicht beten, zeigen wir damit, dass wir denken, dass wir auch ohne Gottes Hilfe ganz gut klarkommen.

> *Was bedeutet die Wahrheit, dass Gott selbstgenügsam ist und niemanden braucht, um glücklich zu sein, für dein Glaubensleben? Inwiefern wird durch dein Gebetsleben sichtbar, dass du in Abhängigkeit von Gott lebst? Was bedeuten in dieser Hinsicht die Worte des Herrn Jesus: „Wer in mir bleibt und ich in ihm, dieser bringt viel Frucht, denn außer mir könnt ihr nichts tun"? (Joh 15,5).*

Notizen:

....

....

....

....

....

....

....

....

....

....

....

....

DIE EWIGKEIT GOTTES

Gott wohnt in Ewigkeit

„Denn so spricht der Hohe und Erhabene, der in Ewigkeit wohnt und dessen Name der Heilige ist …" *(Jes 57,15)*

Die Ewigkeit ist die Lebenszeit Gottes. Folgendes Zitat von Willam Evans veranschaulicht das etwas: „Die Ewigkeit Gottes ist Gegenwart ohne Vergangenheit oder Zukunft. Gottes Dasein ist wie ewige Jugend ohne Kindheit oder Alter. Leben ohne Geburt oder Tod. Heute ohne Gestern oder Morgen." (Evans / *The Great Doctrines of the Bible*)

Zwischen der Zeit und der Ewigkeit besteht ein großer Unterschied. Die Zeit setzt sich zusammen aus aufeinanderfolgenden Abläufen, während die Ewigkeit ein unendlicher Zustand ist – und das übersteigt unseren Verstand.

Bildlich gesprochen könnte man sagen: Die Ewigkeit und die Zeit verhalten sich zueinander wie ein See zu einem Fluss. Das Wasser des Sees bleibt an der gleichen Stelle, während das Wasser des Flusses vorwärts strömt und ständig in Bewegung ist, bis es irgendwann in den See mündet.

Ewigkeit ist nicht eine unendliche Verlängerung der Zeit, sondern ein Standpunkt außerhalb der Zeit. Der Ewige hat Raum und Zeit geschaffen und steht selbst außerhalb dieser Dimensionen.

Stell dir ein riesiges weißes Blatt Papier vor, auf dem sich ein kleiner Strich befindet. Das Papier steht für die Ewigkeit. Der Strich symbolisiert die Zeit.

> **Gottes Existenz wird nicht nach Minuten, Stunden, Tagen, Jahren oder Jahrhunderten gemessen. Seine Ewigkeit ist eine Sache der Anbetung, nicht der Neugier.**
> (W.S. Plumer)

Gott ist überall auf diesem Blatt, denn Er ist der Hohe und Erhabene, der in Ewigkeit wohnt (s. Jes 57,15). Für Ihn ist alles ewige Gegenwart. So groß und wunderbar ist Er!

Weil Gott außerhalb der Zeit existiert, ist Seine Zeitrechnung ganz anders als unsere. Petrus macht das deutlich, wenn er schreibt: „Dies eine aber sei euch nicht verborgen, Geliebte, dass ein Tag bei dem Herrn ist wie tausend Jahre, und tausend Jahre wie ein Tag" (2. Pet 3,8).

Das, was in unseren Augen wie eine lange Zeit erscheint, ist für den Herrn nicht mal ein Augenblick. Petrus macht diese Aussage im Blick auf das Kommen des Herrn Jesus zur Entrückung. Die Menschen lästern, weil Christus noch nicht wiedergekommen ist, obwohl Er sagte: „Ich komme bald" (Offb 22,7.12.20). Doch Gott wird Sein Versprechen wahrmachen. Denn Er hält, was Er verspricht!

Warum wartet Er im Moment noch? Petrus gibt uns die Antwort: „Der Herr zögert die Verheißung nicht hinaus, wie es einige für ein Hinauszögern halten, sondern er ist langmütig euch gegenüber, da er nicht will, dass irgendwelche verloren gehen, sondern dass alle zur Buße kommen" (2. Pet 3,9).

Gott ist ein Retter-Gott, der Menschen für die Ewigkeit erretten möchte. Denn für den Menschen gibt es nur zwei Möglichkeiten, wo sein Weg endet: Am Wohnort des ewigen Lebens oder in der ewigen Qual (s. Mt 25,46). Beides sind Zustände, die ewig sind und aus denen es kein Zurück mehr gibt!

Im Licht von 2. Petrus 3,8 ist es übrigens hochinteressant, dass zwischen Adam und Christus genau 4000 Jahre liegen, was 4 Tagen entsprechen würde. In dieser Zeit hat Gott den Menschen auf verschiedene Weise geprüft. Das Ergebnis: Der Mensch hat immer wieder versagt und schließlich sogar den Sohn Gottes gekreuzigt.

Danach hat mit dem Kommen des Heiligen Geistes die Gnadenzeit begonnen, die jetzt schon fast 2000 Jahre andauert. Außerdem wissen wir, dass der Tag des Herrn ca. 1000 Jahre lang sein wird (s. Offb 20,4).

> **Nicht, zu wissen, wann Er kommen wird, sondern auf Sein Kommen vorbereitet zu sein, ist meine und deine Aufgabe.**
> (J. Smith)

Sollte die Zeit der Gnade – vom Kommen des Heiligen Geistes an Pfingsten bis zum Kommen des Herrn zur Entrückung – ca. 2000 Jahre betragen, dann wäre die Geschichte Gottes mit dem Menschen auf dieser Erde nach ca. 7000 Jahren (7 Tage = eine Woche) vorüber und der Tag der Ewigkeit (der achte Tag) würde anbrechen!

Ob es tatsächlich so ist, das weiß Gott allein – und wir werden es bald sehen. Eines steht jedenfalls außer Frage: Dass wir in einer ganz besonderen Zeit leben, in der die Vorbereitungen auf die Drangsalszeit und das große Finale auf Hochtouren laufen. Deshalb gilt mehr denn je: Der Herr kommt bald!

> *„Denn jetzt ist unsere Errettung näher,*
> *als damals, als wir gläubig wurden."*
> *(Röm 13,11)*

> *Was bedeutet die wunderbare Wahrheit, dass Gott ewig existiert und in Ewigkeit wohnt, für dein Glaubensleben? Wozu sollte uns die Aussage in 2. Petrus 3,9 anspornen? Wie kannst du dich auf das Kommen des Herrn vorbereiten?*

Leben im Licht der Ewigkeit

„Ehe geboren waren die Berge und du die Erde und den Erdkreis erschaffen hattest – ja, von Ewigkeit zu Ewigkeit bist du Gott." (Ps 90,2)

Gott ist ewig! Er hat weder Anfang noch Ende. Du kannst soweit zurückdenken, wie du willst: Gott war schon da. Kein anderes Wesen ist ohne Anfang und ohne Ende. Darin ist Er absolut einzigartig und unvergleichlich. Die Tatsache, dass Gott ewig ist, ist deshalb ein Grund für uns, Ihn anzubeten!

Die Ewigkeit Gottes und Seine Größe sollten uns auch bewusstmachen, wie klein wir sind. Die Bibel sagt über den Menschen, dass er wie das Gras ist, das verdorrt (s. 1.Pet 1,24), und wie eine Blume, die verwelkt (s. Hiob 14,2). Er ist wie ein Dampf, der wieder verschwindet, und wie Rauch, der sich verzieht (s. Ps 102,4). Im Gegensatz zu Gott sind wir nur Staub und Asche!

Herr, stempel die Ewigkeit auf meine Augäpfel!
(L. Ravenhill)

In Psalm 90 schreibt Mose über die Ewigkeit Gottes und über die Vergänglichkeit des Menschen. Dort heißt es: „Denn tausend Jahre sind in deinen Augen wie der gestrige Tag, wenn er vergangen ist, und wie eine Wache in der Nacht" (Ps 90,4).

Nach Gottes Zeitrechnung hat Methusalah, der mit 969 Jahren am längsten auf der Erde war, noch nicht einmal einen Tag gelebt. Wie groß ist dagegen die Ewigkeit Gottes!

Später hat Gott in Seiner Souveränität das Lebensalter der Menschen stark reduziert. Deshalb schreibt Mose: „Die Tage unserer Jahre – es sind siebzig Jahre, und wenn in Kraft, achtzig Jahre, und ihr Stolz ist Mühsal und Nichtigkeit, denn schnell eilt es vorüber, und wir fliegen dahin" (Ps 90,10).

Das zeigt noch deutlicher, wie vergänglich der Mensch ist – auch wenn er sich dessen oft nicht bewusst ist. Deshalb hat schon David gebetet:

„Tu mir kund, HERR, mein Ende und das Maß meiner Tage, welches es ist, damit ich weiß, wie vergänglich ich bin! Siehe, wie Handbreiten hast du meine Tage gemacht, und meine Lebensdauer ist wie nichts vor dir; ja, nur ein Hauch ist jeder Mensch, der dasteht" (Ps 39,5.6).

Mose hat es wie folgt ausgedrückt: „So lehre uns denn zählen unsere Tage, damit wir ein weises Herz erlangen!" (Ps 90,12).

Wir sollen also im Licht der Ewigkeit Gottes unsere Tage zählen. Warum? Weil wir die Zeit, die uns noch bleibt, nutzen sollen. Es gibt Dinge, die wir nur auf der Erde für Gott tun können, wie z.B. Menschen für Christus zu gewinnen oder Gläubigen in ihrer Not beizustehen. Im Himmel wird das nicht mehr möglich sein. Wir sollen die Werke dessen wirken, der uns gesandt hat, solange es Tag ist. „Es kommt die Nacht, da niemand wirken kann" (Joh 9,4).

Das heißt, wir sollen die kurze Zeit, die wir hier auf der Erde haben, nutzen und auskaufen, um Frucht für die Ewigkeit zu sammeln. Sei es durch den Dienst im Evangelium (s. Kol 4,5) oder im Dienst für die Gläubigen (s. Eph 5,16).

Für Gott sind Ereignisse viel wichtiger als die Zeitspanne, in der sie geschehen. Er geht in Seinem Wort über die 400 Jahre, die zwischen dem Buch Maleachi und der Geburt des Herrn Jesus liegen, einfach hinweg. Doch Er verwendet 25 Kapitel, um uns die letzte Woche vor dem

Tod Seines Sohnes mitzuteilen. Er hat es zum ewigen Gedächtnis aufschreiben lassen.

Christus ist gestorben, damit Frucht für die Ewigkeit entsteht. Er hat gesagt: „Wenn das Weizenkorn nicht in die Erde fällt und stirbt, bleibt es allein; wenn es aber stirbt, bringt es viel Frucht" (Joh 12,24).

Alles, was wir tun, ist ein Same der Zukunft und sollte ewige Früchte tragen.
(J.A. James)

Zu dieser wunderbaren Frucht dürfen wir gehören. Aber nicht nur das: Der Herr hat Seine Jünger dazu auserwählt, damit sie selbst Frucht bringen. Frucht, die in Ewigkeit bleibt (s. Joh 15,16). Und diese Frucht entsteht, wenn in Kindern Gottes etwas von Christus sichtbar wird!

Außerdem zeigt Gott uns in Seinem Wort, dass wir als Braut Christi jetzt schon durch gerechte Taten an dem Hochzeitskleid arbeiten können, dass wir bei der Hochzeit des Lammes tragen werden – und dass in alle Ewigkeit sichtbar sein wird (s. Offb 19,8; 21,2)! Was für eine Motivation, die kurze Zeit, die uns noch bleibt, zu nutzen für die Ewigkeit!

> *Wofür kannst du Gott anbeten, wenn du über diese Zeilen nachdenkst? Was sollte das Bewusstsein unserer Vergänglichkeit im Vergleich zur Ewigkeit Gottes bei uns bewirken? Was bedeutet es, unser Leben im Licht der Ewigkeit zu leben? Wie kannst du ganz speziell Schätze für die Ewigkeit sammeln?*

Der Erste und der Letzte

„Ich bin, der da ist [d.h. der unveränderlich in sich selbst Bestehende], ich bin der Erste, ich bin auch der Letzte." (Jes 48,12)

Jesus Christus ist der ewige Sohn Gottes. Er ist „über allem ..., Gott, gepriesen in Ewigkeit" (Röm 9,5). Er ist von Ewigkeit zu Ewigkeit im Schoß des Vaters – der Sohn Seiner Liebe.

Er ist auch das ewige Wort – der Ausdruck dessen, wer Gott ist. Und als solcher war Er schon immer da. Ohne Anfang, von Ewigkeit her. Deshalb schreibt Johannes: „Im Anfang war das Wort" (Joh 1,1). Er war als göttliche Person da, bevor die Zeit begann.

Im Buch Micha wird von Ihm gesagt: „Seine Ursprünge sind von der Urzeit, von den Tagen der Ewigkeit her" (Mich 5,1). Und das Neue Testament macht an einigen Stellen unmissverständlich klar, dass Er der Jahwe (d.h. der Ewige) des Alten Testaments ist (vgl. Mal 3,1 mit Mk 1,2 und Jes 6,3 mit Joh 12,41).

Die Bibel nennt Ihn sechsmal den Ersten und den Letzten: Dreimal im Buch Jesaja und dreimal in der Offenbarung (s. Jes 41,4; 44,6; 48,12; Offb 1,17; 2,8; 22,13) – ein Titel, der ebenfalls Seine ewige Existenz deutlich macht. Da Er ewig ist, gab es vor Ihm niemanden, der existiert hat, und es ist unmöglich, dass jemand nach Ihm sein könnte – denn Er lebt von Ewigkeit zu Ewigkeit.

Er ist es, der hinter und über der Weltgeschichte steht. In Seiner göttlichen Souveränität ruft Er die Geschlechter von Anfang an (s. Jes 41,4). Er hat auch Kores berufen, um Seinen göttlichen Plan durch ihn Wirklichkeit werden zu lassen. Und obwohl dieser Herrscher erst 200 Jahre später erscheinen sollte, spricht der Erste und der Letzte in Jesaja 45,1 von ihm bereits in der Vergangenheitsform.

Der Ewige ist der allein wahre Gott (s. Jes 44,6). Deshalb sind die nichtigen und vergänglichen Götzen der Menschen, die Gott die Ehre rauben wollen, für Ihn ein schrecklicher Hohn.

> **Der Erste und der Letzte enthält in seiner Person alle grundlegenden Vollkommenheiten und göttlichen Eigenschaften – die ewigen, unendlichen und grenzenlosen Ressourcen der Gottheit.**
>
> (Unbekannt)

Er ist der ewige Schöpfer, der von sich sagt: „Ich bin, der da ist [d.h. der unveränderlich in sich selbst Bestehende], ich bin der Erste, ich bin auch der Letzte. Auch hat meine Hand die Erde gegründet und meine Rechte die Himmel ausgespannt; ich rufe ihnen zu – allesamt stehen sie da" (Jes 48,12.13).

Aber Er ist nicht nur der Schöpfer. Er ist auch der auferstandene Sieger von Golgatha. Als solcher steht Er in Seiner richterlichen Majestät vor Johannes, legt Seine mächtige Hand auf Seinen Jünger und ermutigt ihn:

„Fürchte dich nicht! Ich bin der Erste und der Letzte und der Lebendige, und ich war tot, und siehe, ich bin lebendig von Ewigkeit zu Ewigkeit" (Offb 1,17.18).

Was gibt es Größeres, als von jemandem, der von Ewigkeit zu Ewigkeit lebt, solche tröstlichen Worte zugesprochen zu bekommen?

Den Gläubigen in Smyrna, die schrecklich verfolgt wurden und von denen viele den Märtyrertod gestorben sind, versichert Er: „Dieses sagt der Erste und der Letzte, der starb und wieder lebendig wurde: Ich kenne deine Drangsal ... Sei getreu bis zum Tod, und ich werde dir die Krone des Lebens geben" (Offb 2,8-10).

Er regiert über Zeit und Ewigkeit. Er hat immer alles unter Kontrolle und steht selbst in der größtmöglichen Drangsal souverän über den Umständen. Der Ewige sorgt dafür, dass der zweite Tod keine Macht über die Gläubigen hat, und wird den christlichen Märtyrern die Krone des Lebens geben!

Wenn Er bald wiederkommt, um uns zu sich zu nehmen, wird es auch für uns Lohn geben. Und diesen Lohn bekommen wir von niemand geringerem als von dem Ewigen selbst. Das hat Er selbst versprochen, denn Er versichert uns:

„Siehe, ich komme bald, und mein Lohn mit mir, um einem jeden zu vergelten, wie sein Werk ist. Ich bin das Alpha und das Omega, der Erste und der Letzte, der Anfang und das Ende" (Offb 22,13).

Er ist die Auferstehung und das Leben (s. Joh 11,25)! Und genau das wird besonders bei Seinem Kommen zur Entrückung sichtbar werden. Denn dann werden, die Entschlafenen in Christus auferweckt und wir, die Lebenden, werden – ohne den Tod zu sehen – in den vollen Genuss des ewigen Lebens eingehen.

Dann wird das Sterbliche Unsterblichkeit anziehen, der Tod wird im Sieg verschlungen und wir werden mit Ihm herrschen von Ewigkeit zu Ewigkeit (s. Offb 22,5). Wunderbare Hoffnung!

Wir groß und gewaltig ist der ewige Sohn Gottes! Seine Jahre werden nicht vergehen (s. Heb 1,12)!

> *Was bedeutet es für dein Glaubensleben, dass Jesus Christus der Erste und der Letzte ist? Welche anderen Bibelstellen fallen dir ein, die zeigen, dass Er der Ewige ist? Wofür kannst du Ihn anbeten?*

Notizen:

....

....

....

....

....

....

....

....

....

....

....

....

....

....

....

....

....

....

....

....

Der ewige Machthaber

„Er ist der lebendige Gott und ein ewiger König."
(Jer 10,10)

Wir sind Geschöpfe, die in der Zeit leben – im Jetzt, in dem, was war, und in dem, was sein wird. Im Gestern, im Heute und im Morgen. Wir sind durch die Zeit gebunden und werden durch sie geformt. Bei Gott ist das ganz anders. Er ist durch die Zeit nicht limitiert. Er sieht alles in einem Augenblick – alles auf einmal.

Irdische Könige kommen und gehen. Sie werden geboren und sie sterben. Aber Adonai, der HERR der Heerscharen, regiert von Ewigkeit zu Ewigkeit. Das hat Jesaja gesehen, denn er schreibt:

„Im Todesjahr des Königs Ussija, da sah ich den Herrn sitzen auf hohem und erhabenem Thron" (Jes 6,1).

Der ewige König ist umgeben von Seraphim, die laut rufen: „Heilig, heilig, heilig ist der HERR der Heerscharen" (Jes 6,3). Was für eine gewaltige Majestät!

Dass die Szene, die Jesaja gesehen hat, zeitlos ist, wird im Buch der Offenbarung deutlich. Denn dort sehen wir wieder den Thron Gottes, umgeben von himmlischen Wesen, die rufen:

> **Vor diesem gesegneten und einzigen Machthaber sind alle Völker der Erde nur wie der Staub auf der Waage und der kleine Tropfen am Eimer.**
> (J. Newton)

„Heilig, heilig, heilig, Herr, Gott, Allmächtiger, der da war und der da ist und der da kommt!" (Offb 4,8). Und von dem, der auf dem Thron sitzt, wird ausdrücklich gesagt, dass Er lebt – von Ewigkeit zu Ewigkeit (s. Offb 4,9).

Er regiert über Zeit und Ewigkeit. Der große Gott war am Anfang da und sagte: „Es werde ..." (1. Mo 1,3). Und Er wird auch am Ende der ersten Schöpfung da sein, wenn die Welt vergeht und die Elemente im Brand aufgelöst werden (s. 2. Pet 3,10). Er hat alles genau festgelegt!

> **Welcher Aufruhr und welche Rebellion auch immer unter den Wolken herrschen mag, der ewige König sitzt über allem in höchster Gelassenheit.**
> (C.H. Spurgeon)

Wie sinnlos ist es deshalb, wenn wir unsere Herzen an Dinge hängen, die keinen Bestand haben. Die bald vergehen werden. Johannes schreibt dazu: „Die Welt vergeht und ihre Lust; wer aber den Willen Gottes tut, bleibt in Ewigkeit" (1. Joh 2,17).

Das Wort Gottes sagt uns über den Ewigen: „Er ist der lebendige Gott und ein ewiger König" (Jer 10,10), der in Ewigkeit thront (s. Klgl 5,19) und über ein ewiges Reich regiert (s. Dan 3,33).

Er ist der Alte an Tagen (s. Dan 7), über den im Buch Hiob gesagt wird: „Siehe, Gott ist zu erhaben für unsere Erkenntnis; die Zahl seiner Jahre, sie ist unerforschlich" (Hiob 36,26). Das macht deutlich, dass Er unser Vorstellungsvermögen übersteigt. Einfach nur anbetungswürdig!

Als Paulus im Neuen Testament über die Größe und Herrlichkeit Gottes nachdenkt, bricht Er plötzlich in einen Lobpreis aus. Er bewundert den ewigen Herrscher, den seligen und alleinigen Machthaber, den König der Könige und den Herrn der Herren, der allein Unsterblichkeit hat und der in einem unzugänglichen Licht wohnt. Ihm sei Ehre und ewige Macht! Amen (s. 1. Tim 6,15.16).

Der ewige Gott hat die Macht, zu befehlen, was Er will und wem Er will. Nachdem Paulus im Römerbrief in wunderbarer Weise das Evangelium Gottes erklärt, schreibt er:

„Dem aber, der euch zu befestigen vermag nach meinem Evangelium und der Predigt von Jesus Christus, nach der Offenbarung des Geheimnisses, das ewige Zeiten hindurch verschwiegen war, jetzt aber offenbart und durch prophetische Schriften, nach Befehl des ewigen Gottes, zum Glaubensgehorsam an alle Nationen kundgetan worden ist dem allein weisen Gott, durch Jesus Christus, ihm sei die Herrlichkeit in Ewigkeit! Amen" (Röm 16,25-27).

Es gibt Dinge, die Gott über ewige Zeiten verschwiegen hat. Doch uns hat Er sie heute offenbart. Wunderbar! Wir sollen sie im Glaubensgehorsam annehmen und entsprechend handeln.

Dazu gehört auch das Geheimnis der wunderbaren Einheit, die jetzt zwischen Christus und Seiner Gemeinde besteht, die auch das Geheimnis des Christus genannt wird (s. Kol 4,3)!

Wir kennen den ewigen König der Zeitalter. Und das nicht als verlorene Geschöpfe, die vor Ihm Angst haben müssen, sondern als Kinder, die ihn Vater nennen dürfen!

Wenn wir durch Schwierigkeiten gehen, sollten wir daran denken, dass unser Vater aus der Ewigkeit auf unser Leben schaut und alles vollständig überblickt. Deshalb können wir sicher sein: Seine Hilfe kommt spätestens rechtzeitig!

„Kein Detail unseres Lebens ist für die Aufmerksamkeit unseres himmlischen Vaters zu unbedeutend; kein Umstand oder Ereignis so groß, dass Er es nicht kontrollieren könnte."
(J. Bridges)

> *Was bedeutet es für dein Glaubensleben, dass Gott der ewige Machthaber ist, der alles überblickt und kontrolliert? Welche anderen Stellen in der Bibel kennst du, in denen die Schreiber zu einem Lobpreis (Doxologie) geführt wurden wie Paulus in 1. Timotheus 6,15.16? Was kannst du aus diesen Stellen über Gott lernen?*

Notizen:

....

....

....

....

....

....

....

....

....

....

....

....

....

....

....

....

....

Ewiges Leben, ewiger Trost, ewige Freude

„Deine Zuflucht ist der Gott der Urzeit, und unter dir sind ewige Arme." (5. Mo 33,27)

Der Gott der Herrlichkeit erschien Abraham, als dieser noch ein Götzendiener in Mesopotamien war. Die Majestät und Schönheit, die der Patriarch damals sah, hatte auf ihn so eine Anziehungskraft, dass er sein Heimatland und seine Götzen verließ und dem Ruf Gottes folgte – ohne zu wissen, wohin die Reise geht!

Als Abraham schließlich das verheißene Land erreichte, lebte er dort wie ein Fremdling in Zelten, „denn er erwartete die Stadt, die Grundlagen hat, deren Baumeister und Schöpfer Gott ist" (Heb 11,10).

Während er seine Augen auf die Zukunft gerichtet hielt, rief er den Namen des ewigen Gottes an (s. 1. Mo 21,33), der Ihm wunderbare Verheißungen gegeben hatte. Der Ewige war für ihn ein Zufluchtsort – und genau das sollte Er auch für uns sein!

Der Gott aller Gnade hat uns zu Seiner ewigen Herrlichkeit berufen in Christus Jesus (s. 1. Pet 5,10). Das ist das Ziel, auf das wir zusteuern. Doch auf dem Weg dahin dürfen wir wissen: „Deine Zuflucht ist der Gott der Urzeit, und unter dir sind ewige Arme" (5. Mo 33,27).

Wir können niemals tiefer fallen als in die Hand Gottes. Das Bewusstsein darüber, dass unter uns ewige Arme sind, sollte uns selbst in den Stürmen des Lebens, die uns auf dem Weg zum Ziel begegnen, völlig ruhig werden lassen.

Unser Weg führt durch Leiden zur Herrlichkeit. Deshalb ist es so wichtig zu wissen, dass wir den ewigen Gott an unserer Seite haben. Ihm entgeht nichts, denn Er sieht unser Leben aus dem Blickwinkel der Ewigkeit!

Das bedeutet auch, dass Er alles gleichzeitig überblickt: Das, was war; das, was ist; und das, was sein wird. Wenn die Bibel sagt, dass Gott weiß, was passieren wird, dann ist Gott nicht ein Hellseher, der einfach nur in die Zukunft schauen kann.

> **Unsere Sicherheit hängt nicht von unserem eigenen schwachen, schwankenden Glauben ab, sondern von der Allmacht, der Liebe und der Treue des unveränderlichen, ewigen Gottes.**
> (J.R. Miller)

Bei Gott ist es bereits geschehen – denn Er wohnt in Ewigkeit! Völlig unabhängig von der Zeit sieht Er bereits das Ergebnis einer Sache, bevor sie für uns überhaupt angefangen hat.

Vom Standpunkt der Ewigkeit Gottes aus könnte man sagen, dass Gott gerade dabei ist, die Welt zu erschaffen. Gleichzeitig hat für Ihn auch schon alles seine Vollendung gefunden und die Welt ist nicht mehr.

Für Ihn ist alles ewige Gegenwart. Gott hat unser „Morgen" bereits an Seinem Auge vorbeiziehen sehen. Unfassbar – aber wahr!

Aber nicht nur das: Er wohnt nicht nur in Ewigkeit, sondern auch bei dem, der verzweifelt, niedergeschlagen oder traurig ist:

„Denn so spricht der Hohe und Erhabene, der in Ewigkeit wohnt und dessen Name der Heilige ist: Ich wohne in der Höhe und im Heiligtum und bei dem, der zerschlagenen und gebeugten Geistes ist, um zu beleben den Geist der Gebeugten und zu beleben das Herz der Zerschlagenen" (Jes 57,15).

Wie schnell vergessen wir das! Und gerade deshalb werden wir im Buch Jesaja so ausdrücklich darauf hingewiesen, wo geschrieben steht:

„Weißt du es nicht? Oder hast du es nicht gehört? Ein ewiger Gott ist der HERR, der Schöpfer der Enden der Erde; er ermüdet nicht und ermattet nicht, unergründlich ist sein Verstand. Er gibt dem Müden Kraft, und dem Unvermögenden reicht er Stärke dar in Fülle" (Jes 40,28.29).

Im Neuen Testament sagt Paulus, dass Gott unser Vater uns ewigen Trost und gute Hoffnung gegeben hat (s. 2. Thes 2,16). Die Leiden sind für eine Zeit, aber der Trost wird ewig sein. Denn gerade in Verbindung mit dem ewigen Zustand heißt es, dass Gott jede Träne von unseren Augen abwischen wird (s. Offb 21,4).

Wie wichtig ist es deshalb, dass wir uns nicht so sehr auf das Zeitliche, sondern viel mehr auf das Ewige konzentrieren (s. 2. Kor 4,18)!

Aber größer noch als der Trost Gottes ist die Tatsache, dass wir Gott selbst in alle Ewigkeit genießen werden.

Dafür hat Er uns das ewige Leben gegeben. Ein Leben, das nicht nur von unendlicher Dauer ist, sondern das uns auch dazu befähigt, Gemeinschaft mit dem Vater und dem Sohn zu haben (s.

> **Das große Ziel mit dem Menschen ist, dass er Gott verherrlicht, indem er Ihn für immer genießt**
> (J. Piper)

Joh 17,3). Ein Leben, das in der Gegenwart Gottes zuhause ist.

Was geschah, als der verlorene Sohn nach Hause zurückkehrte? Da nahm ihn sein Vater in die Arme und führte ihn in sein Haus. Dann wird gesagt: „Und sie fingen an, fröhlich zu sein" (Lk 15,24).

Für uns bedeutet das, dass ewige Freude im Haus des Vaters auf uns wartet. Freude, die kein Ende haben wird, weil sie ewig ist.

Denn Gott ist nicht nur der Gott allen Trostes, sondern auch der selige Gott. Der glückliche Gott, der Seine Freude mit uns teilen möchte – und das für alle Ewigkeit!

Dass Gott ewig und unendlich ist, ist für Gläubige ein unendliches Glück. Denn sie dürfen sich in alle Ewigkeit an Ihm erfreuen und das ewige Leben genießen. Und Gott zu genießen, wird selbst nach vielen Zeitaltern immer noch so frisch sein, wie es am Anfang gewesen ist. Denn der Ewige verändert sich nicht!

Die Ewigkeit Gottes sollte uns davon abbringen, irgendetwas Endlichem oder zeitlich Begrenztem den Vorzug vor Gott zu geben.

Der Gläubige ist nicht dazu bestimmt, sich mit einer vergänglichen Freude zufrieden zu geben. Er ist dazu berufen, Gott für immer zu genießen – die wahre und einzige Quelle unendlicher Freude!

Deshalb können wir voller Bewunderung sagen: „Dieser Gott ist unser Gott immer und ewig!" (Ps 48,15).

> *Wofür kannst du Gott anbeten, wenn du über das Gelesene nachdenkst? Warum wird Er verherrlicht, wenn wir in Ihm unsere Zufriedenheit finden und Ihn genießen? Was bedeutet es für dich, wenn du 2. Korinther 4,18 auf dein Leben anwendest?*

DIE UNVERÄNDERLICHKEIT GOTTES

Unveränderliche Vollkommenheit

„Jede gute Gabe und jedes vollkommene Geschenk kommt von oben herab, von dem Vater der Lichter, bei dem keine Veränderung ist noch der Schatten eines Wechsels." (Jak 1,17)

Wir leben in einer Zeit, in der sich alles verändert: Die Gesellschaft, die Umwelt, Regierungen, die Wirtschaft, Kunst, Musik, Mode, technische Innovationen, unser Lebensstil, moralische Werte und vieles mehr.

Menschen, die man länger nicht getroffen hat und plötzlich wiedersieht, haben sich verändert. Aber auch wir selbst verändern uns. Der menschliche Körper verändert sich Tag für Tag, Minute für Minute, Sekunde für Sekunde. Und das zeigt sich nicht nur durch die grauen Haare, die man irgendwann bekommt!

Methusalah war der älteste Mensch, der jemals gelebt hat – 969 Jahre! Wie viel Veränderung hat dieser Mann während seines Lebens gesehen!

Doch während wir uns verändern, und auch alles, was uns umgibt, von Vergänglichkeit geprägt ist, gibt es einen, der sich niemals verändert: Der unwandelbare Gott – der Fels der Ewigkeiten! Über Ihn sagt der Psalmist:

„Du hast einst die Erde gegründet, und die Himmel sind deiner Hände Werk. Sie werden untergehen, du aber bleibst; und sie alle werden veralten wie ein Kleid; wie ein Gewand wirst du sie verwandeln, und sie werden verwandelt werden; du aber bist derselbe, und deine Jahre enden nicht" (Ps 102,26-28).

Gott bleibt, denn Er ist ewig. Seine Jahre enden nicht. Wenn auch alles vergeht, Er bleibt bestehen! Aber Er bleibt nicht nur, Er ist auch immer derselbe. Er existiert außerhalb der Zeit. Er zollt ihr keinen Tribut und Er erlebt durch sie keine Veränderung!

> **Gottes Unveränderlichkeit ist der Fels deiner Sicherheit und die Quelle deiner unaussprechlichen Freude!**
> (W. Nicholson)

Er hat die erste Schöpfung ins Dasein gerufen. Und eines Tages wird Er sie wieder im Gericht zerstören. Er verändert Dinge, aber Er selbst verändert sich nicht.

Gott ist absolut perfekt und genial. Weil das so ist, kann Er sich nicht verändern. Veränderung ist immer entweder zum Guten oder zum Schlechten. Doch Gott braucht sich nicht zu entwickeln oder irgendwie Fortschritte zu machen. Er ist vollkommen. Deshalb hat Er sich nie verändert und wird sich auch niemals verändern.

Seine Unwandelbarkeit ist daher gleichzeitig auch die Auszeichnung Seiner Vollkommenheit! Das, was Gott heute ist, in Seinem Wesen, in Seinen einzigartigen Attributen oder in Seinen moralischen Eigenschaften, das ist Er schon immer gewesen – und das wird Er auch immer sein!

Weil Gott unveränderlich ist, werden auch die Freude, das Glück und die Zufriedenheit, die wir in der Ewigkeit genießen, niemals vergehen. Unsere Freude wird für immer sein, weil der Gegenstand unserer Freude sich nicht verändert.

Was für ein gewaltiger Gegensatz zu den kurzfristigen, vergänglichen Freuden, die diese Welt zu bieten hat!

Gott besitzt heute noch die gleiche Kraft, die Er hatte, als Er das Universum ins Dasein rief oder als Er Christus aus den Toten auferweckte. Deshalb spricht die Bibel auch von der ewigen Kraft Gottes (s. Röm 1,20).

In Psalm 100,5 steht: „Denn gut ist der HERR; seine Güte währt ewig, und seine Treue von Geschlecht zu Geschlecht." Weil Gott unwandelbar gut ist, bleibt auch Seine Güte ewig bestehen.

Jakobus schreibt, dass Gott der Vater der Lichter ist, „von dem jede gute Gabe kommt, bei dem keine Veränderung ist noch der Schatten eines Wechsels" (Jak 1,17). Durch die Sonne und den Mond kommen Veränderung: Am Tag ist es hell, aber wenn die Nacht anbricht, wird es dunkel.

Mitten am Tag ist dein Schatten sehr klein, weil die Sonne genau über dir steht. Aber während die Sonne weiter zum Horizont wandert, vergrößert sich dein Schatten. Er verändert sich.

> „Denn die Berge mögen weichen und die Hügel wanken, aber meine Güte wird nicht von dir weichen."
> (Jes 54,10)

Gott dagegen hat weder einen Schatten, noch ist Er wie ein Schatten der Veränderung unterworfen. Auf dieser Grundlage sollen wir wissen, dass Gott immer gut bleibt, dass Er nur das Beste für uns will. Er wird immer in einer Weise handeln, die Seiner Güte entspricht – selbst wenn Sein guter Plan für uns Prüfungen und schwierige Zeiten beinhaltet!

„Gottes größtes Geschenk besteht nicht darin, dass wir mehr Selbstachtung bekommen, sondern dass wir mehr von Gott bekommen – und in Ihm wachsende und bleibende Freude finden."
(J. Piper)

> *Warum können wir Gott für Seine Unveränderlichkeit anbeten? Gott verändert sich nicht, weil Er vollkommen perfekt ist. Wir dagegen sollen uns verändern, indem wir Christus immer ähnlicher werden! Wie funktioniert das? Was bedeutet es für dein Leben, dass Gott auch hinsichtlich Seiner Güte unwandelbar ist?*

Notizen:

....

....

....

....

....

....

....

....

....

....

....

....

....

....

....

....

Gottes unwandelbare Verheißungen

*„Gepriesen sei der H*ERR*, ... Kein einziges Wort ist hingefallen von allen seinen guten Worten ... die er geredet hat." (1. Kön 8,56)*

Die Unwandelbarkeit Gottes spiegelt sich in Seinem Wort und in Seinen Verheißungen wieder. Deshalb sagt die Bibel:

- „Die Wahrheit des HERRN währt ewig" (Ps 117,2).
- „In Ewigkeit, HERR, steht dein Wort fest in den Himmeln" (Ps 119,89).
- „Das Gras ist verdorrt, die Blume ist abgefallen; aber das Wort unseres Gottes besteht in Ewigkeit" (Jes 40,8).

Jesus Christus hat selbst gesagt: „Der Himmel und die Erde werden vergehen, meine Worte aber werden nicht vergehen" (Mt 24,35).

Die Unveränderlichkeit Gottes ist die Garantie dafür, dass Er hält, was Er verspricht. Deshalb können wir uns mit Glaubensvertrauen und voller Zuversicht auf Seine Zusagen stützen, denn:

„Nicht ein Mensch ist Gott, dass er lüge, noch ein Menschensohn, dass er bereue. Sollte er sprechen und es nicht tun, und reden und es nicht aufrechterhalten?" (4. Mo 23,19).

Das sehen wir schon bei Abraham. Gott hatte ihm wunderbare Verheißungen gegeben: Seine Nachkommenschaft sollte das Land Kanaan besitzen. Dort wollte der HERR sie segnen und zum Segen sein lassen.

Doch Gott teilt Abraham auch mit, dass seine Nachkommen vorher 400 Jahre in einem fremden Land unterdrückt werden würden. Danach wollte der HERR die Unterdrücker richten und Sein Volk aus der Gefangenschaft befreien (s. 1. Mo 15,13.14).

> **Die Treue Gottes ist unwandelbar. Seine Treue versagt nie! Auch wenn wir untreu sind, Er bleibt treu!**
> (D. Fortner)

Genauso ist es geschehen! Als Gott im Begriff stand, die Israeliten aus Ägypten zu befreien, offenbart Er sich Mose im brennenden Dornbusch. Mose fragt nach Seinem Namen und bekommt die Antwort: „Ich bin, der ich bin" (2. Mo 3,14). Die Bedeutung dieses wunderbaren Namens könnte man wie folgt beschreiben:

„Ich bin in diesem Augenblick der, der ich schon immer war und der ich immer sein werde."

Mose hat das Volk aus Ägypten in die Wüste geführt. Dort wurden sie von einem geistlichen Felsen begleitet: Dem Christus (s. 1. Kor 10,4).

Josua führte sie später unter der Leitung Gottes in das verheißene Land. Und als dieser Mann Gottes am Ende seines Lebens noch einmal zurückblickt, sagt er zu den Israeliten:

„Ihr wisst mit eurem ganzen Herzen und mit eurer ganzen Seele, dass nicht ein Wort hingefallen ist von all den guten Worten, die der HERR, euer Gott, über euch geredet hat: Sie sind euch alle eingetroffen, nicht ein Wort davon ist hingefallen" (Jos 23,14).

Gott ist unveränderlich in Seinen Zielen und in Seinen Absichten. Wir ändern unsere Pläne, Er niemals.

Deswegen steht auch in Psalm 33,11: „Der Ratschluss des HERRN besteht ewig, die Gedanken seines Herzens von Geschlecht zu Geschlecht." Und in Römer 11,29 heißt es:

„Denn die Gnadengaben und die Berufungen Gottes sind unbereubar."

Im Buch Hiob wird gesagt: „Doch er bleibt sich gleich, und wer kann seinen Sinn ändern? Was seine Seele begehrt, das tut er" (Hiob 23,13). Daher lesen wir auch in Hebräer 6 von der Unwandelbarkeit seines Ratschlusses (s. Heb 6,17).

Eine der letzten Aussagen, die Gott im Alten Testament macht, lautet:

„Denn ich, der HERR, ich verändere mich nicht; und ihr, Kinder Jakobs, ihr werdet nicht vernichtet werden" (Mal 3,6).

Mit anderen Worten: „Weil ich mich nicht verändere, bin ich der Garant dafür, dass meine Verheißungen in Erfüllung gehen und dass ihr das Ziel erreichen werdet!"

Der Gott des Alten Testaments ist auch der Gott des Neuen Testaments. Nur hat Er heute noch viel mehr von sich gezeigt als damals.

Er ist der Vater der Herrlichkeit (s. Eph 1,17) – die Quelle von allem, was wirklich herrlich ist. Er ist der Vater der Erbarmungen (s. 2. Kor 1,3) – voller Mitgefühl und Barmherzigkeit. Und Er ist der Vater der Lichter (s. Jak 1,17) – unveränderlich, ewig, derselbe – bei dem es noch nicht einmal den Schatten eines Wechsels gibt!

Doch Seine größte Offenbarung ist die: Er ist der Gott und Vater unseres Herrn Jesus Christus (s. Eph 1,3). In Jesus Christus sehen wir den Vater – der jetzt auch unser Vater geworden ist (s. Joh 14,9; 20,17)!

Wie viel Grund haben wir deshalb, Ihn beim Wort zu nehmen und Ihm und Seinen Verheißungen rückhaltlos zu vertrauen!

In dem Maß, in dem wir das tun, werden wir auch erleben, wie Er Seine Zusagen in unserem Leben Wirklichkeit werden lässt. Dafür ist Christus selbst der Garant:

„Denn so viele der Verheißungen Gottes sind, in ihm ist das Ja, darum auch durch ihn das Amen, Gott zur Herrlichkeit durch uns" (2. Kor 1,20).

> *Was kann dir Stabilität für dein Glaubensleben geben? Welche Eigenschaften Gottes sollten uns dazu motivieren, Ihm mehr zu vertrauen? Welche anderen Aussagen der Bibel fallen dir ein, die die Unveränderlichkeit Gottes und Seiner Zusagen unterstreichen?*

Notizen:

....

....

....

....

....

....

....

....

....

....

....

....

Der unwandelbare Hörer des Gebets

„Wenn nun ihr, die ihr böse seid, euren Kindern gute Gaben zu geben wisst, wie viel mehr wird euer Vater, der in den Himmeln ist, denen Gutes geben, die ihn bitten!" (Mt 7,11)

Weil Gott Liebe ist und Er sich nicht verändert, liebt Er uns heute noch mit der gleichen Liebe, mit der Er uns geliebt hat, als Christus am Kreuz für uns gestorben ist. Bist du dir dessen bewusst?

Das Buch der Offenbarung beginnt mit einem großartigen Lobpreis Gottes. Dort steht: „Dem, der uns liebt und uns von unseren Sünden gewaschen hat in seinem Blut!" (Offb 1,5).

Es ist bemerkenswert, dass es nicht heißt „dem der uns geliebt hat", sondern „dem, der uns liebt"!

Gott hat Seine Liebe auf unübertroffene Weise am Kreuz bewiesen – und genau diese gewaltige Liebe verändert sich nicht.

Deshalb wissen wir auch, dass uns nichts und niemand von Gott und Seiner Liebe trennen kann – weder Angst oder Verfolgung, weder Tod oder Leben, weder Gegenwärtiges noch Zukünftiges, noch irgendein Geschöpf (s. Röm 8,35-39)!

In Jeremia 31,3 sagt der Herr: „Ja, mit ewiger Liebe habe ich dich geliebt!" Und im Neuen Testament schreibt Paulus: „Die Liebe vergeht niemals" (s. 1. Kor 13,8)!

Deshalb können wir trotz der wechselnden Umstände, mit denen wir ständig konfrontiert werden, Frieden in unseren Herzen haben. Auch unsere unveränderliche Beziehung zum Vater, die wir durch Christus jetzt haben dürfen, bewahrt uns diesen Frieden.

„Welch einen Frieden bringt es dem gläubigen Herzen, sich bewusst zu machen, dass unser himmlischer Vater sich nie unterscheiden wird von dem, was Er jetzt ist! Wir können zu Ihm kommen, wann wir wollen, und brauchen uns nie zu fragen, ob Er in diesem Moment in guter Laune ist.

> **Gott hat sich als Hörer des Gebetes offenbart: ja, Er hat versprochen, dass wir, soweit es zu Seiner Ehre und zu unserem Besten ist, alles bekommen werden, worum wir Ihn bitten.**
> (A. Alexander)

Er ist immer empfänglich für Not und Elend, genauso wie für Glaube und Liebe. Er kennt keine Bürozeiten oder festgelegten Zeiten, in denen Er niemanden sehen will.

Auch Seine Meinung ändert Er niemals. Heute, in diesem Augenblick, empfindet Er Seinen Geschöpfen, den Babys, Kranken, Gefallenen und Sündigen gegenüber, genauso wie damals, als Er Seinen eingeborenen Sohn in die Welt schickte, damit Er für die Menschheit sterben sollte." (A.W. Tozer / *Das Wesen Gottes* / EBTC)

Schon in den Psalmen steht geschrieben: „Die Augen des HERRN sind auf die Gerechten gerichtet und seine Ohren auf ihr Schreien" (Ps 34,16). Und weil sich das nicht verändert, zitiert Petrus diesen Vers im Neuen Testament und wendet ihn auf unser Leben an (s. 1. Pet 3,12).

Bei Menschen kann es passieren, dass sie mit der Zeit schwerhörig werden oder eine Sehschwäche entwickeln. Bei Gott ist das unmöglich. Er altert nicht und Seine Fähigkeiten verändern sich nicht.

Denk nur mal an die rhetorischen Fragen des Psalmisten: „Der das Ohr gepflanzt hat, sollte er nicht hören? Der das Auge gebildet hat, sollte er nicht sehen?" (Ps 94,9).

Gott ist und bleibt der Hörer des Gebets! Deshalb wird im Alten Testament gesagt: „Sucht sein Angesicht beständig"

(Ps 105,4). Und im Neuen Testament werden wir sogar dazu ermutigt, mit Freimütigkeit oder Kühnheit vor den Thron der Gnade zu kommen (s. Heb 4,16)!

In unseren Gebeten dürfen wir uns außerdem auf die unveränderliche Treue Gottes berufen – und Ihn sogar daran erinnern! Das haben Gläubige immer wieder getan. Und? Gott hat sich dazu bekannt!

Als der HERR verspricht, David ein Haus zu bauen und seine Familie zu segnen, bittet David darum, dass Gott Seine Zusage tatsächlich Wirklichkeit werden lässt (s. 1. Chr 17,23.24). Mit anderen Worten: Bitte mach wahr, was du versprochen hast!

Salomo schlägt genau in die gleiche Kerbe. Bei der Eröffnung des Tempels preist er den HERRN dafür, dass Er Seine Zusagen an David erfüllt hat. Doch gleichzeitig bittet er im Blick auf weitere Zusagen, die Gott gegeben hatte:

„Und nun, Gott Israels, mögen doch deine Worte sich als wahr erweisen, die du zu deinem Knecht David, meinem Vater, geredet hast!" (1. Kön 8,26).

Das ist Glaube, der Gott beim Wort nimmt und die Erfüllung Seiner treuen Zusagen einfordert!

Dieses Vertrauen sehen wir auch bei Elia. Er kannte Gottes Ankündigung, dass Er den Himmel verschließen würde, wenn das Volk gegen Ihn sündigt und sich von Ihm abwendet.

Deshalb betete er auf der Grundlage der Verheißungen Gottes, dass es nicht mehr regnen sollte. Der HERR hat auch dieses Gebet erhört!

> **Beten bedeutet, Gott an Seine Versprechen zu erinnern.**
> (M. Luther)

Eben weil Gott sich nicht verändert, dürfen wir Ihn beim Wort nehmen und so beten, wie es der Psalmist getan hat:

„Gedenke des Wortes an deinen Knecht, auf das du mich hast harren lassen!" (Ps 119,49). Ja, im Propheten Jesaja heißt es sogar: „Ihr, die ihr den HERRN erinnert, gönnt euch keine Ruhe" (Jes 62,6).

Nachdem Gott Seinem Volk am Ende des Alten Testaments noch einmal versichert: „Denn ich, der HERR, ich verändere mich nicht" (Mal 3,6), fordert Er sie kurz darauf heraus mit den Worten:

„Bringt den ganzen Zehnten in das Vorratshaus, damit Speise in meinem Haus sei; und prüft mich doch dadurch, spricht der HERR der Heerscharen, ob ich euch nicht die Fenster des Himmels öffnen und euch Segen bis zum Übermaß ausgießen werde" (Mal 3,10).

Gott sucht auch heute noch nach solchen, die Ihn beim Wort nehmen und die Ihm die Gelegenheit geben, Seine Treue unter Beweis zu stellen.

„Denn die Augen des HERRN durchlaufen die ganze Erde, um sich mächtig zu erweisen an denen, deren Herz ungeteilt auf ihn gerichtet ist" (2.Chr 16,9).

> *Welche Auswirkungen sollten Gottes unveränderliche Liebe, die unveränderliche Beziehung, die wir zu Ihm als unserem Vater haben und Seine unerschütterlichen Zusagen als Hörer des Gebets auf unser Gebetsleben haben? Wie können wir den Herrn heute in der Hinsicht prüfen, dass Er Seine Zusagen in unserem Leben wieder neu wahr macht?*

Der Fels der Ewigkeiten

„Ihr seid meine Zeugen. Gibt es einen Gott außer mir? Und es gibt keinen Felsen, ich weiß keinen" *(Jes 44,8)*

Hast du schon einmal einen Felsen in einer Brandung gesehen, an dem die Wellen des Meeres zerschellen? Gewaltige Wassermassen kommen und gehen – aber der Fels bleibt unbeweglich stehen.

Wenn wir dieses Bild vor Augen haben, hilft uns das, etwas besser zu verstehen, warum Gott in der Bibel so oft als Fels bezeichnet wird.

Er ist der Fels in der Brandung. Die Wellen der Veränderung können noch so hoch schlagen, der Sturm der Zeit kann noch so stark wehen, Gott bleibt unwandelbar derselbe. Gerade in der heutigen Zeit, in der sich so viel verändert und immer chaotischer wird, dürfen wir wissen:

Da ist ein Fels, der sich nicht verändert, unerschütterlich, unveränderlich, tragfähig und stabil. Er steht fest und ist wie eine hohe Festung für Menschen, die in Not sind. Er gibt **„Vertraut ewig auf den Herrn; denn in Jah, dem Herrn, ist ein Fels der Ewigkeiten."** (Jes 26,4) Schutz und Sicherheit – und ein Fundament, durch das wir festen Boden unter den Füßen haben!

Als David vor seinen Feinden floh und Gott ihn rettete, schrieb er ein Lied, in dem es heißt:

„Der Herr ist mein Fels und meine Burg und mein Erretter. Gott ist mein Fels, bei ihm werde ich Zuflucht suchen, mein Schild und das Horn meines Heils meine hohe Festung und meine Zuflucht ... Denn wer ist Gott, außer dem Herrn, und wer ein Fels, außer unserem Gott?" (2. Sam

22,2.3.32). Treffender hätte man es nicht ausdrücken können!

Auf Gott ist jederzeit Verlass. Er lässt uns niemals im Stich. Deshalb versicherte Er Josua im Alten Testament: „Ich werde dich nicht versäumen und dich nicht verlassen" (Jos 1,5).

Und genau diesen Vers wendet der Schreiber des Hebräerbriefs im Neuen Testament auf uns an. Er ermutigt uns mit den Worten: „Denn er hat gesagt: ‚Ich will dich nicht versäumen und dich nicht verlassen'" (Heb 13,5).

Derselbe Gott. Dieselbe Fürsorge. Felsenfest und treu! Der Apostel Paulus hat das ganz besonders erlebt. Menschen haben ihn enttäuscht, aber Gott niemals!

Als er am Schluss seines Lebens allein vor einem Gericht stand, um sich für seinen Glauben zu verantworten, musste er sagen: „Alle verließen mich." Aber dann fügt er hinzu: „Der Herr aber stand mir bei und stärkte mich" (2. Tim 4,17).

Wie es in einem alten Lied so schön heißt:

> *„Wenn alles bricht, Gott verlässt uns nicht.*
> *Größer als der Helfer ist die Not ja nicht!"*

In einer sich ständig verändernden Welt, ist der Fels der Ewigkeiten die einzige Konstante, die uns Halt und Sicherheit gibt.

Menschliche Meinungen schwanken von Zeit zu Zeit – und manchmal sogar von Tag zu Tag. An einem Tag rufen sie jubelnd „Hosanna dem Sohn Davids" (Mt 21,9) und kurz darauf: „Kreuzige, kreuzige ihn!" (Lk 23,21).

Doch bei Gott gibt es das nicht! Er sagt: „Mein Ratschluss soll zustande kommen, und all mein Wohlgefallen werde ich tun" (Jes 46,10).

Unveränderlichkeit ist eine Herrlichkeit, die alle herrlichen Eigenschaften Gottes gemeinsam haben. So wie Gott ist, ist Er immer und ewig! Weil Er unveränderlich in Seinem Wesen ist, verändert sich beispielsweise auch Seine Heiligkeit und Gerechtigkeit nicht. Deshalb sagt Mose:

„Der Fels: Vollkommen ist sein Tun; denn alle seine Wege sind recht. Ein Gott der Treue und ohne Trug, gerecht und gerade ist er!" (5. Mo 32,4).

Folgende Worte bringen es gut auf den Punkt: „Gott ist ein Fels in der Gerechtigkeit seiner Wege, in der Wahrheit seines Wortes, in der Heiligkeit seiner Handlungen und in der Geradheit seiner Treue."
(Unbekannt)

Lasst uns danach trachten, unsere Schiffe jetzt am Fels der Ewigkeiten festzumachen, damit wir, wenn sich der Sturm erhebt ... triumphierend die Herausforderung aussprechen können: „Wer wird uns scheiden von der Liebe des Christus?" (J. MacDuff)

Er ist also unveränderlich in Seinem Wesen, in Seinen Eigenschaften, in Seinen Wertmaßstäben und in Seinen Absichten. Seine Ziele bleiben gleich – aber Sein Handeln kann sich ändern!

„Aber während es wahr ist, dass Gott sich in Seinem Wesen nicht verändert, benutzt Er doch verschiedene Methoden. Im Lauf der Geschichte hat Er die Menschen unter verschiedenen Bedingungen geprüft: Im Zeitalter der Unschuld, des Gewissens, der Verheißung, unter Gesetz und unter Gnade.

In den verschiedenen Zeitaltern hat Er die Sündhaftigkeit und die Verantwortung des Menschen geprüft, obwohl der Weg der Errettung immer derselbe war, nämlich aus Gnade durch den Glauben. Aber das beeinträchtigt Seine Unwandelbarkeit überhaupt nicht." (W. MacDonald / *So ist Gott* / Christliche Verlagsgesellschaft)

Wir sind aus Gnade und durch Glauben gerettet. Deshalb brauchen wir keinen Zweifel daran zu haben, dass Gott uns ganz sicher ans Ziel bringen wird. Denn der Fels trägt durch – bis zum herrlichen Ende! Auch wenn wir uns verändern und älter werden – Er hält, was Er verspricht:

„Bis in euer Greisenalter bin ich derselbe, und bis zu eurem grauen Haar werde ich euch tragen; ich habe es getan, und ich werde heben, und ich werde tragen und erretten" (Jes 46,4).

> *Was bedeutet es für dein Glaubensleben, dass Gott der Fels der Ewigkeiten ist? Welche anderen Aussagen aus dem Alten Testament fallen dir ein, die im Neuen Testament zitiert werden, um uns die Unveränderlichkeit Gottes deutlich zu machen? Versuche 5. Mose 32,4 mit eigenen Worten wiederzugeben!*

Notizen:

....

....

....

....

....

Jesus Christus – Derselbe gestern, heute und in Ewigkeit!

„Der hinabgestiegen ist, ist derselbe, der auch hinaufgestiegen ist über alle Himmel, damit er alles erfüllte." (Eph 4,10)

Der ewige Sohn Gottes ist der große Schöpfer, der alle Dinge ins Dasein gerufen hat. Die Schöpfung wird vergehen, aber Er – der über allem ist, Gott, gepriesen in Ewigkeit (s. Röm 9,5) – bleibt unveränderlich derselbe!

Über Ihn sagt Gottes Wort: „Du aber bist derselbe [der ewig Unveränderliche], und deine Jahre werden nicht vergehen" (Heb 1,12).

Aber auch als Mensch verändert Er sich nicht, denn „Jesus Christus ist derselbe gestern und heute und in Ewigkeit" (Heb 13,8). So wie Er in Seiner moralischen Schönheit und Perfektion hier auf der Erde war, bleibt Er in alle Ewigkeit!

Er ist auch heute noch der Mann, der damals in Sichar eine Samariterin demütig um Wasser gebeten hat (s. Joh 4). Damals saß Er am Jakobsbrunnen, jetzt sitzt Er zur Rechten der Majestät in der Höhe. Der hinabgestiegen ist, ist derselbe, der auch hinaufgestiegen ist!

Hier auf der Erde hat Er sich so tief erniedrigt, dass Er die schmutzigen Füße Seiner Jünger gewaschen hat (s. Joh 13). Was tut Er jetzt in der Herrlichkeit? Er ist darum bemüht,

> **Christus ist derselbe, bei Sturm und Sonnenschein, bei Geburten und Todesfällen, bei Hochzeitsglocken und Totenglocken. Von Ihm kannst du inmitten der Trümmer aller menschlichen Sicherheiten sagen: „Sie werden untergehen, aber du wirst bestehen!"**
> (J. MacDuff)

uns durch das Wasser des Wortes Gottes zu reinigen (s. Eph 5,26). Er hat sich nicht verändert!

Als Petrus Ihn damals dreimal verleugnet hatte, führte Jesus ihn mit einem liebevollen, sanftmütigen Blick zur Buße (s. Lk 22,62). Was tut Er jetzt vom Himmel aus? Er ist unser Sachwalter, der aktiv wird und uns zur Buße leitet, wenn wir gesündigt haben, damit unsere Gemeinschaft mit dem Vater wiederhergestellt wird (s. 1. Joh 2,1)!

Er ist auch derselbe vor und nach Seiner Auferstehung. Als der Auferstandene ist Er den Jüngern einmal am See Tiberias begegnet (s. Joh 21). Dort hat Er ihnen in einer ähnlichen Weise beim Fischen geholfen, wie schon in Lukas 5 auf dem See Genezareth.

Damals sollten sie mitten am Tag auf die Tiefe hinausfahren und die Netze zum Fang hinablassen. Daraufhin machten sie den Fang ihres Lebens. Am See Tiberias gibt Er ihnen die Anweisung, das Netz auf der rechten Seite auszuwerfen – und wieder ist es voller Fische. Kein Wunder, dass Johannes Jesus erkennt und den anderen zuruft: „Es ist der Herr" (Joh 21,7).

Selbst nach Seiner Rückkehr in die Herrlichkeit lesen wir, dass Er Seine Jünger vom Himmel aus in ihrem Dienst unterstützt hat (s. Mk 16,20). Er hat sich nicht verändert!

In Matthäus 14 sehen wir Jesus auf dem Wasser gehen. Die Jünger schreien vor Angst, weil sie denken, Er sei ein Geist. Was tut der Sohn Gottes? Er gibt sich ihnen zu erkennen, nimmt ihnen die Furcht und Er zeigt ihnen Seine Macht über die Naturgewalten.

Nach Seiner Auferstehung sind die Jünger in einem Haus versammelt. Plötzlich erscheint ihnen der Herr und sagt: „Friede euch." Was ist ihre Reaktion? „Sie aber erschraken und wurden von Furcht erfüllt und meinten, sie sähen einen Geist" (Lk 24,37).

Wie schon in der Szene auf dem See nimmt Jesus ihnen wieder sofort die Angst. Dieses Mal, indem Er sagt: „Seht meine Hände und meine Füße, dass ich es selbst bin; betastet mich und seht, denn ein Geist hat nicht Fleisch und Gebein, wie ihr seht, dass ich habe" (Lk 24,39).

Als der Auferstandene begegnet Er auch Maria Magdalene. Sieben Dämonen hatte Er während Seines öffentlichen Dienstes von ihr ausgetrieben. Jetzt hört sie die vertraute, unveränderliche Stimme des guten Hirten, der sie bei ihrem Namen ruft (s. Joh 20,16). Sofort fällt es ihr wie Schuppen von den Augen: Es ist der Herr!

Nachdem Er dann in den Himmel zurückgekehrt ist, erscheint Er Saulus von Tarsus. Dieser sieht ein Licht, dass den Glanz der Sonne übertrifft. Augenblicklich wird er zu Boden geworfen – und versteht die Welt nicht mehr.

Auf seine Frage: „Wer bist du, Herr?", bekommt er eine Antwort, die ihn tief im Herzen trifft: „Ich bin Jesus, der Nazaräer, den du verfolgst" (Apg 9,5). Der gleiche Jesus, der verachtete Nazaräer, ist jetzt im Himmel zur Rechten Gottes!

Wie oft hat der Herr den Menschen hier auf der Erde zugerufen: „Fürchte dich nicht!" oder: „Fürchtet euch nicht"! Das hat Er auch nach Seiner Auferstehung getan (s. Mt 28,10) – und auch später von der Herrlichkeit aus (s. Apg 18,9;27,24; Off 1,17)!

Das gilt auch für uns heute noch: Unser unveränderlicher Herr möchte uns die Furcht nehmen, die in den wechselnden Umständen des Lebens immer wieder aufkommen kann!

Wie oft war Jesus innerlich bewegt, als Er hier das Leid und die Nöte der Menschen gesehen hat. Jetzt in der Herrlichkeit ist Er als unser großer Hoherpriester tätig, der Mitleid zu haben vermag mit unseren Schwachheiten (s. Heb 4,15). Auch Sein Mitempfinden hat sich nicht verändert!

Er war hier inmitten seiner Jünger der Dienende. Irgendwann kam dann der Moment, in dem Er mit segnenden Händen zum Himmel aufgefahren ist. Und anstatt sich dort zur Ruhe zu setzen, dient Er uns jetzt von der Herrlichkeit aus – bis wir das Ziel erreicht haben!

Und was geschieht dann? Dann wird Er sich umgürten, uns darum bitten, dass wir uns zu Tisch legen sollen und uns im Himmel weiter dienen (s. Lk 12,37). Er bleibt Diener auf ewig. Was für eine Gnade!

Nachdem Er in die Herrlichkeit aufgenommen wurde, sagten die Engel zu Seinen Jüngern: „Dieser Jesus, der von euch weg in den Himmel aufgenommen worden ist, wird ebenso kommen, wie ihr ihn habt auffahren sehen in den Himmel" (Apg 1,11).

> **Er ist derselbe Jesus, der jetzt inmitten des Throns sitzt, und es ist diese erstaunliche Kombination aus Stärke und Sanftmut, die wir in unserem wunderbaren Retter sehen!**
> (J.R. Miller)

Dieser Jesus! Genau derselbe. Er wird wiederkommen, um hier in Macht und großer Herrlichkeit zu herrschen.

Doch uns hat Er versichert, dass Er vorher kommen wird, um uns zuerst ins Haus des Vaters zu sich zu nehmen (s. Joh 14,3). Am Ende der Offenbarung nennt Er sich selbst nochmal mit dem Namen, den Er als Mensch hier bekommen hat und sagt: „Ich, Jesus, habe meinen Engel gesandt, um euch diese Dinge zu bezeugen in den Versammlungen. Ich bin die Wurzel und das Geschlecht Davids, der glänzende Morgenstern" (Off 22,16).

Noch bevor die Sonne der Gerechtigkeit aufgeht, wird Christus bald als glänzender Morgenstern erscheinen. Er wird uns entrücken, damit wir für immer bei Ihm sind!

Wir werden uns immer daran erinnern, dass Jesus Christus das Lamm Gottes ist. Hier auf der Erde ließ Er sich wie ein Lamm zur Schlachtung führen, um uns von unseren Sünden zu erlösen. Als der Auferstandene zeigte Er dann Seinen Jüngern Seine durchbohrten Hände und Seine Seite – die Zeichen Seiner Leiden.

Und wenn wir bald die Herrlichkeit des Himmels erreicht haben, dann werden wir den Thron Gottes umgeben und Ihn sehen: Ein Lamm wie geschlachtet (s. Offb 5,6)! Er verändert sich nicht!

> *Was bedeutet die wunderbare Wahrheit, dass Jesus Christus immer noch derselbe ist, für dein Glaubensleben? Welche anderen Stellen fallen dir ein, die zeigen, dass Er sich nicht verändert hat? Warum ist es so wichtig, dass wir Sein Leben in den Evangelien und die Herrlichkeit, die Er jetzt zur Rechten Gottes hat, studieren und uns viel damit beschäftigen?*

Notizen:

....

....

DIE ALLMACHT GOTTES

Der Allmächtige

„Den Allmächtigen, den erreichen wir nicht, den Erhabenen an Kraft" (Hiob 37,23).

Gott ist allmächtig. Das bedeutet, dass Er alle Macht und alle Kraft besitzt. Die Bibel zeigt uns nicht nur, dass Gott Kraft hat, sondern sie spricht von der überragenden Größe Seiner Kraft (s. Eph 1,19)!

Auch in Seiner Allmacht ist Gott einzigartig und unvergleichlich. Deshalb wird im Buch Hiob gesagt: „Den Allmächtigen, den erreichen wir nicht, den Erhabenen an Kraft" (Hiob 37,23).

Und in den Psalmen heißt es: „Denn wer in den Wolken ist mit dem HERRN zu vergleichen? Wer ist dem HERRN gleich unter den Söhnen der Starken? ... HERR, Gott der Heerscharen, wer ist mächtig wie du, o Jah?" (Ps 89,7.9).

> **"Wer im Schutz des Höchsten sitzt, wird bleiben im Schatten des Allmächtigen. Ich sage von dem Herrn: Meine Zuflucht und meine Burg; mein Gott, auf ihn will ich vertrauen."**
> (Ps 90,1.2)

Gottes Kraft ist ewig. Sie ist ohne Anfang, ohne Ende und ohne Unterbrechung. Sie fließt fortlaufend, ohne dabei jemals abzunehmen. Er selbst und Seine Kraft verändern sich nicht. Deshalb ist Gott niemals ermüdet oder ermattet (s. Jes 40,28).

In der Schöpfung werden die ewige Kraft Gottes und Seine unvergleichliche Göttlichkeit besonders sichtbar (s. Röm 1,20). Darauf weist der HERR selbst hin, wenn Er sagt:

„Wem denn wollt ihr mich vergleichen, dem ich gleich wäre?, spricht der Heilige. Hebt zur Höhe eure Augen empor und seht: Wer hat diese da geschaffen? Er, der ihr

Heer herausführt nach der Zahl, ruft sie alle mit Namen: Wegen der Größe seiner Macht und der Stärke seiner Kraft bleibt keines aus" (Jes 40,25.26).

Doch die Kraft, die Er in sich selbst besitzt, ist viel größer, als das, was wir in Seinen Werken erkennen können.

„Gottes Macht ist die Fähigkeit und Kraft, durch die Er alles tun kann, was Ihm gefällt. Wozu auch immer Seine unendliche Weisheit Ihn leitet und was auch immer Seine unendliche Reinheit beschließt. Gottes Macht ist wie Er selbst: unendlich, ewig, unerforschlich; sie kann durch das Geschöpf weder kontrolliert, gebändigt oder zunichte gemacht werden." (Stephen Charnock / *The Existence and Attributes of God*)

Im Buch Hiob wird am meisten von Gott dem Allmächtigen gesprochen – und auch von dem, was Er mit Seiner Allmacht getan hat. Wie gewaltig, dass dieser großartige Gott, von dem die folgenden Verse sprechen, unser Vater ist:

„Er ist weisen Herzens und stark an Kraft: Wer hat sich gegen ihn verhärtet und ist unversehrt geblieben? Der Berge versetzt, ehe sie es merken, er, der sie umkehrt in seinem Zorn; der die Erde erbeben lässt von ihrer Stelle, und ihre Säulen erzittern; der der Sonne befiehlt, und sie geht nicht auf, und der die Sterne versiegelt; der die Himmel ausspannt, er allein, und einherschreitet auf den Höhen des Meeres, der den Großen Bären gemacht hat, den Orion und das Siebengestirn und die Kammern des Südens; der Großes tut, dass es nicht zu erforschen ist, und Wundertaten, dass sie nicht zu zählen sind" (Hiob 9,4-10).

In 1. Mose 17 hat Gott sich zum ersten Mal als der Allmächtige offenbart. Dort heißt es:

„Und Abram war 99 Jahre alt, da erschien der HERR Abram und sprach zu ihm: Ich bin Gott, der Allmächtige; wandle vor meinem Angesicht und sei vollkommen" (1. Mo 17,1).

Als für Abraham und Sara die biologische Uhr zum Kinderzeugen abgelaufen war, als es keine Hoffnung mehr gab, dass ein Nachkomme aus dieser Ehe hervorgehen würde, da offenbart Gott sich Abraham als der Allmächtige.

Und was war Seine Botschaft? Dass der Patriarch im Licht der Offenbarung leben sollte, die Gott ihm von sich gegeben hatte. Abraham sollte nicht auf die Umstände schauen, sondern auf den Allmächtigen vertrauen – für den kein Ding unmöglich ist!

> **Der Schatten des Allmächtigen nimmt dem Schatten der Nacht alles Grauen.**
> (C.H. Spurgeon)

Genau das hat er getan. Er hat gegen Hoffnung auf Hoffnung geglaubt. Dabei hat er nicht auf sich selbst gesehen, sondern auf Gott, „der die Toten lebendig macht und das Nichtseiende ruft, wie wenn es da wäre" (Röm 4,17.18). Sein Vertrauen wurde wunderbar belohnt!

Das gilt übrigens auch für Sara. Auch sie hat Gott in dieser scheinbar hoffnungslosen Situation vertraut. Deshalb wird von ihr gesagt:

"Durch Glauben empfing auch selbst Sara Kraft, einen Samen zu gründen, und zwar über die geeignete Zeit des Alters hinaus, weil sie den für treu erachtete, der die Verheißung gegeben hatte" (Heb 11,11).

Was für eine Ermutigung für uns, den Zusagen Gottes rückhaltlos zu vertrauen – auch wenn die Erfüllung vielleicht manchmal unmöglich erscheint.

Gerade in solchen Situationen können wir an die Frage Gottes denken: „Ist für den HERRN eine Sache zu wunderbar?" (1. Mo 18,14).

Weil Gott der Allmächtige und der Wunderbare ist (s. Jes 9,5), lautet die Antwort ganz klar: Nein! Denn wir haben einen Gott, „der Großes und Unerforschliches tut, Wunder ohne Zahl" (Hiob 5,9).

> *Was bedeutet es für dein Glaubensleben, dass der allmächtige Gott dein Vater ist? Welche Eigenschaften hat die Kraft Gottes? Welche anderen Bibelstellen fallen dir ein, in denen Gottes allmächtiges Handeln in der Schöpfung deutlich wird? Was bedeutet es, vor dem Angesicht des Allmächtigen zu wandeln und vollkommen zu sein (s. 1. Mo 17,1)?*

Notizen:

....

....

....

....

....

....

....

....

....

....

Der gewaltige Arm Gottes

„Du hast einen gewaltigen Arm." (Ps 89,14)

Gott ist ein Geist. Er ist unsichtbar. Er hat keinen Körper und daher auch keine Körperteile. Doch um uns deutlich zu machen, welche Macht Er besitzt und mit welcher Kraft Er wirkt, spricht die Bibel bildlich von dem gewaltigen Arm Gottes und von Seiner starken Hand.

Im Buch Jeremia sagt der HERR: „Ich habe die Erde gemacht, die Menschen und das Vieh, die auf der Fläche der Erde sind, durch meine große Kraft und durch meinen ausgestreckten Arm" (Jer 27,5).

Mit was für einer großen Kraft hat Gott die Schöpfung ins Dasein gerufen! Was für eine gewaltige Macht wurde sichtbar, als „er sprach, und es war; er gebot, und es stand da" (Ps 33,9)!

Wenn wir uns die Schöpfung anschauen und die ewige Kraft des Schöpfers dahinter sehen, hat das Auswirkungen auf unser Glaubensleben und auf unsere Gebete. Jeremia betete:

„Siehe, du hast die Himmel und die Erde gemacht durch deine große Kraft und durch deinen ausgestreckten Arm: Kein Ding ist dir unmöglich" (Jer 32,17).

> **Macht ist die Hand oder der Arm Gottes, Allwissenheit ist Gottes Auge, Barmherzigkeit ist Gottes Wonne, die Ewigkeit ist Gottes Dauer, aber die Heiligkeit ist Gottes Schönheit!**
> (S. Charnock)

Für Gott ist nichts unmöglich! Er kann alles tun, was in Übereinstimmung mit Seinem heiligen Willen ist. Den Beweis dafür haben wir durch die Schöpfung jeden Tag vor Augen!

Außerdem wissen wir: „Unsere Hilfe ist im Namen des HERRN, der Himmel und Erde gemacht hat" (Ps 124,8).

Die Schöpfung gibt uns eine kleine Vorstellung davon, wie groß unsere Hilfsquellen in Gott sind und dass Er die Macht besitzt, auf alle unsere Bedürfnisse einzugehen.

Und wir dürfen nie vergessen: Dieser große und wunderbare Gott ist unser Vater, zu dem jeder von uns eine ganz persönliche Beziehung hat. Er ist für uns!

Wenn die Gläubigen des Alten Testaments über die Kraft oder die Macht Gottes nachgedacht haben, dann gingen ihre Gedanken oft zurück zum Roten Meer. Denn dort hatte der HERR die Israeliten mit großer Kraft, mit starker Hand und mit ausgestrecktem Arm von ihren Feinden erlöst (s. 2. Kön 17,36; 5. Mo 5,15; 26,8; etc.).

Er hat sie, bildlich gesprochen, mit Seiner starken Hand ergriffen und herausgeführt. Und mit Seinem ausgestreckten Arm hat Er sich gegen die Ägypter gewandt, von denen es heißt: „Schrecken und Furcht überfiel sie; wegen der Größe deines Armes verstummten sie gleich einem Stein" (2. Mo 15,16).

Die Szene am Roten Meer ist ein Bild von unserer Erlösung. Wir sind von der Macht Satans befreit, weil wir mit Christus gestorben und auferweckt worden sind. Und das war ein gewaltiger Kraftakt Gottes!

Deshalb spricht Paulus in diesem Zusammenhang von der „überragende[n] Größe seiner Kraft an uns, den Glaubenden, nach der Wirksamkeit der Macht seiner Stärke, in der er gewirkt hat in dem Christus, indem er ihn aus den Toten auferweckte" (Eph 1,19). Diese Kraft ist bei deiner Bekehrung an dir wirksam geworden!

Gottes Arm ist aber nicht nur ein Bild von Seiner Macht, sondern auch von Seinem sanften Wirken in unserem Leben. Als Gott Ephraim das Laufen beibrachte, nahm Er sie auch auf Seine mächtigen Arme (s. Hos 11,3). Wie ein

Mann seinen Sohn trägt, so trug der HERR Sein Volk durch die Wüste (s. 5. Mo 1,31).

Jesaja schreibt: „Er wird seine Herde weiden wie ein Hirte, die Lämmer wird er auf seinen Arm nehmen und in seinem Schoß tragen, die Säugenden wird er sanft leiten" (Jes 40,11). Er nimmt die Schwachen auf Seinen Arm und trägt sie in Seinem Schoß. Im Neuen Testament sehen wir, wie Jesus Christus genau das getan hat: Er nahm kleine Kinder in die Arme und sie segnete (s. Mk 10,16). Wunderbar!

Es ist auch interessant, dass Jesus Christus im Propheten Jesaja öfter als der „Arm des HERRN" bezeichnet wird. In Ihm hat Gott sozusagen Seinen Arm ausgestreckt, um Sein irdisches Volk Israel zu erreichen (s. Jes 53,1; 40,10).

> **„Mit ihm ist ein Arm des Fleisches; aber mit uns ist der Herr, unser Gott, um uns zu helfen und unsere Kämpfe zu führen!"**
> (2. Chr 32,8)

In Christus wird die Allmacht Gottes auf vielfältige Weise sichtbar: Jesaja nennt Ihn „Starker Gott" (Jes 9,5). Das neue Testmant zeigt uns, dass alle Dinge durch Ihn und für Ihn geschaffen wurden (s. Kol 1,16.17). Außerdem ist Er es, der in jedem Augenblick alle Dinge durch das Wort Seiner Macht trägt (s. Heb 1,3).

Mit großer Macht hat Er auf der Erde den Naturgewalten Befehle erteilt. Der Wind und die Wellen mussten Ihm gehorchen – und Er selbst konnte auf dem Wasser gehen! Er hat Wasser in Wein verwandelt und 5000 Menschen mit fünf Broten und zwei Fischen versorgt.

Mit göttlicher Autorität hat Er böse Geister ausgetrieben und dadurch die Macht des Feindes zerstört. Dort, wo Er sich aufhielt, war die Kraft des HERRN anwesend (s. Lk 5,17). Er hatte die Gewalt, jede Krankheit zu heilen, die es gibt.

Selbst der Tod musste in Seiner Gegenwart weichen. Denn der Sohn Gottes besaß die Macht, Menschen aus den Toten aufzuerwecken. Aber nicht nur das: Er selbst ist in Seiner eigenen Kraft auferstanden (s. Joh 10,17.18)!

Im Buch der Offenbarung sagt Er über sich: „Ich bin das Alpha und das Omega, spricht der Herr, Gott, der da ist und der da war und der da kommt, der Allmächtige" (Offb 1,8).

Gottes mächtiger Arm war, ist und bleibt immer für uns aktiv. Und egal was dir im Leben begegnet, du sollst immer wissen: „Deine Zuflucht ist der Gott der Urzeit, und unter dir sind ewige Arme" (5. Mo 33,27)!

> *Welche anderen Stellen fallen dir ein, die etwas von dem gewaltigen Arm Gottes zeigen? Im Alten Testament wurde die Kraft Gottes besonders im Roten Meer sichtbar. Wo strahlt die gewaltige Kraft Gottes im Neuen Testament am hellsten hervor? Was bedeutet es, dass Gebet den Arm der Allmacht Gottes bewegen kann? Versuche Markus 10,27 im Kontext mit eigenen Worten zu erklären!*

Notizen:

....

....

....

....

Gottes starke Hand

„In deiner Hand sind Macht und Stärke, und in deiner Hand ist es, alles groß und stark zu machen." (1. Chr 29,12)

Die Schöpfung zeigt uns die wirksamen Hände Gottes, durch die Er das, was wir sehen, gebildet und geformt hat. Viele Bibelstellen machen das deutlich:

„Die Himmel erzählen die Herrlichkeit Gottes, und die Ausdehnung verkündet seiner Hände Werk ... Ich habe die Erde gemacht und den Menschen auf ihr geschaffen; meine Hände haben die Himmel ausgespannt, und all ihr Heer habe ich bestellt ...

[Der HERR], in dessen Hand die Tiefen der Erde, und dessen die Höhen der Berge sind; dessen das Meer ist, er hat es ja gemacht; und das Trockene, seine Hände haben es gebildet" (Ps 19,2; Jes 45,12; Ps 95,4.5).

Gott ist der Töpfer und wir sind der Ton. Wir sind das Werk Seiner Hände, mit denen Er uns formt (s. Jes 64,7). Wir sind in Seiner Hand. Ja, noch mehr als das: Wir sind sogar in Seine beiden Handflächen eingezeichnet (s. Jes 49,16). Das bedeutet, dass Gott uns nie vergisst und dass wir in Seiner mächtigen Hand in völliger Sicherheit sind.

Jesus Christus hat denen, die an Ihn glauben, ewiges Leben gegeben und über die Gläubigen gesagt:

„Sie gehen nicht verloren in Ewigkeit, und niemand wird sie aus meiner Hand rauben. Mein Vater, der sie mir gegeben hat, ist größer als alles, und niemand kann sie aus der Hand meines Vaters rauben" (Joh 10,28.29). Größere Sicherheit gibt es nicht!

Außerdem ist Seine starke Hand jetzt segnend für uns tätig. Sie bewahrt uns, sie leitet uns und sie unterstützt uns im Kampf. Das wird uns schon im Alten Testament bildlich gezeigt. Als Israel gegen Amalek kämpfte, hatten sie immer dann die Oberhand, wenn Mose seine Hand erhob (s. 2. Mo 17,11).

Das lässt uns an die letzte Szene im Lukas-Evangelium denken. Während Jesus Christus sich dort von Seinen Jüngern verabschiedet und zurück in den Himmel geht, erhebt Er Seine Hände und segnet sie.

Die Jünger müssen in diesem Augenblick noch einmal die Wunden des Kreuzes in Seinen liebenden Händen gesehen haben. Dann wird Er mit segnenden, erhobenen Händen in den Himmel aufgenommen (s. Lk 24,50), wo Er jetzt lebt, um sich als Hoherpriester für uns zu verwenden (s. Heb 7,25)! Wir sind wirklich mehr als Überwinder durch den, der uns geliebt hat (s. Röm 8,37)!

Dem Volk Israel hat Gott einmal zwei rhetorische Fragen gestellt: „Ist meine Hand etwa zu kurz zur Erlösung? Oder ist in mir keine Kraft, um zu erretten?" (Jes 50,2). Die Antwort war natürlich jedes Mal: „Nein". Gott antwortet ihnen praktisch selbst und sagt:

Ich habe viele Dinge in Händen gehalten, und ich habe sie alle verloren. Doch alles, was ich in Gottes Hände gelegt habe, besitze ich heute noch.
(M. Luther)

„Siehe, die Hand des HERRN ist nicht zu kurz, um zu retten, und sein Ohr nicht zu schwer, um zu hören; sondern eure Ungerechtigkeiten haben eine Scheidung gemacht zwischen euch und eurem Gott, und eure Sünden haben sein Angesicht vor euch verhüllt, dass er nicht hört" (Jes 59,1.2).

Es kann also sein, dass wir Gottes Wirken durch ungerichtete Sünden in unserem Leben unterdrücken. Vielleicht würde Er viel mehr in und durch uns tun, wenn wir Selbstgericht üben und Ihm unsere Sünden bekennen!

Nachdem das Volk Israel immer wieder gemurrt hat, verspricht Gott, dass Er ihnen in der Wüste jeden Tag Fleisch zu essen geben wird. Mose kann sich nicht erklären, wie das für ein Volk von 600.000 Mann geschehen soll.

Daraufhin stellt Gott wieder die rhetorische Frage: „Ist die Hand des Herrn zu kurz?" (4. Mo 11,23). Mit anderen Worten ausgedrückt: „Habe ich nicht die Reichweite, auch diesen Bedürfnissen zu begegnen?" Gott hat die Wasser der Erde mit Seiner hohlen Hand gemessen und die Himmel mit einer Handspanne abgegrenzt (s. Jes 40,12). Seine Hand ist definitiv nicht zu kurz!

> „... damit alle Völker der Erde die Hand des Herrn erkennen, dass sie stark ist."
> (Jos 4,24)

Außerdem hatte Er doch am Roten Meer, im Kampf gegen Amalek und auch in der Wüste bereits eindrücklich unter Beweis gestellt, was Seine starke Hand für das Volk zu tun vermag.

Die Hand des Herrn ist nicht das eine Mal stark und ein anderes Mal schwach. Als ob Er auf wunderbare Weise über das Rote Meer befehlen kann, um Sein Volk in Sicherheit zu bringen, aber nicht in der Lage wäre, ihnen Brot zur Ernährung zu geben!

Das Gleiche sehen wir, wenn es um die Eroberung des Landes Kanaan geht. Obwohl die Israeliten gesehen hatten, wie die rechte Hand Gottes, die Ägypter am Roten Meer zerschmetterte (s. 2. Mo 15,6), fürchteten sie sich vor den Riesen – den Enakim –, die in Kanaan wohnten. Also ob die Riesen für den HERRN zu stark wären, während die Ägypter zu schwach für Ihn gewesen sind.

Deshalb sollten wir uns immer an das erinnern, was der Herr bereits für uns getan hat. Das hilft uns, Ihm und Seiner göttlichen Kraft in aktuellen Prüfungen zu vertrauen (s. Mk 8,19-21)!

> *Welche anderen Bibelstellen fallen dir ein, die uns zeigen, wie stark und mächtig die Hand des Herrn ist? Lies Esra 7 + 8 und schau dir an, in welchem Zusammenhang dort von der Hand Gottes gesprochen wird. Was sagt dir Jesaja 14,27 über die Macht der Hand Gottes? Welche Erfahrung hat Petrus mit der mächtigen Hand des Herrn Jesus gemacht und was bedeutet das für dein Glaubensleben? Wie kann man sich unter die mächtige Hand Gottes demütigen (s. 1. Pet 5,6)?*

Notizen:

....

....

....

....

....

....

....

....

Gottes Kraft in unserem Leben

„Da seine göttliche Kraft uns alles zum Leben und zur Gottseligkeit geschenkt hat." (2. Pet 1,3)

Es ist beeindruckend, wie eng das Leben eines Christen mit der Kraft Gottes verbunden ist. Es beginnt mit dem Evangelium, von dem Paulus schreibt: „Es ist Gottes Kraft zum Heil jedem Glaubenden" (Röm 1,16). Das Wort, das hier für Kraft gebraucht wird, ist Dynamit!

Das Evangelium hat eine gewaltige, verändernde Kraft. Es bringt Menschen von der Finsternis zum Licht, vom Tod zum Leben, von der Sklaverei Satans zur Freiheit der Söhne Gottes, von dem Weg zur Hölle auf den Weg zum Himmel und von der ewigen Verdammnis zur ewigen Herrlichkeit.

Denen, die verloren gehen, ist das Wort vom Kreuz Torheit. Aber uns, die errettet werden, ist es Gottes Kraft (s. 1. Kor 1,18)!

Wir waren tot in unseren Sünden; aber Gott hat uns mit dem Herrn Jesus Christus lebendig gemacht und auferweckt. Nichts anderes als die überragende Größe der Kraft Gottes konnte so etwas Gewaltiges bewirken (s. Eph 1,19).

Aber auch in der Gegenwart schenkt Gott uns täglich neue geistliche Kraft. Damit wir in Prüfungen nicht einknicken oder mutlos werden, möchte Er uns mit aller Kraft kräftigen – nach der Macht Seiner Herrlichkeit (s. Kol 1,11).

Oft merken wir das gar nicht, aber trotzdem ist es eine geistliche Realität. Wir sind auf Gottes Kraft angewiesen – jeden Tag!

Paulus hat das oft erlebt. Er hat gelernt, Überfluss zu haben und Mangel zu leiden. Durch Höhen und durch Tiefen zu gehen. In Freiheit oder im Gefängnis zu sein. Wie auch immer die Umstände sein mochten, er konnte sagen: „Alles vermag ich in dem, der mich kräftigt" (Phil 4,13).

Der Herr Jesus hat für Petrus gebetet, damit sein Glaube nicht aufhört. Das Gebet wurde wunderbar erhört, wie die Apostelgeschichte zeigt!

Den Gläubigen, die wegen ihres Glaubens verfolgt wurden, schreibt der Apostel: „... die ihr durch Gottes Macht durch Glauben bewahrt

Auch in den unbedeutenden Dingen des täglichen Lebens steht uns die unendliche Fülle der Liebe und der Kraft Gottes zur Verfügung. (C. ten Boom)

werdet zur Errettung" (1. Pet 1,5). Ohne die bewahrende Macht Gottes würde unser Glaube zusammenbrechen!

Außerdem ermahnt Petrus uns, auch im Dienst für den Herrn von der Kraft Gottes abhängig zu sein. Wenn wir dienen, dann soll das nicht aus eigener Kraft geschehen, sondern in der Kraft, die Gott uns gibt (s. 1. Pet 4,11). Denn dann bekommt Gott auch für alles, was wir tun, die Ehre!

Vor dem Kommen des Heiligen Geistes vertraute Simon Petrus auf seine eigene Kraft. Deshalb versagte er auch schreckliche Weise, indem er Seinen Meister dreimal verleugnete. Doch als er an Pfingsten mit dem Heiligen Geist erfüllt wurde, hielt Er in der Kraft des Geistes die erste christliche Predigt – vor 3000 Juden!

Der Heilige Geist gibt auch uns täglich die Kraft, um von Christus zu zeugen. Das ist ein Grund, warum Christus Ihn gesandt hat.

Die Apostel sollten so lange in Jerusalem bleiben, bis sie durch den Geist göttliche Kraft bekamen. In der Kraft des

Heiligen Geistes sollte sie Zeugen Jesu sein, „sowohl in Jerusalem als auch in ganz Judäa und Samaria und bis an das Ende der Erde" (Apg 1,8).

Außerdem gibt uns der Geist Gottes täglich Kraft, damit wir nicht sündigen. Wenn wir in der Kraft des Geistes leben, dann überwinden wir und werden das tun, was Gott gefällt (s. Gal 5,16)!

„Der Gott, der mich mit Kraft umgürtet und vollkommen macht meinen Weg." (Ps 18,32)

Auch das Ende unseres Weges hier auf der Erde ist von Kraft gekennzeichnet. Wir warten darauf, dass Jesus Christus als Retter vom Himmel wiederkommt, um uns zu sich zu nehmen (s. Phil 3,20). Und was dann bei der Entrückung geschehen wird, ist gewaltig:

Er wird unseren sterblichen Körper umgestalten und uns einen Auferstehungskörper geben. Das alles geschieht, durch eine wirksame Kraft, die so gewaltig ist, dass Er sich durch sie einmal alle Dinge unterwerfen wird (s. Phil 3,21)!

Die Gläubigen, die bereits in Christus entschlafen sind, werden die großartige Kraft Seiner Auferstehung erleben. Deshalb schreibt Paulus: „Es wird gesät in Schwachheit, es wird auferweckt in Kraft" (1. Kor 15,43).

Unser Glaubensleben beginnt mit Kraft, es ist durch Gottes Kraft gekennzeichnet und es endet hier auf der Erde mit göttlicher Kraft – wenn Jesus Christus wiederkommt!

„Der Gott aller Gnade aber, der euch berufen hat zu seiner ewigen Herrlichkeit in Christus Jesus, nachdem ihr eine kurze Zeit gelitten habt, er selbst wird euch vollkommen machen, befestigen, kräftigen, gründen." (1. Pet 5,10)

> *Auf welche andere Weise zeigt sich die Kraft Gottes im Leben eines Christen? Lies Jeremia 23,29, Apostelgeschichte 20,24 und Lukas 1,37 (Fußnote) und erkläre was für eine kraftvolle Wirkung von dem lebendigen Wort Gottes ausgeht. Wie würdest du Epheser 3,20 mit eigenen Worten erklären und das bedeutet dieser Vers für dein Glaubensleben? Was können wir dafür tun, um Gottes Kraft mehr zu erleben (lies dazu: Ps 138,3; 84,6.8; Jes 40,31; 2. Kor 12,9)?*

Notizen:

....

....

....

....

....

....

....

....

....

....

....

....

....

Gott kann!

„Herr, wenn du willst, kannst du ..." (Mt 8,2)

Je mehr wir wissen, was Gott tun kann, umso mehr werden wir ermutigt, auch viel von Ihm zu erwarten. Es hilft uns, in Prüfungen und Herausforderungen in dem Bewusstsein zu ruhen, was Er alles vermag – auch wenn Er vielleicht manchmal anders handelt als wir uns das vorstellen!

Wenn du mit sündigen Gewohnheiten zu kämpfen hast, dann denk daran, dass Gott dich durch Sein Evangelium befestigen kann (s. Röm 16,25).

Wenn du das, was in Römer 6-8 geschrieben steht, im Glauben auf dein Leben anwendest und entsprechend handelst, dann wirst du Befreiung von der Macht der Sünde erleben!

Wenn du unter Druck bist, dich schwach, einsam, erschöpft oder müde fühlst, dann vergiss nicht, dass du einen Hohenpriester hast, der dich aus eigener Erfahrung bestens versteht und wirklich Mitleid mit dir haben kann (s. Heb 4,15).

> **„Siehe, ich bin der Herr, der Gott allen Fleisches; sollte mir ein Ding unmöglich sein?"** (Jer 32,27)

Wenn du von Satan angegriffen und versucht wirst, dann nimm Zuflucht zu Christus. Er ist 40 Tage lang vom Teufel unter schwierigsten Bedingungen angegriffen worden. Er kann dir helfen! „Denn worin er selbst gelitten hat, als er versucht wurde, vermag er denen zu helfen, die versucht werden" (Heb 2,18).

Wenn du niedergeschlagen und enttäuscht bist, dann denke daran: Da ist ein Mensch in der Herrlichkeit, der dich sicher ans Ziel bringen kann. Er lebt im Himmel, um sich für dich zu verwenden (s. Heb 7,25).

Wenn du durch Prüfungen gehst und nicht mehr weißt, woher die Rettung kommen soll, dann mach dir bewusst, dass es keinen anderen Gott gibt, der auf so eine wunderbare Weise zu erretten vermag, wie es die drei Freunde Daniels erlebt haben (s. Dan 3,29).

Wenn du dir um einen Bruder oder eine Schwester Sorgen machst, weil er oder sie schwach im Glauben ist, dann fasse Mut: „Denn der Herr vermag ihn aufrecht zu halten" (Röm 14,4).

In den letzten Tagen, in denen immer mehr falsche Lehre kursiert und Christen in die Irre geleitet werden, können wir uns an den Herrn klammern und darauf vertrauen, dass Er uns „ohne Straucheln zu bewahren und vor seiner Herrlichkeit untadelig darzustellen vermag" (Judas 24).

Wenn Gott dir ein Versprechen gegeben hat, dann sei voller Gewissheit, „dass er, was er verheißen hatte, auch zu tun vermag" (Röm 4,21). Abraham hatte Vertrauen in die Treue Gottes und in Seine Allmacht, „wobei er urteilte, dass Gott auch aus den Toten aufzuerwecken vermag" (Heb 11,19).

Wenn du Sorgen hast, dass es dir im Dienst für den Herrn an etwas fehlen könnte, dann lies den folgenden Vers: „Gott aber vermag jede Gnade gegen euch überströmen zu lassen, damit ihr in allem, allezeit alle Genüge habend, überströmend seid zu jedem guten Werk" (2. Kor 9,8).

Und wenn du dich unfähig fühlst, einen Auftrag für Gott zu erfüllen, dann vergiss nicht, dass Er „über alles hinaus zu tun vermag, über die Maßen mehr, als was wir erbitten oder erdenken, nach der Kraft, die in uns wirkt" (Eph 3,20).

Je mehr du dich mit der Allmacht Gottes beschäftigst, umso mehr wirst du von dem, was Er zu tun vermag, beeindruckt sein. Ihm sind keine

> **Wenn Gott etwas getan haben will, dann gibt Er auch die Kraft dazu. Gottes Wille wird nie etwas von uns verlangen, wozu Er nicht die Kraft gibt.**
> (W. MacDonald)

Grenzen gesetzt. Für Ihn ist kein Ding unmöglich. Wenn wir das im Glauben ergreifen, können wir Mut fassen und sagen: „Ich weiß, dass du alles vermagst und kein Vorhaben dir verwehrt werden kann" (Hiob 42,2).

Es ist in diesem Zusammenhang interessant, dass Gottes Wort sagt: „Das inbrünstige Gebet eines Gerechten vermag viel" (Jak 5,16).

„Wenn wir uns von einer Organisation abhängig machen, bekommen wir, was Organisationen erreichen können. Wenn wir uns auf Bildung verlassen, erhalten wir, was uns die Bildung geben kann. Wenn wir von Menschen abhängig sind, erhalten wir, was Menschen zustande bringen. Aber wenn wir uns auf das Gebet verlassen, bekommen wir das, was Gott vermag." (A.C. Dixon)

> *Warum teilt die Bibel uns an so vielen Stellen mit, was Gott zu tun vermag? Welche Auswirkungen sollte das auf dein Glaubensleben haben? Welche anderen Stellen (auch aus dem Alten Testament) fallen dir ein, die sagen, dass Gott etwas zu tun vermag?*

Notizen:

....

....

....

....

....

....

Gottes Kraft wird in Schwachheit vollbracht

„Deshalb habe ich Wohlgefallen an Schwachheiten, an Schmähungen, an Nöten, an Verfolgungen, an Ängsten für Christus; denn wenn ich schwach bin, dann bin ich stark." (2. Kor 12,10)

Weil Gott allmächtig ist, gibt es für Ihn kein „leicht" oder „schwer". Er kann eine Sonne, einen Stern oder eine Galaxie genauso leicht erschaffen, wie Er einen Sperling aus Seinem Nest heben kann.

Dennoch zögern wir manchmal, Gott darum zu bitten, schwierige Dinge zu tun. Wir trauen Ihm eher die einfachen Sachen zu. Aber das ist ein Trugschluss!

Als der König Asa einem Feind gegenüberstand, der doppelt so stark war wie er, betete er:

„HERR, um zu helfen ist bei dir kein Unterschied zwischen dem Mächtigen und dem Kraftlosen! Hilf uns, HERR, unser Gott! Denn wir stützen uns auf dich, und in deinem Namen sind wir gegen diese Menge gezogen. Du bist der HERR, unser Gott; lass den Menschen nichts gegen dich vermögen!" (2. Chr 14,10).

Für Gott gibt es keinen Unterschied, dem Mächtigen oder dem Kraftlosen zu helfen. Deshalb sagt Jonathan auch zu seinem Waffenträger: „Für den HERRN gibt es kein Hindernis, durch viele zu retten oder durch wenige" (1.Sam 14,6).

> **„Ein König wird nicht gerettet durch die Größe seines Heeres; ein Held wird nicht befreit durch die Größe der Kraft."** (Ps 33,16)

So wie Gott Seine Weisheit groß macht, indem Er Menschen gebraucht, denen Weisheit mangelt, so verherrlicht

Er sich in Seiner Kraft, indem Er schwache menschliche Gefäße benutzt, durch die Seine Kraft wirksam wird.

Wie Paulus schreibt: „Wir haben aber diesen Schatz in irdenen Gefäßen, damit die Überfülle der Kraft sei Gottes und nicht aus uns" (2. Kor 4,7).

Die Unvollkommenheit des Instruments lässt die Fähigkeit dessen, der es benutzt, um etwas Wunderbares damit zu tun, nur umso mehr hervorstrahlen.

Dafür gibt es viele Beispiele in der Bibel: Gott wartete, bis es völlig aussichtslos erschien, dass Abraham und Sara noch einen Sohn haben konnten. Erst dann griff Er ein, offenbarte Seine Allmacht und gab ihnen Isaak.

Er führte die Israeliten in eine scheinbare Sackgasse: Zur Linken Berge, zur Rechten Berge, vor ihnen das Rote Meer und hinter ihnen der Pharao mit seiner Armee, die immer näherkamen. Doch als sie völlig verzweifelt zu Gott schrien, handelte der HERR mit gewaltiger Macht und rettete sie.

Gott benutzte weder 32.000 Mann, noch 10.000 Mann, sondern lediglich 300 Mann, um die Midianiter zu schlagen. Warum? Er selbst gibt die Antwort: „Damit Israel sich nicht gegen mich rühme und spreche: Meine Hand hat mich gerettet!" (Ri 7,2).

> **Nicht unsere Schwachheit, sondern unsere vermeintliche Kraft ist für Gott oft ein Hindernis, uns zu gebrauchen.**
> (A. Fernando)

Wen hat der HERR dazu benutzt, um den mächtigen Riesen Goliath zu bezwingen? David, den jungen Hirten. Er war mit der Schleuder und dem Stein stärker als der Philister, weil Gott für ihn kämpfte (s. 1. Sam 17,50).

Als Paulus und Silas mit blutig geschlagenem Rücken und den Füßen im Stock im Gefängnis saßen, schien ihre Mission in Europa gescheitert zu sein. Doch Gott wartete nur darauf, dass sie um Mitternacht zu singen begannen, um mächtig einzugreifen und den Kerkermeister mit seinem ganzen Haus zu retten!

Manchmal stellt man sich Paulus als jemanden vor, der durch seine Anwesenheit und sein Auftreten andere beeindruckt hat. Aber das war überhaupt nicht der Fall (s. 2. Kor 10,10; Gal 4,13). Den Korinthern schreibt er:

„Und ich war bei euch in Schwachheit und in Furcht und in vielem Zittern; und meine Rede und meine Predigt war nicht in überredenden Worten der Weisheit, sondern in Erweisung des Geistes und der Kraft, damit euer Glaube nicht auf Menschenweisheit beruhe, sondern auf Gottes Kraft" (1. Kor 2,3-5).

Damit Paulus sich nicht überhebt, gab Gott ihm einen Stachel für das Fleisch – etwas, das ihn seine eigene Schwachheit spüren ließ. Als der Apostel dafür betete, dass Gott es wegnehmen soll, bekam er die Antwort:

„Meine Gnade genügt dir, denn meine Kraft wird in Schwachheit vollbracht" (2. Kor 12,9).

Dort, wo die menschliche Kraft zu Ende kommt, wird die Kraft Gottes wirksam, „damit sich vor Gott kein Fleisch rühme" (1. Kor 1,29).

Als Paulus diese Wahrheit im Glauben erfasste, änderte sich seine Sicht im Blick auf seine Schwachheit vollständig. Anstatt dafür zu beten, dass Gott ihn von seinem Dorn befreit, rühmte er sich jetzt seiner Schwachheit und hatte sogar Freude daran.

Wie war das möglich? Weil es Paulus nicht darum ging, ein möglichst angenehmes Leben zu haben, sondern weil er sich danach sehnte, dass Christus an seinem schwachen Körper erhoben wird (Phil 1,20)!

> *Was bedeutet es für dein Glaubensleben, dass Gottes Kraft in Schwachheit vollbracht wird? Welche anderen Beispiele fallen dir ein, in denen dieses Prinzip deutlich wird? Welche Hinderungsgründe siehst du in deinem persönlichen Leben dafür, dass Gott dich gebrauchen kann, und wie kannst du sie aus dem Weg räumen?*

Notizen:

....

....

....

....

....

....

....

....

....

....

....

....

....

DIE ALLWISSENHEIT GOTTES

Der an Wissen Vollkommene

Gott ist allwissend. Er weiß alles. Nichts ist Ihm verborgen. Er kennt die kleinen Dinge und die großen Dinge. Er kennt den Mikrokosmos und den Makrokosmos. Jedes Atom, das existiert, ist Ihm bekannt; genauso wie die größten Galaxien, die es gibt.

Er kennt die ganze Schöpfung bis ins kleinste Detail. Die sichtbare und die unsichtbare Welt. Das, was im Himmel, und das, was auf der Erde ist. Die Pflanzenwelt, die Tierwelt, die Engelwelt und die Menschen.

„Gott kennt sofort, ausnahmslos und ohne Mühe, alle Materie und jedes Geschehen, alle Gedanken und jeden Verstand, alles Geistige und alle Geister, alles Sein und jedes Wesen, die ganze Schöpfung und alle Geschöpfe, die ganze Fülle und jede Vielzahl, alle Gesetze und jede einzelne Regel, alle Beziehungen, alle Ursachen, alle Gedanken, alle Geheimnisse, alle Rätsel, alle Gefühle, alle Wünsche, alles Verborgene, alle Throne und Reiche, alle Persönlichkeiten, alles Sichtbare und Unsichtbare im Himmel und auf der Erde, Bewegung, Raum, Zeit, Leben, Tod, Gut und Böse, Himmel und Hölle." (A.W. Tozer / *The Knowledge of the Holy*)

Das menschliche Gehirn ist von dieser Wahrheit überwältigt. Denn je mehr wir realisieren, wie viel man wissen könnte, umso mehr realisieren wir, wie wenig wir eigentlich wissen.

> „Bei ihm ist Kraft und vollkommenes Wissen." (Hiob 12,16)

Gott hat auch vollkommene Kenntnis über sich selbst. Die Größe Gottes, die für uns unerforschlich ist und unsere Erkenntnis übersteigt, ist Gott bis ins kleinste Detail bekannt. Wie Paulus schreibt: „So weiß auch niemand, was in Gott ist, als nur der Geist Gottes" (1. Kor 2,11).

Zwischen den Personen innerhalb der Gottheit gibt es nichts Verborgenes, denn der Vater kennt den Sohn und der Sohn kennt den Vater (s. Mt 11,27; Joh 10,15).

Weil Gott außerhalb der Zeit existiert, kennt Er alle Dinge auf einmal. Er weiß nicht eine Sache jetzt und eine andere 10 Minuten später. Er sieht alles auf einen Schlag. Er sieht sie aus dem Blickwinkel der Ewigkeit.

Das bedeutet auch, dass Gott nicht lernt. Wer alles weiß und alles kennt, der braucht nichts mehr dazuzulernen! Von wem sollte Er auch lernen? Deshalb fragt Jesaja:

„Wer hat den Geist des HERRN gelenkt und wer als sein Ratgeber ihn unterwiesen? Mit wem beriet er sich, dass er ihm Verstand gegeben und ihn belehrt hätte über den Pfad des Rechts und ihn Erkenntnis gelehrt und ihm den Weg der Einsicht kundgemacht hätte?" (Jes 40,13.14).

Gottes Verstand ist wirklich unergründlich (s. Jes 40,28). Das zeigt uns wiederum, wie klein und begrenzt wir sind.

Am Ende des Buches Hiob werden viele Fragen in Verbindung mit der Schöpfermacht Gottes gestellt. Diese Fragen, auf die Hiob keine einzige Antwort geben kann, verfolgen ein Ziel:

Sie sollen ihm zeigen, dass er Gott und Seine Wege nicht in ihrem vollen Umfang verstehen kann. Das ist einer der Gründe, warum er kein Recht hat, Ihm Vorwürfe zu machen oder Ihn anzuklagen.

Dort heißt es beispielsweise: „Stehe und betrachte die Wunder Gottes! Weißt du, wie Gott sie [die Blitzwolken] belädt und den Blitz seines Gewölks leuchten lässt? Verstehst du dich auf das Schweben der Wolke, auf die Wundertaten des an Wissen Vollkommenen?" (Hiob 37,15.16).

Wenn ein Mensch mit Gott streiten wollte, so könnte er Ihm auf 1000 Fragen auch nicht eine Antwort geben (s. Hiob 9,3). Das hat Hiob selbst erlebt!

David musste sich auf der Flucht in einer Höhle vor seinen Feinden verstecken. Er fühlte sich einsam und elend. Doch im Glauben sagte er: „Als mein Geist in mir ermattete, da kanntest du meinen Pfad" (Ps 142,4). Er hat die schwierigen Umstände aus Gottes Hand angenommen, weil ihm klar war, dass nichts geschah, was der HERR nicht wusste.

> **Für Gottes Allmacht gibt es nichts Unmögliches, und für Gottes Allwissenheit gibt es nichts Unsichtbares.**
> (W. Secker)

Dieses Bewusstsein sollen wir auch haben – besonders, wenn wir durch schwierige Zeiten gehen! Deshalb ist es so ermutigend, was in Psalm 147 steht: „Groß ist unser Herr, und groß an Macht; seiner Einsicht ist kein Maß. Der HERR hält aufrecht die Elenden" (Ps 147,5.6).

Er zählt die Zahl der Sterne – was für Menschen inzwischen nachweislich unmöglich ist (s. Jer 33,22) – und gibt diesen unzählbaren Sternen sogar noch Namen (s. Ps 147,4). Er kennt ihren Radius, ihr Gewicht, ihre Masse, ihre Umlaufbahnen und ihre Bewegung – vom kleinsten verglimmenden Stern, bis zum größten Stern, den es gibt. So groß ist Sein Wissen!

Aber gleichzeitig kennt Er die, die Zuflucht zu Ihm nehmen (s. Nah 1,7). Außerdem heilt Er die, die zerbrochenen Herzens sind und verbindet ihre Wunden (s. Ps 147,3). Was für einen wunderbaren Gott haben wir! – „... unergründlich ist sein Verstand" (Jes 40,28).

Wer könnte besser wissen, wie verwundete Herzen in der richtigen Weise verbunden werden können als der Hirte und Aufseher unserer Seelen (s. 1. Pet 2,25)?

> *Was bringt dich zum Staunen, wenn du über die Allwissenheit Gottes nachdenkst? Was bedeutet es für dein Glaubensleben, dass Gottes Wissen vollkommen ist, während unser Wissen sehr limitiert ist?*

Notizen:

....

....

....

....

....

....

....

....

....

....

....

....

....

....

....

Gott kennt dich durch und durch

„HERR, du hast mich erforscht und erkannt!" (Ps 139,1)

Es gibt niemanden, der dich besser kennt als der lebendige Gott. Lange bevor deine Eltern sich getroffen haben, wusste Er, was du genau in diesem Moment tun würdest. Du kannst zurückdenken, soweit du nur willst: Dein Schöpfer wusste schon immer alles über dich.

Bevor du geboren wurdest, kannte Er bereits jedes Haar, das einmal auf deinem Kopf wachsen würde, jede Zelle in deinem Körper, dein Gewicht, deine Größe, aber auch deinen Charakter, deine Vorlieben, deinen Geschmack und den Werdegang deines Lebens.

Er hat dich im Mutterleib geformt und dir Begabungen und Eigenschaften gegeben, die nur du hast. Er wusste, in welcher Familie oder welchem Umfeld du aufwachsen würdest, und Er kannte jeden einzelnen Menschen, mit dem du jemals Kontakt hattest und haben wirst.

In Psalm 139 schreibt David über wunderbare Wahrheiten, die uns die Allwissenheit, die Allgegenwart und die Allmacht Gottes zeigen. Er beginnt mit den Worten: „HERR, du hast mich erforscht und erkannt!" (Ps 139,1).

David wusste, dass Gott ihn durch und durch kennt – bis ins kleinste Detail. Im Folgenden kommt er auf einzelne Aspekte der Allwissenheit Gottes zu sprechen:

„Du kennst mein Sitzen" (Ps 139,2). Als David einmal von der Gnade des HERRN überwältigt war, setzte er sich in der Gegenwart Gottes nieder und betete (s. 2. Sam 7,18).

> **Wenn du in deine Kammer gehst und die Tür hinter dir und Gott schließt – dann bist du in der Gegenwart dessen, der dich vollkommen kennt!**
> (J.R. Miller)

Gott freut sich darüber, wenn Er uns so sieht! Deshalb hat David auch geschrieben: „Die Augen des HERRN sind auf die Gerechten gerichtet und seine Ohren auf ihr Schreien" (Ps 34,16).

„… und mein Aufstehen" (Ps 139,2). Nachdem David wegen der anhaltenden Bedrohung Sauls mutlos geworden war, schlug er sich auf die Seite der Feinde des Volkes Gottes. Von da an ging es für ihn immer weiter bergab, bis er irgendwann kraftlos unter Tränen am Boden lag.

Doch als er am tiefsten Punkt angekommen war, stärkte er sich in dem HERRN, seinem Gott – und stand wieder auf (s. 1. Sam 30,6). Das war der Wendepunkt. Jetzt ging es für ihn wieder bergauf!

Leider kommt es im Leben von Christen vor, dass sie straucheln (s. Jak 3,2). Aber gerade dann gilt: „Der Gerechte fällt siebenmal und steht wieder auf" (Spr 24,16). Gott sieht es, wenn wir fallen – doch Er hilft uns auch, wieder aufzustehen!

„Du verstehst meine Gedanken von fern" (Ps 139,2). Gott weiß ganz genau, was uns beschäftigt. Er kennt jede Sorge, die durch unseren Kopf wandert. Deshalb weiß Er auch, wie Er sie uns am besten abnehmen kann.

Wie David in einem anderen Psalm sagt: „Bei der Menge meiner Gedanken [Sorgen] in meinem Innern erfüllten deine Tröstungen meine Seele mit Wonne" (Ps 94,19).

„Du sichtest mein Wandeln" (Ps 139,3). David hielt sich viel in der Gegenwart Gottes auf – vor Seinem Angesicht (s. Ps 27,8). Sein Wandel beziehungsweise Leben war darauf ausgerichtet, den HERRN zu betrachten und Ihn für Seine Herrlichkeit zu bewundern (s. Ps 27,4). Gott sah das – und Er nannte David einen Mann nach Seinem Herzen (s. Apg 13,22)!

„… und mein Liegen" (Ps 139,3). David hat mit der Frau Urias Hurerei getrieben – er lag bei ihr. Danach ließ er Uria umbringen. Nachdem Gott ihn seiner Sünden überführt hatte, tat David aufrichtig Buße.

In diesem Zusammenhang wird auch erwähnt, dass er auf der Erde lag (s. 1. Sam 12,16). Gott sah, dass Davids Geist zerbrochen und Sein Herz zerschlagen war – und dieses Opfer hat Er angenommen (s. Ps 51,19).

„… und bist vertraut mit allen meinen Wegen" (Ps 139,3). Es gibt keinen Menschen in der Bibel, von dem so oft erwähnt wird, dass er den Herrn befragte, wie David.

Solange er mit reinem Gewissen vor dem Herrn lebte, gab Gott ihm Gelingen auf allen seinen Wegen – denn der Herr war mit ihm (s. 1. Sam 18,14). Auch in schwierigen Zeiten wusste David, dass der Herr seinen Pfad kennt (s. Ps 142,4).

> **Gott weiß, wer du bist, was du bist, wo du bist, was du brauchst und was Er mit dir tun wird. Aber das ist noch besser: Er kennt dich! Das ist genug!**
> (D. Fortner)

„Denn das Wort ist noch nicht auf meiner Zunge, siehe, Herr, du weißt es ganz" (Ps 139,4). David war sich bewusst, dass Gott jedes Wort hörte, dass er sprach. Ja, dass Er es sogar schon wusste, bevor es über seine Lippen kam.

Dieses Bewusstsein über die Allwissenheit Gottes hat sicherlich mit dazu beigetragen, dass er betete: „Setze, Herr, meinem Mund eine Wache, behüte die Tür meiner Lippen!" (Ps 141,3) und: „Lass die Reden meines Mundes und das Sinnen meines Herzens wohlgefällig vor dir sein" (Ps 19,15).

> *Was bewirkt der Gedanke bei dir, dass Gott dich durch und durch kennt? David beendet den wunderbaren Psalm 139 mit einem Gebet (s. Ps 139,23.24). Was für eine Herzenshaltung wird darin deutlich und wie kannst du sie auf dein Leben anwenden?*

Notizen:

....

....

....

....

....

....

....

....

....

....

....

....

....

....

....

....

....

....

Gott kennt die Zukunft

„Das Frühere, siehe, es ist eingetroffen, und Neues verkündige ich; ehe es hervorsprosst, lasse ich es euch hören." (Jes 42,9)

Niemand kennt die Zukunft außer einer: Der lebendige Gott! Ihm ist von Anfang an das Ende einer Sache bekannt. Ja, Er weiß bereits alles, lange bevor es überhaupt beginnt. Im Propheten Jesaja sagt Er:

„Erinnert euch an das Frühere von der Urzeit her, dass ich Gott bin, und sonst ist keiner, dass ich Gott bin und gar keiner wie ich; der ich von Anfang an das Ende verkünde und von alters her, was noch nicht geschehen ist" (Jes 46,9.10).

Menschen können Vermutungen anstellen, was in der Zukunft geschehen wird. Aber bei Gott gibt es kein vages Mutmaßen. Keine Spekulationen. Seine Vorhersagen gehen immer zu 100% in Erfüllung.

Er hat viele prophetische Ankündigungen gemacht, die sich dann genauso erfüllt haben. Dadurch hat Er wiederholt unter Beweis gestellt, dass Er allein der wahrhaftige Gott ist – im Gegensatz zu den toten Götzen, die von Israel verehrt wurden:

„Ich habe das Frühere lange zuvor verkündet, und aus meinem Mund ist es hervorgegangen, und ich habe es hören lassen; plötzlich tat ich es, und es traf ein ... Das Frühere, siehe, es ist eingetroffen, und Neues verkündige ich; ehe es hervorsprosst, lasse ich es euch hören" (Jes 48,3; 42,9).

Ein Beispiel dafür ist Gottes Ankündigung über Kores, den König von Persien. 100 Jahre bevor Kores auftritt, nennt Gott ihn in Jesaja 45,1 bereits mit Namen. Kein Mensch

Gott kennt dein Gestern, gib ihm dein Heute, er sorgt für dein Morgen!
(E. Modersohn)

kann wissen, wer in 100 Jahren regieren wird!

Im Alten Testament hat Gott viele prophetische Hinweise über den kommenden Messias – Jesus Christus – aufschreiben lassen. Seine Jungfrauengeburt (s. Jes 7,14), Seinen Geburtsort (Mich 5,2), Seinen Dienst und die Wunder, die Er getan hat (s. Jes 61,1), Seine Kreuzigung (s. Ps 22,16).

Seine Grablegung (s. Jes 53,9), Seine Auferstehung (s. Ps 16,10.11), Seine Himmelfahrt (Ps 68,19), Seine Verherrlichung zur Rechten Gottes (s. 110,1) und vieles mehr. Alles ist buchstäblich genauso in Erfüllung gegangen!

Man könnte noch viele weitere Beispiele von erfüllten Prophetien in der Bibel geben, aber das würde hier den Rahmen sprengen.

Wir sollen wissen: Gott kennt die Zukunft! Und nicht nur die des Weltgeschehens, sondern auch die Zukunft deines Lebens. Er weiß, was während deiner Zeit auf der Erde noch vor dir liegt, und Er kennt das, was im Himmel auf dich wartet!

Hast du schon mal darüber nachgedacht, dass Gott durch nichts und niemanden überrascht werden kann? Er weiß ja alles im Voraus.

Wenn du um die nächste Straßenecke gehst, kann es sein, dass du die Überraschung deines Lebens triffst. Aber das ist bei Gott unmöglich – Er weiß genau, was hinter der nächsten Straßenecke wartet!

Er wusste auch genau, was in Kanaan auf Abraham wartete, als Er ihn in Mesopotamien dazu berief, seine Verwandtschaft zu verlassen und sich auf den Weg zu machen – ohne zu wissen, wohin die Reise geht.

Für Abraham war es ein Schritt ins Ungewisse. Aber Gott kannte alles, was Abraham auf dem Weg und im Land begegnen würde. Sein Plan war bereits fertig.

> **„Sieht er nicht meine Wege und zählt alle meine Schritte?"** (Hiob 31,4)

Gerade in Situationen, in denen du nicht mehr weiter weißt, sollst du dir bewusst machen: „Gott weiß den Weg, Gott weiß genau, wie es weitergeht!" Er wusste schon immer, dass du einmal genau in diese Situation kommen würdest.

Er hat damit einen Plan – und Er kommt zu seinem Ziel! Weil Gott allwissend ist, können wir ihm unsere Zukunft anvertrauen, denn er kennt sie. Er gestaltet sie sogar!

Er kennt auch genau den Zeitpunkt, in dem Jesus Christus wiederkommen wird, um uns zu sich in den Himmel zu nehmen. Außerdem hat Er uns mitgeteilt, was danach ganz sicher auf uns wartet:

- Der Richterstuhl des Christus – wo es Lohn geben wird.
- Die Hochzeit des Lammes – bei der wir als Seine Braut ewig mit Ihm vereint und die Beziehung zu unserem himmlischen Bräutigam genießen werden.
- Das 1000-jährige Friedensreich – in dem wir mit Christus, an Seiner Seite, regieren werden.
- Der ewige Zustand – ein neuer Himmel und eine neue Erde, in denen Gerechtigkeit wohnt.
- Das Haus des Vaters – in dem ewige Freude auf uns wartet.

> *Was bedeutet die Tatsache, dass Gott die Zukunft kennt, für dein Glaubensleben? Welche anderen Prophezeiungen aus der Bibel fallen dir ein, die sich bereits erfüllt haben? Was sagen dir erfülle Prophetien über die Zuverlässigkeit Gottes hinsichtlich der Zusagen, die noch nicht erfüllt sind?*

Notizen:

....

....

....

....

....

....

....

....

....

....

....

....

....

....

....

....

Der Herzenskenner

„Denn der HERR erforscht alle Herzen, und alles Gebilde der Gedanken kennt er." (1. Chr 28,9)

Gott kennt dein Herz. Er kennt deine Gedanken, deine Gefühle, deine Motive, deine Wünsche und deine Geheimnisse. Er kennt dich besser, als du dich selbst kennst. Du bist vor Ihm wie ein aufgeschlagenes Buch.

„Der Mensch sieht auf das Äußere, aber der HERR sieht auf das Herz" (1. Sam 16,7). Das ist ein wichtiger Grundsatz, den wir unbedingt verinnerlichen müssen! Gott ist das Herz, d.h. der Sitz des Willens und der Zuneigungen, viel wichtiger als eine äußere Form.

Es will, dass wir Ihm den Thron unserer Herzen geben. Er möchte, dass wir Ihn lieben und aus Liebe zu Ihm Seinen Willen tun. Er ist der Herzenskenner (s. Apg 15,8), der die Herzen erforscht (s. Jer 17,10).

Gott sucht nach Herzen, die Ihm kompromisslos geweiht sind – die voll und ganz für Ihn schlagen! Genau das war die Botschaft von Hanani an Asa:

„Die Augen des HERRN durchlaufen die ganze Erde, um sich mächtig zu erweisen an denen, deren Herz ungeteilt auf ihn gerichtet ist" (2. Chr 16,9). Das ist auch heute noch so!

Gott verabscheut eine äußere falsche Darstellung ohne innere Realität. Gerade deshalb hat Jesus Christus die Pharisäer so scharf kritisiert. Mit welchem Ernst hat Er damals den Schleier gelüftet und ihnen gesagt:

"Ihr seid es, die sich selbst vor den Menschen als gerecht hinstellen, Gott aber kennt eure Herzen; denn was unter Menschen hoch ist, ist ein Gräuel vor Gott" (Lk 16,15).

„Denn der Herr ist hoch, und er sieht den Niedrigen, und den Hochmütigen erkennt er von fern."
(Ps 138,6)

Das sind warnende Worte, die auch wir uns zu Herzen nehmen müssen! Menschliche Sprichwörter sagen: „Irren ist menschlich" oder „der Schein trügt". Doch Gott erkennt die Dinge so, wie sie wirklich sind.

Bei Ihm gibt es keine Fehlinterpretation der Umstände, keine verzehrte Wahrnehmung. Er kennt auch niemals nur die halbe Geschichte.

Das gilt auch für unsere Motive. Dem Herrn geht es nicht nur darum, was wir tun. Ihm geht es vor allem darum, warum wir es tun!

Die Pharisäer gaben Almosen, beteten und fasteten. Äußerlich alles bestens. Aber Gott sah tiefer. Er wusste, dass sie es nur taten, um von den Menschen gesehen zu werden und von ihnen Ehre zu bekommen (s. Mt 6,1-6).

Deshalb ist es wichtig, dass wir unsere Motive aufrichtig vor Gott prüfen. Das können wir beispielsweise tun, indem wir uns von Seinem Wort durchleuchten lassen.

„Denn das Wort Gottes ist lebendig und wirksam und schärfer als jedes zweischneidige Schwert und durchdringend bis zur Scheidung von Seele und Geist, sowohl der Gelenke als auch des Markes, und ein Beurteiler der Gedanken und Überlegungen des Herzens" (Heb 4,12).

Gleichzeitig sollten wir uns davor hüten, anderen Christen leichtfertig schlechte Motive zu unterstellen. Denn Gott allein kann in die Herzen schauen. Deshalb sagte Paulus zu den Korinthern:

„So urteilt nicht irgendetwas vor der Zeit, bis der Herr kommt, der auch das Verborgene der Finsternis ans Licht bringen und die Überlegungen der Herzen offenbaren wird; und dann wird einem jeden sein Lob werden von Gott" (1. Kor 4,5).

Gott wird das belohnen, was wir mit einer guten Motivation für Ihn getan haben!

Es kann aber auch sein, dass wir uns selbst gar darüber bewusst sind, dass wir eine falsche Herzenshaltung oder Einstellung haben. David war ein reines Herz so wichtig, dass er betete: „Von verborgenen Sünden reinige mich!" (Ps 19,13). Vorbildhaft – auch für uns!

Gott kennt auch unsere Wünsche. Er weiß, was wir gerne für Ihn tun würden. David hatte den Wunsch, dem HERRN ein Haus zu bauen. Das war ein guter Wunsch – Gott hat das anerkannt! Trotzdem war es Gottes Wille, dass nicht David, sondern sein Sohn Salomo den Tempel bauen sollte.

> **Gott beurteilt unser Äußeres nach unserem Inneren – Er beurteilt unser Handeln nach unserem Herzen.**
> (R. Venning)

Es gibt vielleicht auch in unserem Leben Dinge, die wir gerne für Gott tun würden, aber nicht können, weil der Herr einen anderen Plan für uns hat. Dann können wir sicher sein, dass Gott trotzdem das Verlangen in unseren Herzen sieht – und auch wertschätzt!

Er weiß genau, was wir tun können und was nicht. Über Maria hat der Herr Jesus einmal gesagt: „Sie hat getan, was sie vermochte" (Mk 14,8). Sie tat das, was in ihrer Macht stand – und das genau zur richtigen Zeit. Dafür wird sie Lohn bekommen!

Wir können sicher sein: Gott wird sich an alles erinnern, was wir aus Liebe zu Ihm und den Gläubigen getan haben (s. Heb 6,10). Er sieht ins Verborgene – das, was kein Mensch gesehen hat – und wird es uns vergelten (s. Mt 6,1-6).

Weil Er alles sieht, alles kennt und nichts vergisst, werden wir selbst für einen Becher Wasser, den wir in Seinem Namen weitergegeben haben, Lohn bekommen (s. Mt 10,42)!

> *Warum ist es Gott so wichtig, dass wir Ihm unsere Herzen geben (s. Spr 23,26)? Was bedeutet es, ein ungeteiltes Herz zu haben, das nur für Gott schlägt? Wie kannst du dich hinsichtlich deiner Motivation im Dienst von Gott prüfen und korrigieren lassen? Lies in diesem Zusammenhang auch 1. Korinther 13,1-3!*

Notizen:

....

....

....

....

....

....

....

....

....

....

....

....

....

Der Gott des Wissens

„Häuft nicht Worte des Stolzes, noch gehe Freches aus eurem Mund hervor; denn ein Gott des Wissens ist der HERR, und von ihm werden die Handlungen gewogen." (1. Sam 2,3)

Gott kennt unser ganzes Leben. Trotzdem hat Er uns auserwählt und gerettet. Wenn man da einmal in Ruhe drüber nachdenkt, kann man nur staunen!

Gott kannte jeden bösen Gedanken, den wir jemals gedacht haben und noch denken werden, jedes böse Wort, jede böse Tat, jede falsche Herzenshaltung – und trotz dieses Wissens hat Er uns angenommen. Wie dankbar und demütig sollte uns das machen!

Er kannte also unser ganzes Versagen, als Er uns auserwählt hat. Das gibt uns keineswegs einen Freifahrtschein zum Sündigen – denn Gott hasst Sünde –, aber es gibt uns Sicherheit!

Es ist allerdings ein ernster Gedanke, dass wir am Richterstuhl des Christus einmal vor Gott Rechenschaft über unser Leben abgeben werden (s. 2. Kor 5,10; Röm 14,10). Dort werden wir unser Leben mit den Augen Gottes sehen!

Wir werden dort zwar nicht verurteilt, weil der Richter selbst unsere Strafe bereits getragen hat, aber trotzdem bleibt wahr, was der Herr Jesus sagte: „Es ist nichts verborgen, was nicht offenbar werden wird, noch geheim, was nicht erkannt werden und ans Licht kommen wird" (Lk 8,17).

Alles kommt ans Licht! Das machen auch die folgenden Worte des Herrn deutlich:

„Es ist aber nichts verdeckt, was nicht aufgedeckt, und verborgen, was nicht erkannt werden wird. Deswegen wird alles, was ihr in der Finsternis gesprochen habt, im Licht gehört werden, und was ihr in den Kammern ins Ohr geredet habt, wird auf den Dächern verkündet werden" (LK 12,2.3).

„Er weiß, was in der Finsternis ist, und bei ihm wohnt das Licht." (Dan 2,22) Kein menschliches Auge hat den Mord von Kain an seinem Bruder Abel beobachtet. Doch Gott sah es. Sara hat heimlich in ihrem Zelt über die Worte des HERRN gelacht. Sie hat es abgestritten – aber der HERR hat es gehört.

Achan nahm heimlich einen schönen Mantel, Silber und Gold von dem, was zu dem Verbannten der Stadt Jericho gehörte. Er vergrub es in seinem Zelt. Doch Gott hat es ans Licht gebracht.

David hat lange Zeit versucht, seine Sünde zu vertuschen. Doch irgendwann schickte Gott den Propheten Nathan, der David sagte: „Du bist der Mann" (2. Sam 12,7).

Wenn wir versuchen, unsere Sünden zu verbergen, können wir sicher sein, dass Gott uns sagt: „Wisst, dass eure Sünde euch finden wird" (4. Mo 32,23).

Ja, denn „kein Geschöpf ist vor ihm unsichtbar, sondern alles ist bloß und aufgedeckt vor den Augen dessen, mit dem wir es zu tun haben" (Heb 4,13).

Es ist beeindruckend, wie oft Gott uns darauf hinweist, dass wir nicht schlecht reden sollen. Wir sollten immer bedenken: Gott hört alles, was wir sagen. Deshalb steht geschrieben:

„Häuft nicht Worte des Stolzes, noch gehe Freches aus eurem Mund hervor; denn ein Gott des Wissens ist der

HERR, und von ihm werden die Handlungen gewogen" (1. Sam 2,3).

Deshalb hat Jesus Christus gesagt: „Von jedem unnützen Wort, das die Menschen reden werden, werden sie Rechenschaft geben am Tag des Gerichts" (Mt 12,36).

Früher waren wir Finsternis. Aber jetzt sind wir Licht in dem Herrn (s. Eph 5,8). Wenn Christen sündigen, dann sündigen sie mitten im Licht. Eine geheime Sünde auf der Erde ist ein offener Skandal im Himmel!

Denk daran, dass du vor Gott Rechenschaft ablegen musst, sowohl über dein Reden als auch über deine Taten.
(T. Watson)

Wir sollten aber nicht denken, dass Gott uns in dem Sinn beobachtet, dass Er nur darauf aus ist, uns zu bestrafen, wenn Er sieht, dass wir sündigen. Das wäre ein falsches Gottesbild!

Die Tatsache, dass der Herr ein Gott des Schauens ist (s. 1. Mo 16,13), der uns sieht und kennt, sollte uns wohl zur Gottesfurcht bringen, aber nicht in Angst und Schrecken versetzen.

Denn grundsätzlich gilt, dass Gott uns mit liebenden Augen sieht. Isaac Watts hat das als kleiner Junge von einer älteren Dame gelernt.

Sie hatte ihm die Worte „Du Herr, siehst mich" von einem Wandbild abgelesen. Dann sagte sie:

„Mein Junge, wenn du älter wirst, werden dir die Menschen sagen, dass Gott dich beobachtet, wenn du böse bist, um dich zu bestrafen. Ich möchte nicht, dass du so denkst.

Diese Worte sollen dich vielmehr daran erinnern, dass Gott dich so sehr liebt, dass er seine Augen nicht von dir abwenden kann."

Diese Worte hatten einen großen Einfluss darauf, dass er ein fröhliches Christenleben führte!

> *Warum gibt uns die Wahrheit, dass Gott uns auserwählt hat, obwohl Er um jede einzelne Sünde wusste, die wir tun würden, Sicherheit? Was bedeutet es, im Licht des Richterstuhls zu leben, vor dem wir einmal stehen werden? Warum verwendet Jakobus fast ein ganzes Kapitel, um über den richtigen Gebrauch der Zunge zu schreiben? Was kannst du in dieser Hinsicht aus Maleachi 3,16 lernen?*

Notizen:

....

....

....

....

....

....

....

....

....

....

....

....

....

Gott weiß, was du brauchst!

„So seid nun nicht besorgt, ... denn euer himmlischer Vater weiß, dass ihr dies alles nötig habt." (Mt 6,31.32)

Weil Gott dich durch und durch kennt, weiß Er auch am allerbesten, was gut für dich ist. Er weiß, was du brauchst, warum du es brauchst und wann du es brauchst!

Der Herr Jesus hat zu Seinen Jüngern gesagt, dass auch nicht ein Sperling zur Erde fällt, ohne dass der Vater es nicht weiß (s. Mt 10,29). Außerdem hat Er ihnen versichert, dass selbst die Haare auf ihrem Kopf alle von Gott gezählt sind (s. Mt 10,30).

Warum hat Er ihnen diese Dinge mitgeteilt? Um ihnen Mut zu machen! Sie sollten wissen, dass Gottes fürsorgliches Auge ununterbrochen auf sie gerichtet ist.

> **Er weiß, was wir brauchen und was wir haben sollten – und Er wird uns nichts Gutes vorenthalten.**
> (M. Winslow)

Deshalb hat Er ihnen auch wiederholt gesagt, dass sie sich keine Sorgen über ihren Lebensunterhalt machen sollen. Denken wir nur an Seine bekannten Worte:

„So seid nun nicht besorgt, indem ihr sagt: Was sollen wir essen?, oder: Was sollen wir trinken?, oder: Was sollen wir anziehen? Denn nach all diesem trachten die Nationen; denn euer himmlischer Vater weiß, dass ihr dies alles nötig habt" (Mt 6,31.32).

Das Bewusstsein darüber, dass Gott weiß, was wir brauchen, sollte unsere Sorgen vertreiben!

Wie oft hat der Sohn Gottes gezeigt, dass Er selbst alle Bedürfnisse der Menschen kannte! Und wie wunderbar ist Er ihnen begegnet!

Er kannte die ganze sündige Vorgeschichte der samaritischen Frau, die Er am Jakobsbrunnen traf. Er hat ihren geistlichen Durst gestillt und sie mit sanftmütigen Worten für den Himmel gewonnen.

Er wusste genau, welcher Fisch ein Geldstück im Maul hatte, den Petrus mit einer Angel fangen sollte.

Er wusste, dass die Jünger ihre Netze nicht auf der linken, sondern auf der rechten Seite des Schiffes auswerfen mussten, um einen großen Fang zu machen.

Er wusste auch, dass ein Mann mit einem Wasserkrug auf dem Kopf die Jünger zu dem Obersaal führen würde, der bereits vorbereitet war, damit sie dort das Passah essen konnten.

Er wusste, dass Petrus Ihn dreimal verleugnen würde. Deshalb hat Er zur richtigen Zeit dafür gebetet, dass sein Glaube nicht aufhört.

Immer wieder setzte Er Sein vollkommenes Wissen zum Segen der Menschen ein!

Wie oft haben wir Gedanken wie: „Was wäre wenn ...?" Wir malen uns die unterschiedlichsten Szenarien aus, die geschehen könnten – nur um später festzustellen, dass in den allermeisten Fällen die Sorgen alle vergeblich gewesen sind.

Wie gut ist es deshalb, zu wissen, dass Gott auch alle Eventualitäten kennt. Er wusste, dass die Einwohner von Kehila David an Saul ausliefern würden (s. 1. Sam 23,11), als David Ihn danach fragte.

Es ist nicht dazu gekommen. Warum nicht? Weil David Gott vertraut und entsprechend gehandelt hat. Gott wusste, was geschehen wäre.

Jesus Christus hat über Chorazin und Bethsaida ausgerufen: „Wehe dir, Chorazin! Wehe dir, Bethsaida! Denn wenn in Tyrus und Sidon die Wunderwerke geschehen wären, die unter euch geschehen sind, längst hätten sie in Sack und Asche Buße getan" (Mt 11,21). Das zeigt uns die gleiche Wahrheit.

Für uns bedeutet das, dass wir uns nicht über alle möglichen Eventualität Sorgen machen müssen. Wir können unsere Sorgen im Gebet auf den Herrn werfen, der alles kennt und auch für alles sorgt!

Es kann Zeiten geben, in den wir so niedergeschlagen sind, dass wir nicht die richtigen Worte finden, um das, was uns bewegt, richtig vor Gott auszudrücken.

> **Wenn wir uns nur immer daran erinnern könnten, dass unser himmlischer Vater alles weiß, würde das sowohl unsere Ängste als auch unser Murren gegen Ihn erheblich verringern.**
> (D. Fortner)

Aber auch dafür ist gesorgt, „denn wir wissen nicht, was wir bitten sollen, wie es sich gebührt, aber der Geist selbst verwendet sich für uns in unaussprechlichen Seufzern" (Röm 8,26).

Gott versteht uns, auch wenn uns die Worte fehlen. Ja, es geht sogar noch weiter: Der Herr weiß schon, worum wir Ihn bitten möchten, bevor wir die Bitte überhaupt ausgesprochen haben (s. Ps 139,4). Im Propheten Jesaja sagte Er einmal: „Ehe sie rufen, werde ich antworten" (Jes 65,24).

Obwohl Er alles weiß, will Er trotzdem, dass wir Ihm die Dinge bringen, die uns zu schaffen machen. Denn wenn wir das im Glauben tun, wird Sein Frieden uns erfüllen (s. Phil 4,6.7). Dann kommen wir vor Ihm zur Ruhe.

Am Thron der Gnade begegnet Er uns mit Barmherzigkeit und Gnade. Und Er gibt das, was wir wirklich brauchen, immer zur richtigen Zeit (s. Heb 4,16)!

> **Welche anderen Beispiele fallen dir ein, die zeigen, dass Gott genau weiß, was wir brauchen? Wie würdest du jemandem 1. Petrus 5,7 erklären?**

Notizen:

....

....

....

....

....

....

....

....

....

....

....

....

....

....

....

....

....

....

....

....

....

....

Er weiß, wie du dich fühlst!

„Denn wir haben nicht einen Hohenpriester, der nicht Mitleid zu haben vermag mit unseren Schwachheiten." (Heb 4,15)

Es gab nie jemanden, der so viel Mitgefühl mit Menschen gehabt hat, wie Jesus Christus. In den Evangelien wird öfter gesagt, dass Er innerlich bewegt war.

Die Nöte und Bedürfnisse der Menschen haben Ihn nicht kalt gelassen. Im Gegenteil: Er hat Anteil daran genommen. Er hat sich damit eins gemacht.

Das sehen wir besonders dort, wo Er Menschen die Hände auflegte und sie von ihren Krankheiten heilte. Denn in diesem Zusammenhang heißt es: „... damit erfüllt würde, was durch den Propheten Jesaja geredet ist, der spricht: ‚Er selbst nahm unsere Schwachheiten und trug unsere Krankheiten'" (Mt 8,17).

Das, was Er in Seiner Allmacht wegnahm, hat Er vorher auf Seinem Geist getragen!

> **Er kümmert sich um dich. Er denkt an dich. Er wacht über dir und Er hat Mitleid mit dir.**
> (J. Smith)

Der Hebräerbrief zeigt uns, dass Christus im Himmel jetzt unser großer Hoherpriester ist. Und als solcher hat Er Mitempfinden mit unseren Schwachheiten.

Er hat durch Seine Menschwerdung selbst erlebt, wie es sich anfühlt, schwach zu sein. Er kennt Hunger, Durst, Müdigkeit oder Erschöpfung aus eigener Erfahrung.

Er weiß, wie es jemandem zumute ist, der den Anfechtungen und Versuchungen des Teufels bis an die Grenze des Ertragbaren ausgesetzt ist. Er hat das 40 Tage am Stück über sich ergehen lassen und wurde auch während

Seines öffentlichen Dienstes immer wieder vom Feind angegriffen. Jesus weiß, was es bedeutet, traurig zu sein. Warum? Weil Er es selbst hier auf der Erde war. Das zu wissen, gibt echten Trost.

Bist du einsam? Es gibt niemanden, der so einsam war wie Er! Er wurde von Seinen Familienangehörigen abgelehnt, viele Seiner Anhänger wandten sich irgendwann von Ihm ab und kurz vor Seiner Kreuzigung verließen Ihn sogar alle Seine Jünger – Seine engsten Vertrauten.

Er fühlte sich wie ein einsamer Vogel auf dem Dach (s. Ps 102,8). Deshalb kann Er dich bestens verstehen. Als Er schließlich mitten am Tag in der Finsternis am Kreuz zwischen Himmel und Erde hing, wurde Er auch von Gott verlassen. Das ist absolut einzigartig!

Fühlst du dich unverstanden von Verwandten, Bekannten oder Freuden? Jesus wurde nicht verstanden von denen, die Er retten wollte. Seine eigene Familie hat Ihn für verrückt erklärt. Und auch Seine Jünger hatten oft kein Verständnis dafür, was in Seinem Herzen vor sich ging.

Wurden dir die Worte im Mund verdreht? Genau das ist Ihm geschehen. Seine Gegner haben Ihn falsch zitiert, um Ihn auf hinterhältige Weise anzuklagen.

Sehnst du dich nach Mitleid oder menschlichem Trost? Der Herr kennt das. Er hat gesagt: „Ich habe mich nach Mitleid gesehnt und nach Tröstern, und ich habe keine gefunden" (vgl. Ps 69,21). Er weiß genau, wie sich das anfühlt.

Ist vielleicht ein guter Freund von dir gestorben? Plötzlich abgerufen worden? Jesus kennt auch das aus eigener Erfahrung. Als Johannes der Täufer plötzlich im Gefängnis getötet wurde, hat der Sohn Gottes getrauert. Er zog sich an einen einsamen Ort zurück, um dort allein zu sein.

Sehnst du dich vielleicht nach mehr Frucht im Dienst für den Herrn? Christus weiß wie das ist. In Jesaja 49,4 sagt Er prophetisch: „Umsonst habe ich mich abgemüht, vergeblich und für nichts meine Kraft verzehrt."

Bist du vielleicht krank oder hast Schmerzen? Von Jesus wird gesagt, dass Er ein Mann der Schmerzen war und mit Leiden vertraut (Jes 53,3). Er hat die Schwachheiten der Menschen genommen und ihre Krankheiten getragen (s. Mt 8,17). Er weiß genau, was du durchmachst!

Wirst du wegen deines Glaubens verfolgt? Christus sagte der leidenden Kirche in Smyrna: „Ich kenne deine Drangsal" (Offb 2,9). Und das sagte Er als der, der starb und wieder lebendig wurde.

Jesus ist von Mitgefühl für alle meine Schwächen berührt. Er kann sich mit zärtlicher Empfindsamkeit in jede Versuchung hineinversetzen, die meinen Weg kreuzt, und in jeden Schmerz, der mein Herz zerreißt.
(J. MacDuff)

Gott weiß, wie du dich fühlst! Dein Hoherpriester hat Mitleid und Mitempfinden mit dir in dem, was du durchmachst. Er versteht dich aus eigener Erfahrung! Deshalb kennt Er auch den Verband, den deine Seele braucht, damit (alte) Wunden heilen können.

> *Was bedeutet es für dein Glaubensleben, dass Gott genau weiß, wie du dich fühlst und wie es dir gerade geht? Inwiefern kann man das Sprichwort: „Geteiltes Leid ist halbes Leid" auf das anwenden, was wir gerade gesehen haben?*

DIE ALLGEGENWART GOTTES

Gottes großartige Gegenwart

„Siehe, die Himmel und der Himmel Himmel können dich nicht fassen." (1. Kön 8,27)

Gott ist allgegenwärtig. Auch darin ist Er einzigartig und unvergleichlich. Seine Gegenwart kann räumlich nicht gemessen werden – denn Er steht über Raum und Zeit.

Diese Dimensionen kennzeichnen die Schöpfung, aber nicht den Schöpfer! Der Ewige und Allgegenwärtige überragt das, was Er geschaffen hat, unendlich weit!

Gottes ewige Existenz zeigt, dass Gott weder Anfang noch Ende hat. Seine Unveränderlichkeit unterstreicht, dass Er weder zu- noch abnimmt. Und die Vollkommenheit Seiner Allgegenwart macht deutlich, dass Er keine Grenzen oder Limitierungen hat.

Er ist zu jeder Zeit da, obwohl Er außerhalb der Zeit existiert und über ihr steht. Er ist an allen Orten, obwohl Er durch die Orte in Seiner Gegenwart nicht limitiert wird.

Der HERR selbst hat es mit folgenden Worten ausgedrückt: „Der Himmel ist mein Thron, und die Erde der Schemel meiner Füße. Wo ist das Haus, das ihr mir bauen könntet, und wo der Ort zu meiner Ruhestätte? Hat doch meine Hand dies alles gemacht, und dies alles ist geworden" (Jes 66,1).

> **„Wer ist wie der Herr, unser Gott, der in solcher Höhe thront?"**
> (Ps 113,5)

Der Himmel ist Sein königlicher Sitz. Von dort aus regiert Er. Er wohnt in der Höhe und im Heiligtum (s. Jes 57,15). Deshalb sagt der Psalmist: „Ich erhebe meine Augen zu dir, der du in den Himmeln thronst [wohnst]! " (Ps 123,1).

Aber der HERR ist nicht auf den Himmel begrenzt. Er kann nicht von dem, was Er erschaffen hat, umschlossen werden.

„Der Himmel ist der Ort Seiner majestätischen Gegenwart, aber nicht das Gefängnis Seines Wesens. Ein unendliches Wesen kann nicht von einem endlichen Ort umgeben sein." (S. Charnock / *The Existence and Attributes of God*)

Als Salomo den Tempel eröffnete, betete er: „Aber sollte Gott wirklich auf der Erde wohnen? Siehe, die Himmel und der Himmel Himmel können dich nicht fassen; wie viel weniger dieses Haus, das ich gebaut habe!" (1.Kön 8,27).

Geschöpfe können in Häusern wohnen, aber den Höchsten kann man nicht auf ein Gebäude beschränken. Weder die Weiten des Universums noch der unsichtbare Himmel können die Gegenwart Gottes fassen. Er erfüllt den Himmel und die Erde (s. Jer 23,24). So groß ist Er!

Gott ist daher nicht gegenwärtig wie ein menschlicher König in seinem Königreich oder wie ein Kapitän an Bord seines Schiffes. Er handelt nicht aus einer gewissen Distanz. Er ist überall präsent.

> **Gott behält die Seinen im Auge – an allen Orten, zu jeder Zeit und unter allen Umständen.**
> (J. Smith)

Das macht mehr als deutlich, dass man vor Gott nicht weglaufen kann. Er ist nicht weit entfernt, sondern viel näher, als wir denken. Deshalb sagt Er:

„Bin ich ein Gott aus der Nähe, spricht der HERR, und nicht ein Gott aus der Ferne? Oder kann sich jemand in Schlupfwinkeln verbergen, und ich sähe ihn nicht?, spricht der HERR. Erfülle ich nicht den Himmel und die Erde?, spricht der HERR" (Jer 23,23.24).

Jona hat versucht, vor Gott zu fliehen. Anstatt nach Ninive zu gehen, nahm er ein Schiff, das in die entgegengesetzte Richtung nach Tarsis fuhr. Doch er musste feststellen, dass der HERR auch im Bauch eines großen Fisches gegenwärtig war.

Auch Hagar hat auf der Flucht erlebt, dass Gott sie nicht aus den Augen verliert. Sie lernte Ihn als den Gott des Schauens kennen (s. 1. Mo 16,13) – und der führte sie wieder auf den richtigen Weg!

David schreibt in Psalm 139: „Wohin sollte ich gehen vor deinem Geist und wohin fliehen vor deinem Angesicht? Führe ich auf zum Himmel: Du bist da; und bettete ich mir im Scheol: Siehe, du bist da. Nähme ich Flügel der Morgenröte, ließe ich mich nieder am äußersten Ende des Meeres, auch dort würde deine Hand mich leiten und deine Rechte mich fassen" (Ps 139,7-9).

Die Allgegenwart Gottes ist eine großartige Ermutigung für die, die der Herr an einen neuen Ort beruft. Als Gott Abraham dazu aufforderte, sein Land und seine Verwandtschaft zu verlassen, sagte Er: „... und komm in das Land, das ich dir zeigen werde" (Apg 7,3). Der HERR war bereits an dem Ort, an den Abraham kommen sollte!

> *Was bedeutet die Wahrheit, dass Gott allgegenwärtig ist, für dein Glaubensleben? Wodurch wird deutlich, dass die Gegenwart Gottes sich auf unterschiedliche Weise zeigen kann? Warum kann man sagen, dass Gott an einem Ort, an den Er uns ruft, bereits auf uns wartet?*

Wenn Gott sich naht

„Naht euch Gott, und er wird sich euch nahen."
(Jak 4,8)

Gott ist nicht ein Gott der Ferne, sondern ein Gott der Nähe (s. Jer 23,23) – „da er ja nicht fern ist von einem jeden von uns" (Apg 17,27 Fußnote). Er ist uns näher, als wir denken: Näher als unsere Gedanken, näher als unser Atem. Er ist dir dort nahe, wo du jetzt gerade bist!

Trotzdem schreibt Jakobus, dass Gott sich uns naht, wenn wir uns Ihm nahen. Wie ist das zu verstehen? Gott zu nahen bedeutet, Seine Gemeinschaft zu suchen. Zu beten. Sich Ihm bewusst zu unterwerfen und Ihn gedanklich vor uns zu stellen.

Jesus Christus hat genau so gelebt. In Psalm 16 sagt Er: „Ich habe den HERRN stets vor mich gestellt; weil er zu meiner Rechten ist, werde ich nicht wanken" (Ps 16,8).

Wenn wir Gott vor uns stellen, dann werden wir erfahren, dass Er zu unserer Rechten ist. Und weil Er nahe ist, werden wir nicht wanken – denn das Bewusstsein Seiner Gegenwart gibt Sicherheit!

> **„Du hast dich genaht an dem Tag, als ich dich anrief; du sprachst: Fürchte dich nicht!"**
> (Klgl 3,57)

Wenn die Bibel davon spricht, dass Gott sich uns naht, dann bedeutet das, dass Er uns ein tiefes Bewusstsein Seiner Gegenwart schenkt.

Er ist uns jederzeit nahe, denn David sagt: „Von allen Seiten umgibst du mich" (Ps 139,5 Luther). Aber den Genuss Seiner Gegenwart haben nur die, die sich Ihm im Gehorsam unterwerfen und Ihn mit einem demütigen Herzen suchen.

Stell dir einen Mann vor, der sich in einem Boot auf dem See befindet. In seiner Hand hält er ein Seil, dass an einem Felsen am Ufer befestigt ist. Wenn er an dem Seil zieht, dann bekommt er den Eindruck, dass er das Ufer zu sich zieht. Aber in Wirklichkeit ist es das Boot, das dem Ufer näher kommt.

Gott ist wie ein unbeweglicher, unveränderlicher Fels. Wir dagegen sind Geschöpfe, die ständig in Bewegung sind und sich immer wieder verändern.

Wenn wir Gott nahen, dann kommt Er in unsere Umstände hinein, indem Er unseren Sinn verändert und uns das Bewusstsein Seiner Nähe und Zuneigung schenkt. Kurz gesagt: Wenn wir Gott nahen, werden wir erleben, dass Er uns nahe ist.

In diesem Sinn können wir auch folgende wunderbare Zusagen des Sohnes Gottes verstehen: „Wenn jemand mich liebt, wird er mein Wort halten, und mein Vater wird ihn lieben, und wir werden zu ihm kommen und Wohnung bei ihm machen" (Joh 14,23).

> **Wenn wir unseren Samen säen, indem wir fleißig Sein Angesicht suchen, werden wir als Ertrag Licht und Segen aus dem klaren Bewusstsein Seiner Nähe ernten.**
> (F.B. Hole)

Der Genuss der Gemeinschaft mit dem Vater und dem Sohn und die Offenbarung ihrer Nähe hängt davon ab, ob wir uns so verhalten, wie es Ihm gefällt!

„Gott widersteht den Hochmütigen, den Demütigen aber gibt er Gnade" (Jak 4,6). Das ist ein fundamental wichtiges Prinzip für unser Glaubensleben! Deshalb werden wir auch öfter dazu aufgefordert, uns vor Gott zu demütigen. Wir können ganz sicher sein: Ein zerbrochenes Herz wird Er nicht verachten (s. Ps 51,19)!

„Denn so spricht der Hohe und Erhabene, der in Ewigkeit wohnt und dessen Name der Heilige ist: Ich wohne in der Höhe und im Heiligtum und bei dem, der zerschlagenen und gebeugten Geistes ist, um zu beleben den Geist der Gebeugten und zu beleben das Herz der Zerschlagenen" (Jes 57,15).

Wie gewaltig ist das! Der Hohe und Erhabene, der außerhalb der Zeit in Ewigkeit wohnt, der das Böse hasst und das Gute liebt, Er wohnt in Seiner göttlichen Majestät nicht nur im Himmel, sondern auch bei niedergeschlagenen Gläubigen. Und Er wohnt bei ihnen, um sie durch das Bewusstsein Seiner Gegenwart zu trösten und ihnen neuen Mut zu machen. Wunderbares Versprechen!

Deshalb sollen wir besonders dann, wenn wir enttäuscht, entmutigt oder niedergeschlagen sind, immer wissen: „Nahe ist der HERR denen, die zerbrochenen Herzens sind" (Ps 34,19).

Und für jeden von uns gilt zu jeder Zeit das, was Asaph gesagt hat: „Gott zu nahen ist gut für mich" (Ps 73,28)!

> *Wie kannst du die Nähe Gottes noch mehr genießen? Was bedeutet es, sich vor Gott zu demütigen? Wie kann man den Herrn stets vor sich stellen?*

Notizen:

....

....

....

....

Niemals allein!

„So fürchte dich nun nicht, denn ich bin bei dir."
(Jes 43,5)

Wenn Gott davon spricht, dass Er bei einem Gläubigen ist, dann bedeutet es, dass Er ihm segnend mit Seiner Gegenwart zur Seite steht. Deshalb sagt Er im Buch Jesaja: „Wenn du durchs Wasser gehst, ich bin bei dir, und durch Ströme, sie werden dich nicht überfluten" (Jes 43,2).

Das Bewusstsein, dass Gott in Zeiten der Not bei uns ist, macht Mut. Es hilft uns, nicht aufzugeben – auch wenn uns das Wasser vielleicht bis zum Hals steht.

Paulus hat das erlebt, wie er im 2. Timotheusbrief berichtet: „Bei meiner ersten Verantwortung stand mir niemand bei, sondern alle verließen mich; es werde ihnen nicht zugerechnet. Der Herr aber stand mir bei und stärkte mich" (2. Tim 4,16.17).

> **Wenn Gott mit uns ist, wird das Gefängnis in ein Paradies und das Erdbeben in einen Freudentanz verwandelt. Warum sollte ich unzufrieden sein, wenn ich mehr von Gottes gnädiger Gegenwart habe!**
> (T. Watson)

Auch David wusste, dass der HERR ihn nie im Stich lassen würde. Deshalb konnte er mit voller Überzeugung sagen: „Auch wenn ich wanderte im Tal des Todesschattens, fürchte ich nichts Übles, denn du bist bei mir" (Ps 23,4). Das Bewusstsein der Nähe Gottes nahm ihm die Furcht!

Die drei Freunde Daniels haben in dieser Hinsicht eine einzigartige Erfahrung gemacht: Als sie von Nebukadnezar in den brennenden Feuerofen geworfen wurden, weil sie Gott die Treue gehalten hatten, da ließ Gott sie nicht im Stich.

Der Sohn Gottes stand ihnen bei, als sie durch das Tal des Todesschattens gingen. Er bewahrte sie durch Seine mächtige Gegenwart.

Auch wenn Gott uns oft nicht von Prüfungen befreit, sollen wir wissen, dass Er in den Prüfungen bei uns ist. Das werden wir besonders dann erleben, wenn wir uns in der Not an Ihn wenden, denn: „Gott ist uns Zuflucht und Stärke, eine Hilfe, reichlich gefunden in Drangsalen" (Ps 46,2).

Gottes Gegenwart ist in diesem Sinn der sicherste Ort, den es gibt. Deshalb haben Gläubige bildlich davon gesprochen, dass sie Zuflucht gesucht haben im Schatten Seiner Flügel (s. Ps 57,2; 63,8).

Die letzten Worte des Herrn Jesus Christus im Matthäus-Evangelium lauten: „Und siehe, ich bin bei euch alle Tage bis zur Vollendung des Zeitalters" (Mt 28,20).

Für unzählige Christen sind diese Worte ein großer Trost in schwierigen Zeiten gewesen. Warum? Weil sie aufgrund dieser Worte tatsächlich mit der Gegenwart des Herrn gerechnet haben.

Genau das macht lebendigen Glauben aus: Er nimmt Gott beim Wort! Er stützt sich auf das, was Gott gesagt hat. Er ergreift die Zusagen Gottes und macht sie zu seinem persönlichen Besitz!

Christus hat Seine Jünger nicht im Stich lassen. Nachdem Er als Mensch in den Himmel zurückgekehrt ist, begleitete Er sie weiterhin mit Seinem himmlischen Segen in ihrem Dienst auf der Erde (s. Mk 16,20).

Später ist Er Einzelnen in besonderen Situationen sogar persönlich erschienen. Als Paulus im Gefängnis in Jerusalem saß, heißt es plötzlich: „In der folgenden Nacht aber trat der Herr zu ihm und sprach: Sei guten Mutes!" (Apg 23,11). Was für eine Ermutigung muss das gewesen sein!

Es gibt noch einen Grund, warum wir als Christen niemals allein sind: Der Heilige Geist wohnt in uns – 24 Stunden am Tag, sieben Tage die Woche. Dass eine göttliche Person in uns wohnt, die uns niemals verlässt, ist eine Wahrheit, an die wir leider nicht so oft denken.

> **Er ist täglich bei uns, um zu verteidigen und zu bewahren, zu führen und zu leiten. Er ist bei uns in Trauer und in Freude, für Zeit und Ewigkeit.**
> (R.C. Ryle)

Aber es ist wahr: Christus hat uns nicht als Waisen in dieser Welt zurückgelassen. Er hat uns in dem Heiligen Geist einen Tröster und Beistand gegeben, der in alle Ewigkeit bei uns bleiben wird (s. Joh 14,16)!

Übrigens hat Jesus Christus versprochen, dass Er selbst in unserer Mitte sein wird, wenn wir uns als örtliche Gemeinde in Seinem Namen versammeln (s. Mt 18,20).

Wenn Er in unserem Zusammenkommen der Mittelpunkt ist, dürfen wir in besonderer Weise mit Seiner Gegenwart rechnen! Auch da wird wieder deutlich, dass der Herr nicht an einen Ort gebunden, sondern an vielen Orten gleichzeitig ist.

„Siehe, das sind die Säume seiner Wege;
und wie wenig haben wir von ihm gehört!
Und den Donner seiner Macht,
wer versteht ihn?"
(Hiob 26,14)

> *Was bedeutet es, wenn die Bibel davon spricht, dass Gott bei einem Menschen ist? Welche anderen Begriffe fallen dir ein, die bildlich von der Gegenwart Gottes sprechen (wie z.B. „der Schatten Seiner Flügel")? Was bedeutet es für dein Glaubensleben, dass Jesus Christus versprochen hat, alle Tage bei uns zu sein, und dass der Heilige Geist in dir wohnt?*

Notizen:

....

....

....

....

....

....

....

....

....

....

....

....

....

....

....

....

Gottes segnende Gegenwart

„Mein Angesicht wird mitgehen, und ich werde dir Ruhe geben." (2. Mo 33,14)

Wenn Gott mit einem Menschen ist, oder wenn Er mit einem Menschen geht, dann ist das immer mit Segen verbunden. Aber wenn Er sich verbirgt (s. Ps 10,1) oder von einem Menschen weicht, dann ist Unheil im Anmarsch (s. Ri 16,20; 1. Sam 18,12).

Als Gott im Alten Testament durch die Wolken und Feuersäule mit Seinem Volk ging, leitete Er sie und leuchtete ihnen auf dem Weg, den sie gehen sollten.

Doch den Ägyptern gegenüber, die das Volk Gottes verfolgten, brachte die Wolke Dunkelheit. In diesem Sinn gilt: „Der HERR ist fern von den Gottlosen" (Spr 15,29). Es gab also zwei Seiten: „Sie wurde dort Wolke und Finsternis und erleuchtete hier die Nacht" (2. Mo 14,20).

Es gibt in der Bibel sieben Personen, denen Gott die bedingungslose Verheißung gegeben hat, dass er mit ihnen sein würde: Isaak, Jakob, Mose, Josua, Gideon, Jeremia und Paulus. In jedem Fall sehen wir Gottes segnende Gegenwart, die ihnen Gelingen gab.

Isaak hat die Wasserbrunnen, die Abraham gegraben hatte und die von den Philistern danach mit Erde verstopft worden waren, wieder frei gegraben.

Dabei fand er auch einen Brunnen lebendigen Wassers. Kurz darauf sagt Gott zu ihm: „Fürchte dich nicht, denn ich bin mit dir" (1. Mo 26,24).

In der Anwendung auf uns können wir sagen: Wir dürfen nicht zulassen, dass uns Feinde den Genuss des Segens wegnehmen, den Gott uns gegeben hat.

Wir sollen sicher sein, dass Gott mit uns sein wird, wenn wir verschüttete Segensquellen wieder freilegen, damit sie für uns und andere sprudeln können!

Jakob, der Überlister, hatte eine echte Wertschätzung für den Segen Gottes. Als er sich auf der Flucht vor seinem Bruder Esau in ein anderes Land befand, sagte der HERR zu ihm:

„Und siehe, ich bin mit dir, und ich will dich behüten überall, wohin du gehst, und dich zurückbringen in dieses Land; denn ich werde dich nicht verlassen, bis ich getan, was ich zu dir geredet habe" (1. Mo 28,15).

Gott hat Wort gehalten. Er hat Jakob auf dem Weg bewahrt und ihn sogar mit großem Segen wieder in sein Land zurückgebracht.

Wenn wir eine echte Wertschätzung für das haben, was Gott wichtig ist, dann dürfen wir wissen, dass Er mit uns ist. Auch wenn wir einer ungewissen Zukunft entgegengehen, kann Gott uns wunderbar führen und bewahren.

> **Es gibt nichts, was einen Gläubige daran hindern könnte, sich ständig der Gegenwart und Liebe seines Herrn bewusst zu sein und in ihm zu ruhen.**
> (C.H. Spurgeon)

Als Gott Mose den Auftrag gibt, dass Volk Israel aus der Gefangenschaft in Ägypten zu führen, ist dieser davon völlig überwältigt.

Er empfindet seine eigene Unfähigkeit für so eine gewaltige Aufgabe. Doch Gottes Antwort lautet: „Weil ich mit dir sein werde" (2. Mo 3,12).

Die segnende Gegenwart Gottes war für Mose so wichtig, dass er Gott wiederholt angefleht hat, mit dem Volk zu ziehen und sie auf dem Weg zu begleiten (s. 2. Mo 33,15.16; 34,9). Er wusste: An Gottes Segen ist alles gelegen!

In diesem Zusammenhang steht auch das wunderbare Versprechen Gottes: „Mein Angesicht wird mitgehen, und ich werde dir Ruhe geben" (2. Mo 33,11). Es ist nicht verkehrt, wenn wir heute den Herrn darum bitten, dass Er mit uns ist!

Josua war der Nachfolger von Mose. Er sollte das Volk aus der Wüste in das Land Kanaan führen. Auch das war eine sehr herausfordernde Aufgabe.

Der Jordan war zu dieser Zeit nämlich gerade komplett überflutet. Brücken gab es keine. Und mit mehreren hunderttausend Menschen über diesen Fluss zu kommen, erschien völlig aussichtslos.

Doch Gott gab Seinem Diener in dieser Situation genau die Ermutigung, die dieser gerade brauchte:

„Habe ich dir nicht geboten: Sei stark und mutig? Erschrick nicht und fürchte dich nicht! Denn der Herr, dein Gott, ist mit dir überall, wohin du gehst" (Jos 1,9).

Als Josua am Ende seines Lebens Rückschau hält, kann er bezeugen, dass Gott Wort gehalten hat (s. Jos 23,14).

Wenn wir im Auftrag des Herrn unterwegs sind, sollen wir stark und mutig sein. Denn Er wird uns nicht versäumen und uns nicht verlassen (s. Heb 13,5)!

Weiter zu Gideon. Er war grade dabei, Weizen vor den Midianitern in Sicherheit zu bringen, als plötzlich der Engel des Herrn zu ihm kommt und sagt: „Der Herr ist mit dir, du tapferer Held!" (Rich 6,12).

Obwohl der Feind Israel zahlenmäßig bei weitem überlegen war, bekommt Gideon die Zusage: „Ich werde mit dir sein, und du wirst Midian schlagen wie einen Mann" (Ri 6,16). Dann erlebt er, wie Gott ihnen mit nur 300 Mann einen wunderbaren Sieg schenkt.

Was lernen wir daraus? Gottes Kraft wird in Schwachheit vollbracht. Für Ihn macht es keinen Unterschied, durch viele oder durch wenige zu retten (s. 1. Sam 14,6). Worauf es ankommt, ist, dass Gott mit uns ist!

Jeremia ist der Jüngste in der Liste der Sieben. Als Gott ihn zum Propheten beruft, hat er Angst. Darauf antwortet der HERR: „Fürchte dich nicht vor ihnen; denn ich bin mit dir, um dich zu erretten" (Jer 1,8).

Jeremia hat in seinem Dienst viel gelitten. Aber weil Gott mit ihm war, hat Er ihn durch alles Leid hindurchgetragen, bis sein Dienst erfüllt war. Gottes Gegenwart verschont uns nicht immer vor Leid, aber sie trägt uns durch!

> **Das Geheimnis des Herrn, das bei denen ist, die ihn fürchten, um ihnen Seine gesegnete Gegenwart zu zeigen und sie diese spüren zu lassen.**
> (J.C. Philpot)

Das bringt uns zu Paulus. Als er in Korinth zunächst Widerstand erlebte, erschien ihm der Herr und sagte:

„Fürchte dich nicht, sondern rede, und schweige nicht! Denn ich bin mit dir, und niemand soll dich angreifen, um dir etwas Böses zu tun; denn ich habe ein großes Volk in dieser Stadt" (Apg 18,9.10).

Was für eine Zusage! Gottes mächtige Gegenwart würde ihn bewahren und Gottes segnende Hand würde dafür sorgen, dass viele Menschen in dieser Stadt zum Glauben kommen. Wenn Gott mit uns ist, können wunderbare Dinge geschehen – denn Er verändert sich nicht!

> *Wie würdest du folgenden Vers erklären: „Der Herr ist mit euch, wenn ihr mit ihm seid." (2. Chr 15,2)? Was kann das Ergebnis sein, wenn Gott sagt: „Ich bin mit dir/euch"? Lies dazu z.B.: 1. Sam 18,14; 2. Chr 1,1; 2. Kön 18,7; Jes 41,10; Apg 10,38.*

Notizen:

....

....

....

....

....

....

....

....

....

....

....

....

....

....

....

....

....

....

....

Vor dem Angesicht Gottes leben

„Ich bin Gott, der Allmächtige; wandle vor meinem Angesicht und sei vollkommen." (1. Mo 17,1)

Wenn wir täglich im Glauben ergreifen, dass Gott allgegenwärtig ist und alles sieht, dann sollte das bei uns bewirken, dass wir in Gottesfurcht und mit einem reinen Gewissen vor Ihm leben. Dann meiden wir das Böse und tun das, was Gott gefällt.

Wie können wir in Versuchungen bestehen? Indem wir uns bewusst machen, dass Gott uns nahe ist und uns sieht.

Adam und Eva waren sich der Gegenwart Gottes offenbar nicht bewusst, als sie der Versuchung nachgaben und von der verbotenen Frucht aßen. Vielleicht dachten sie sogar: „Gott sieht uns nicht." Ein fataler Trugschluss!

Das Bewusstsein der Gegenwart Gottes kann uns davor bewahren, zu sündigen. Ein Dieb wagt es, in der Nacht zu stehlen, weil er denkt, dass ihn niemand sieht. Doch Gott sieht genauso gut um Mitternacht wie am Mittag.

„Die Augen des HERRN sind an jedem Ort, schauen aus auf Böse und auf Gute" (Spr 15,3). Und Er ist sowohl um Mitternacht als auch mitten am Tag allgegenwärtig.

Wie oft hüten wir unsere Zunge in bestimmten Situationen, weil wir nicht wollen, dass eine bestimmte Person, die gerade anwesend ist, unsere lästerlichen Worte hört. Wie viel mehr sollte das der Fall sein, wenn wir in dem Bewusstsein leben, dass Gott zu jeder Zeit gegenwärtig ist!

> **Die Gegenwart Gottes können wir zwar missachten, aber nirgends können wir ihr entgehen.**
> (C.S. Lewis)

Das gilt auch im Blick auf die Wahrheit. Paulus schreibt den Korinthern dazu: „Denn wir verfälschen nicht, wie die Vielen, das Wort Gottes, sondern als aus Lauterkeit, sondern als aus Gott, vor Gott, reden wir in Christus" (2. Kor 2,17).

Die Allgegenwart Gottes ist ein Trost und Segen für den, der das Gute tut. Gleichzeitig ist sie ein Schrecken für den, der das Böse tut (s. Ps 34,17).

Der Herr will, dass wir vor Seinem Angesicht leben. Das bedeutet, in dem Bewusstsein zu leben, dass Er uns sieht und uns nahe ist.

Als Gott sich Abraham als der Allmächtige offenbarte und ihn aufforderte vor seinem Angesicht zu wandeln, bedeutete das, dass Abraham im Licht der Allmacht Gottes leben sollte. Er sollte wissen, dass der Allmächtige bei ihm war. Er sollte mit Seiner Kraft rechnen und auf Ihn vertrauen.

Als Mose in Ägypten vor dem mächtigen Pharao erschien, um für die Israeliten vor ihm einzutreten, bekam er es mit der Wut des Königs zu tun. Doch er ließ sich dadurch nicht erschüttern.

Im Gegenteil: „Durch Glauben verließ er Ägypten und fürchtete die Wut des Königs nicht; denn er hielt standhaft aus, als sähe er den Unsichtbaren" (Heb 11,27).

Es ist nicht von ungefähr, dass wir gerade von diesem Mann Gottes lesen: „Und der HERR redete mit Mose von Angesicht zu Angesicht, wie ein Mann mit seinem Freund redet" (2. Mo 33,11). Mose lebte vor dem Angesicht Gottes!

Deshalb sollten wir nicht fragen: „Wohin sollte ich gehen vor deinem Geist und wohin fliehen vor deinem Angesicht?" (Ps 139,7), sondern viel mehr sagen: „Dein Angesicht, HERR, suche ich" (Ps 27,8).

Es ist wichtig, dass wir nicht vergessen, dass neben der physikalischen, sichtbaren Welt auch noch eine geistliche, unsichtbare Welt existiert. Und die ist nicht irgendwo weit entfernt, sondern näher, als wir denken.

Elisa wusste das. Er lebte im Bewusstsein der Gegenwart Gottes und der Präsenz Seiner unsichtbaren Heerscharen. Deshalb betete er für seinen Diener Gehasi, der vor den mächtigen, sichtbaren Feinden zitterte:

„HERR, tu doch seine Augen auf, dass er sehe! Da tat der HERR die Augen des Knaben auf; und er sah: Und siehe, der Berg war voll feuriger Pferde und Wagen, rings um Elisa her" (2. Kön 6,17).

Das gibt uns einen kleinen Einblick in die geistliche Realität, die uns umgibt. Wie wichtig ist es deshalb angesichts der vielen finsteren Mächte, mit denen wir es zu tun haben, dass wir uns vor dem Angesicht um im Schatten des Allmächtigen aufhalten!

> „Trachtet nach dem HERRN und seiner Stärke, sucht sein Angesicht beständig!" (1. Chr 16,11)

Als Elia vor dem großen König Ahab stand, um ihm eine Gerichtsbotschaft zu übermitteln, waren seine ersten Worte: „So wahr der HERR lebt, der Gott Israels, vor dessen Angesicht ich stehe" (1. Kön 17,1).

Das Bewusstsein der Gegenwart des ewigen Königs machte ihm Mut, furchtlos vor diesem menschlichen, grausamen Regenten zu stehen.

Wenn wir uns bewusst vor Gott aufhalten und Sein Angesicht suchen, dann können wir jetzt schon ein Stück Himmel auf Erden genießen. Denn dann werden wir etwas von dem erleben, was in Psalm 16 im Blick auf die himmlische Gegenwart Gottes geschrieben steht:

„Fülle von Freuden ist vor deinem Angesicht, Lieblichkeiten in deiner Rechten immerdar" (Ps 16,11). Wie wunderbar wird es sein, wenn wir das Ziel erreicht haben!

> *Woher kommt es, dass wir manchmal Dinge im Geheimen tun, für die wir uns schämen würden, wenn Menschen gegenwärtig wären, dabei aber die Gegenwart Gottes völlig ausblenden? Wie würdest du folgenden Vers erklären: „Jotham erstarkte; denn er richtete seine Wege vor dem Angesicht des Herrn, seines Gottes." (2. Chr 27,6)? Was bedeutet es, vor dem Angesicht Gottes zu leben?*

Notizen:

....

....

....

....

....

....

....

....

....

....

DIE SOUVERÄNITÄT GOTTES

Gottes souveräne Herrschaft

„Dem König der Zeitalter aber, dem unvergänglichen, unsichtbaren, alleinigen Gott, sei Ehre und Herrlichkeit von Ewigkeit zu Ewigkeit! Amen." *(1. Tim 1,17)*

Gott ist souverän. Das bedeutet, dass Er völlige Freiheit hat, zu tun, was Er will. Er besitzt alle Autorität und alle Gewalt. Er ist der selige und alleinige Machthaber, der König der Könige und Herr der Herren (s. 1. Tim 6,15).

Wie es im Buch Hiob heißt: „Wenn es auf Kraft des Starken ankommt, so sagt er: ‚Siehe hier!', und wenn auf Recht: ‚Wer will mich vorladen?'" (Hiob 9,19).

„Können wir uns den Herrn der Heerscharen vorstellen, wie Er jemanden um Erlaubnis bittet oder eine höhere Instanz um etwas ersucht? Von wem sollte Er Erlaubnis erbitten?

Wer ist höher als der Allerhöchste? Wer ist mächtiger als der Allmächtige? Wessen Stellung ist der des Ewigen vorranging? An wessen Thron würde Gott knien? Wer ist der Größere, an den Er sich wenden müsste?

‚So spricht der HERR, der König Israels, und sein Erlöser, der HERR der Heerscharen: Ich bin der Erste, und ich bin der Letzte, und außer mir ist kein Gott' (Jes 44,6)." (A.W. Tozer / *Das Wesen Gottes* / EBTC)

Zu sagen, dass Gott souverän ist, bedeutet auch, dass Er der absolute Herr über die Schöpfung ist. Es gibt nichts, was sich außerhalb Seiner Kontrolle befindet. Nichts, was Gott nicht geplant oder zugelassen hätte.

Das zeigt uns, dass Gott absolut unabhängig von jedem geschaffenen Wesen ist. Er ist sich selbst genug und Er ist sich selbst Gesetz. Gott kann alles tun, was Er will – immer, überall und jederzeit!

Die Souveränität Gottes ist das Kissen, auf dem ich ruhe.
(C.H. Spurgeon)

In Psalm 115,3 steht: „Aber unser Gott ist in den Himmeln; alles, was ihm wohlgefällt, tut er." Das, was Gott für gut befindet, das tut Er auch. Niemand kann Ihn daran hindern – weil Er souverän ist!

Gott setzt Könige ab und Er setzt Könige ein (s. Dan 2,21). Schauen wir uns dazu mal ein Beispiel an:

Nebukadnezar war der mächtigste Herrscher seiner Zeit. Er regierte über das gewaltige babylonische Weltreich. Doch sein Erfolg machte ihn stolz.

Er gab sich selbst die Ehre für die Macht, die er besaß. Deshalb kündigte Gott ihm Gericht an:

„Das Königtum ist von dir gewichen! Und man wird dich von den Menschen ausstoßen, und bei den Tieren des Feldes wird deine Wohnung sein, und man wird dir Kraut zu essen geben wie den Rindern; und es werden sieben Zeiten über dir vergehen, bis du erkennst, dass der Höchste über das Königtum der Menschen herrscht und es verleiht, wem er will" (Dan 4,28.29).

Augenblicklich kam durch Gottes souveränes Handeln Sein Urteil zur Vollstreckung. Nachdem dann einige Zeit vergangen war, blickte Nebukadnezar auf zum Himmel.

Plötzlich kehrte ihm sein Verstand wieder zurück. Dann erzählt er selbst, was er tat und was er über Gott gelernt hatte:

„Ich pries den Höchsten, und ich rühmte und verherrlichte den ewig Lebenden, dessen Herrschaft eine ewige

Herrschaft ist und dessen Reich von Geschlecht zu Geschlecht währt. Und alle Bewohner der Erde werden wie nichts geachtet, und nach seinem Willen tut er mit dem Heer des Himmels und mit den Bewohnern der Erde; und da ist niemand, der seiner Hand wehren und zu ihm sagen könnte: Was tust du?" (Dan 4,31.32).

Nachdem er sich demütigt und die souveräne Herrschaft Gottes anerkennt, setzt der HERR ihn sofort wieder in sein Königtum ein! Wie geschrieben steht:

„Gott widersteht den Hochmütigen, den Demütigen aber gibt er Gnade" (Jak 4,6).

Dieses Beispiel macht mehr als deutlich, dass Gott absolut souverän in Seinem Handeln ist. Und wenn man das Wort Gottes aufmerksam liest, stellt man fest, dass sich die Souveränität Gottes wie ein roter Faden vom ersten bis zum letzten Buch der Bibel durchzieht.

An unzähligen Stellen erkennt man, wie Gott hinter den Kulissen wirkt und die Fäden in der Hand hält. Deshalb lesen wir im Buch Jesaja:

„Er ist es, der da thront über dem Kreis der Erde, und ihre Bewohner sind wie Heuschrecken; der die Himmel ausgespannt hat wie einen Schleier und sie ausgebreitet hat wie ein Zelt zum Wohnen; der die Fürsten zu nichts macht, die Richter der Erde in Nichtigkeit verwandelt" (Jes 40,22.23).

In einer gewaltigen Vision durfte dieser Prophet einmal einen Blick in den Thronsaal Gottes werfen. Dort sah er den Herrn sitzen – auf Seinem hohen und erhabenen Thron.

David schreibt: „Der HERR hat in den Himmeln festgestellt seinen Thron, und sein Reich herrscht über alles"

(Ps 103,19). Und in Psalm 66 heißt es: „Er herrscht durch seine Macht auf ewig" (Ps 66,7). Ja, es ist wahr: Die Himmel regieren (s. Dan 4,23)!

„Dein Reich ist ein Reich aller Zeitalter und deine Herrschaft durch alle Geschlechter hindurch."
(Ps 145,13)

Das stimmt auch heute noch. Gott ist der König der Zeitalter (s. 1. Tim 1,17), der alles wirkt nach dem Rat Seines Willens (s. Eph 1,11).

Auch wenn es hier auf der Erde drunter und drüber zu gehen scheint, wenn Regierungen im Bösen immer weiter voranschreiten und die Ungerechtigkeit Oberhand gewinnt – Gott entgleitet nichts! Er hat alles unter Kontrolle – und Er kommt zu Seinem Ziel!

Es dauert nicht mehr lange, dann wird Er in Seiner souveränen Macht „alles unter ein Haupt zusammenzubringen in dem Christus, das, was in den Himmeln, und das, was auf der Erde ist (Eph 1,10).

Gott wird Seinen König auf Zion einsetzen (s. Ps 2,6). Jesus Christus wird regieren – der König der Könige und der Herr der Herren (s. Offb 19,16)!

Darauf steuert alles zu. Das ist die Verwaltung der Fülle der Zeiten (s. Eph 1,10). Das ist der ewige Ratschluss Gottes! Und Gott versichert uns:

„Mein Ratschluss soll zustande kommen, und all mein Wohlgefallen werde ich tun" (Jes 46,10)!

„Es ist wahr, dass nichts zu groß
für Gottes Macht ist;
und es ist ebenso wahr,
dass nichts zu klein für Seine Liebe ist."
(R. Goforth)

> *Was bedeutet die souveräne Herrschaft Gottes für dein Glaubensleben? Inwiefern verändert sich unsere Weltanschauung, wenn wir Gottes großen Plan erkennen und darauf vertrauen, dass Er alles unter Kontrolle hat? Welche anderen Bibelstellen fallen dir ein, die zeigen, dass Gott durch Jesus Christus im 1000jährigen Friedensreich zu Seinem Ziel kommen wird? Wie kann dir die Tatsache der Souveränität Gottes helfen, wenn die bösen Entwicklungen unserer Zeit oder auch persönliche Krisen dir Angst machen wollen?*

Notizen:

....

....

....

....

....

....

....

....

....

....

....

Wenn Gott Herzen lenkt

„Wasserbächen gleicht das Herz eines Königs in der Hand des Herrn*; wohin immer er will, neigt er es."* *(Spr 21,1)*

Gott setzt nicht nur Könige ab und ein, Er kann auch über ihre Herzen regieren. Und wenn Er das bei den Regenten dieser Welt kann, dann kann Er das bei allen Menschen!

Kores war ein heidnischer König, den der Herr dazu benutzen wollte, Jerusalem wiederaufzubauen. Deshalb sagt Gott über ihn:

„Mein Hirte und der all mein Wohlgefallen ausführt, und zwar, indem er von Jerusalem sagen wird: Es werde aufgebaut!, und vom Tempel: Er werde gegründet!" (Jes 44,28).

Was hat der Herr getan, damit Kores Seinen Willen tut? Er hat seinen Geist erweckt (s. Esra 1,1). Aber nicht nur den Geist von Kores. Im Buch Esra heißt es:

„Und die Häupter der Väter von Juda und Benjamin machten sich auf, und die Priester und die Leviten, jeder, dessen Geist Gott erweckte, hinaufzuziehen, um das Haus des Herrn in Jerusalem zu bauen" (Esra 1,5).

Nachdem die Arbeit später irgendwann zum Erliegen kam, wirkte Gott im Herzen des Königs Darius, dem König von Assyrien. Davon lesen wir im sechsten Kapitel:

„Der Herr hatte ihnen ... das Herz des Königs von Assyrien zugewandt, so dass er ihre Hände stärkte im Werk des Hauses Gottes, des Gottes Israels" (Esra 6,22).

Der eine König brachte das Werk in Gang und der andere sorgte dafür, dass es fortgesetzt wurde. Beide waren von Gott gelenkt!

Gott wirkt an den Herzen von Menschen, damit sich Seine Pläne erfüllen. Das kann auch bedeuten, dass Er Herzen, die sich gegen Ihn aufgelehnt haben, verhärtet. Das zeigt die Geschichte des Pharaos von Ägypten (s. Röm 9,18).

Doch oft fügt der Herr bildlich gesprochen verschiedene Puzzleteile genau im richtigen Moment zusammen, damit Sein Wille zustande kommt.

> **Die Lehre von der göttlichen Souveränität ist für den fleischlichen Verstand in der Regel anstößig, weil sie dem Stolz des Menschen einen Todesstoß versetzt und den Sünder vor Gott in den Staub legt.**
> (J. Smith)

Das wird im Buch Esther besonders deutlich, in dem der Name Gottes kein einziges Mal erwähnt wird, obwohl Er es ist, der im Hintergrund die Strippen zieht!

In seinem hervorragenden Buch „Gott vertrauen" (Englisches Original: *Trusting God*) schreibt Jerry Bridges dazu:

„Was musste alles geschehen, um Mordokai vor dem Galgen zu retten? Warum konnte der König in der entscheidenden Nacht keinen Schlaf finden? Warum bat er, ihm eine Auflistung trockener Fakten vorzulesen, anstatt ihn durch angenehme Musik in den Schlaf zu singen?

Warum las der Vorleser, als das Buch der Chroniken seiner Herrschaft gebracht wurde, ausgerechnet etwas aus dem Teil vor, der Mordokais Taten enthielt? Gab es nicht unzählige Möglichkeiten für den Vorleser, einen anderen Abschnitt aus den Annalen des Persischen Reiches zum Vorlesen auszuwählen?

Der König erfuhr von Mordokais Verdienst und fragte, wie man ihn geehrt hatte. Wieso hatte der König ihn nicht damals belohnt, als er sein Leben gerettet hatte? Warum beschloss Xerxes plötzlich etwas zu tun? Und warum erschien genau in diesem Augenblick der Bösewicht Haman?

Warum fragte Xerxes Haman, was zu tun sei, um jemanden zu ehren, ohne ihn den Namen desjenigen zu nennen, was Haman glauben ließ, er selbst sei es, der geehrt werden sollte?

Die Antwort auf alle diese Fragen lautet, dass Gott auf souveräne Weise die Ereignisse dieser Nacht aufeinander abstimmte, um Sein Volk zu retten." (Jerry Bridges / *Gott vertrauen* / Francke Verlag)

Das zeigt, wie scheinbare Kleinigkeiten, die geschehen, dazu beitragen, dass Gottes Plan erfüllt wird. Das ist auch in unserem Leben so – auch und gerade dann, wenn wir es oft gar nicht merken!

Im Buch Ruth ist die Souveränität Gottes noch praktischer, weil sie in den alltäglichen Umständen des Lebens beschrieben wird.

Gott führt alle Dinge so zusammen, dass Ruth schließlich Boas heiratet. Denn sie sollte nach dem Willen Gottes die Urgroßmutter von König David und eine der vier Frauen werden, die im Geschlechtsregister des Herrn Jesus aufgeschrieben sind!

Gott leitete sie genau auf das richtige Feld. Er führte Boas so, dass er genau zur richtigen Zeit nach der Ernte sah – als Ruth auflas. Und obwohl wir davon ausgehen können, dass viele Arbeiter auf dem Feld waren, bemerkte Boas Ruth und entwickelte Zuneigungen zu ihr.

Um noch einmal Jerry Bridges zu zitieren: „Der richtige Ort, das richtige Timing, Boas' Interesse an Ruth – all das waren Schlüsselglieder in der Kette der Ereignisse, die schließlich zu Ruths Heirat mit Boas führten.

Keine Situation war außergewöhnlich, es sieht aus, ‚als sei es einfach geschehen', nicht mehr als zufällige Ereignisse in einer Liebesgeschichte. Aber der aufmerksame Leser der Bibel kann die souveräne Hand Gottes nicht übersehen, die diese gewöhnlichen Umstände so ordnet, dass sich Sein Plan erfüllt.

Selbst Noomi, die zu der Zeit den Plan Gottes für Ruth und Boas noch nicht kannte, schreibt die Ereignisse der Hand Gottes zu (s. Ruth 2,20)."

Weil Gott souverän ist und die Herzen der Menschen lenkt, sorgt Er auch dafür, dass Dinge genau zum richtigen Zeitpunkt geschehen. Es war kein Zufall, dass die Tochter des Pharao genau in dem Moment im Nil baden ging, als der kleine Mose dort von seiner Mutter in ein Kästchen ins Schilf gelegt wurde. Denn es war Gottes Plan, dass Mose am Hof des Pharaos aufwachsen sollte.

> **„Das Herz des Menschen erdenkt seinen Weg, aber der Herr lenkt seine Schritte."**
> (Spr 16,9)

Jahrhunderte später veranlasst Kaiser Augustus durch die Ausrufung einer Volkszählung unbewusst, aber genau zum richtigen Zeitpunkt, dass Joseph und Maria nach Bethlehem reisen mussten. Denn ohne dass er es wusste, hat sich dadurch die Prophetie über den Geburtsort Jesu in Bethlehem erfüllt, wo Er genau 4000 Jahre nach der Erschaffung Adams geboren wurde.

Das alles zeigt uns, dass Gott souverän über den Umständen steht. Er kann die Herzen der Menschen lenken, wie es Ihm gefällt. Er kann scheinbar belanglose Dinge so miteinander kombinieren, dass etwas Wunderbares daraus entsteht. Wenn Er wirkt, dann hat Er immer ein perfektes Timing. Ein Timing, das genau so abgestimmt ist, dass Sein Wille geschieht!

> **Lies 2. Mose 34,23-25 und
> erkläre, wie in diesen Versen die
> Souveränität Gottes deutlich wird.
> In Sprüche 16,7 steht: „Wenn die
> Wege eines Mannes dem Herrn
> wohlgefallen, so lässt er sogar seine
> Feinde mit ihm in Frieden sein."
> Welche Beispiele in der Bibel fallen
> dir ein, in denen diese Aussage
> Wirklichkeit geworden ist?**

Notizen:

....

....

....

....

....

....

....

....

....

....

....

....

....

....

....

....

....

Die Reichweite Seiner Souveränität

„Dein, HERR, ist die Größe und die Stärke und der Ruhm und der Glanz und die Pracht; denn alles im Himmel und auf der Erde ist dein. Dein, HERR, ist das Königreich, und du bist über alles erhaben als Haupt" (1. Chr 29,11)

Wie weit geht die Souveränität Gottes? Worüber regiert Er? Was ist alles unter Seiner Kontrolle? Sind Ihm irgendwelche Grenzen gesetzt?

Die Antwort auf diese Fragen lautet: Gottes Souveränität ist grenzenlos! Sie erstreckt sich über das Weltall, die Natur, Pflanzen, Tiere, über Engel und Menschen. Über die sichtbare und die unsichtbare Welt.

Im Blick auf das Weltall sagt Er: „Hebt zur Höhe eure Augen empor und seht: Wer hat diese da geschaffen? Er, der ihr Heer herausführt nach der Zahl, ruft sie alle mit Namen: Wegen der Größe seiner Macht und der Stärke seiner Kraft bleibt keines aus" (Jes 40,26).

Der Herr regiert über den Makrokosmos. Er kann bewirken, dass die Drehung der Erde anhält, sodass die Sonne einen ganzen Tag lang nicht untergeht und der Mond still steht (s. Jos 10,13).

Er kann einen Stern dazu benutzen, um Menschen zu Christus zu führen (s. Mt 2,9). Er gebietet, und es tritt eine gewaltige Finsternis ein, die ein ganzes Land erfasst (s. Lk 23,44).

Jesus Christus hat über den Vater gesagt: „Er lässt seine Sonne aufgehen über Böse und Gute, lässt regnen über Gerechte und Ungerechte" (Mt 5,45). Auch das ist ein täglicher souveräner Akt der Güte Gottes!

„Alles, was dem HERRN gefällt, tut er in den Himmeln und auf der Erde, in den Meeren und in allen Tiefen."
(Ps 135,6)

Es ist einfach faszinierend, bei einem klaren Sternenhimmel nach draußen zu gehen, in den Himmel zu schauen und sich bewusst zu machen, dass Gott, unser Vater, über das ganze Weltall regiert. Was für eine gewaltige Macht! Und was für eine grenzenlose Souveränität!

Wie umfassend Seine Herrschaft hier auf der Erde ist, macht Sein Versprechen an Noah deutlich: „Fortan, alle Tage der Erde, sollen nicht aufhören Saat und Ernte, Frost und Hitze, Sommer und Winter, Tag und Nacht" (1. Mo 8,22). Nur weil Gott das in Seiner Souveränität so angeordnet hat, ist es auch heute noch so!

Er regiert auch über das Wetter. Er bestimmt darüber, wann Wolken aufziehen und wann nicht. Wann es regnet oder wann es schneit. Deshalb fragt Jeremia:

„Gibt es unter den Nichtigkeiten der Nationen Regenspender, oder kann der Himmel Regengüsse geben? Bist du es nicht, HERR, unser Gott? Und wir hoffen auf dich; denn du hast dies alles gemacht" (Jer 14,22).

Zur Zeit Elias hat Gott den Regen dreieinhalb Jahre zurückgehalten, um Sein Volk zur Buße zu führen. Nachdem das Volk den HERRN als alleinigen Gott anerkannt hat und Elia wieder betete, sorgte der HERR dafür, dass der Himmel schwarz wurde vor Wolken und ein gewaltiger Regen losbrach (s. 1.Kön 18,45).

Wie souverän und präzise Gott in dieser Hinsicht handeln kann, zeigt uns der Prophet Amos. Denn dort sagt der HERR zu Israel:

„Und auch habe ich euch den Regen entzogen, als noch drei Monate bis zur Ernte waren; und ich habe auf die eine Stadt regnen lassen, während ich auf die andere Stadt nicht regnen ließ; das eine Feldstück wurde beregnet, und das Feldstück, auf das es nicht regnete, verdorrte ... Dennoch seid ihr nicht bis zu mir umgekehrt, spricht der HERR" (Amos 4,7.8).

Gottes Souveränität zeigt sich auch in anderen Naturereignissen, wie beispielsweise Stürmen. Denn die Bibel sagt: „Er spricht und bestellt einen Sturmwind, der hoch erhebt seine Wellen" (Ps 107,25).

Stürme kommen und gehen. Gott hat sie alle unter Kontrolle. „Er verwandelt den Sturm in Stille, und es legen sich die Wellen" (Ps 107,29).

Er beherrscht auch die gewaltigen Wassermassen, die Er geschaffen hat. Wie Ethan in Psalm 89 sagt: „Du beherrschst das Toben des Meeres; erheben sich seine Wogen – du stillst sie" (Ps 89,10).

Wie ist das möglich? Ganz einfach: „Der HERR in der Höhe ist gewaltiger als die Stimmen großer Wasser, als die gewaltigen Wogen des Meeres" (Ps 93,4). Und David fügt hinzu: „Der HERR thront auf der Wasserflut, und der HERR thront als König in Ewigkeit" (Ps. 29,10).

Er kann Naturkatastrophen einsetzen, um Menschen wachzurütteln. Denk nur mal an die Plagen, die Er über das Land Ägypten gebracht hat! Auch heute geschehen noch Katastrophen, die eine ernste Ansprache an die Menschen sind, um ihren Blick auf die Ewigkeit zu richten!

Gehen wir weiter zur Tierwelt: Gott hat einem großen Fisch befohlen, Jona zu verschlucken. Jesus Christus hat am helllichten Tag dafür gesorgt, dass unzählige Fische in die Netze Seiner Jünger gegangen sind.

> **Es gibt kein Attribut Gottes, das für seine Kinder tröstlicher ist als die Souveränität Gottes.**
> (C.H. Spurgeon)

313

Später bewirkte Er, dass ein einzelner Fisch, der ein Geldstück im Maul hatte, genau im richtigen Moment bei Petrus an die Angel ging.

Gott hat einen Esel reden lassen. Er hat Raben geboten, Seinen Diener Elia zu versorgen. Er benutzte Frösche, Heuschrecken oder Kühe, um Menschen etwas klarzumachen.

Bei Jona hat Er über Nacht einen Wunderbaum wachsen lassen. Am nächsten Tag befahl Er einem Wurm, diesen Wunderbaum wieder zu zerstören, um seinem Diener eine wichtige Lektion beizubringen. Alle Dinge dienen Ihm!

Hanna hat gesagt: „Der HERR macht arm und macht reich; er erniedrigt und erhöht auch" (1. Sam 2,7). Das war auch in ihrem Leben so. Sie hat selbst erlebt, was in Psalm 113 über Gott geschrieben steht: „Der die Unfruchtbare des Hauses wohnen lässt als eine fröhliche Mutter von Söhnen" (Ps 113,9).

> *Welches Licht werfen die vielen Beispiele von der Reichweite der Souveränität Gottes auf die Aussage von Paulus: „Wenn Gott für uns ist, wer gegen uns?" (Röm 8,31)? Welche anderen Beispiele fallen dir ein, die uns die Größe der Souveränität Gottes zeigen?*

Wie Gott mit uns zum Ziel kommt

„Denn welche er zuvor erkannt hat, die hat er auch zuvor bestimmt, dem Bild seines Sohnes gleichförmig zu sein." (Röm 8,29)

Gott verfolgt mit uns das Ziel, uns in das Bild Seines Sohnes zu verwandeln. Wir sollen Jesus Christus jetzt schon immer ähnlicher werden, bis irgendwann der Zeitpunkt kommt, wo wir Ihm gleich sein werden – denn wir werden Ihn sehen, wie Er ist (s. 1. Joh 3,2)!

In diesem Zusammenhang ist es interessant, sich anzuschauen, was unser Herr und Meister über die Souveränität Gottes gesagt hat.

In Matthäus 11 sehen wir Ihn, wie Er von den Menschen abgelehnt, beleidigt und verspottet wird – und dass trotz der Liebe und Gnade, die Er ihnen gezeigt hatte!

Wie ist Seine Reaktion auf den Hass und die Ungerechtigkeit der Menschen? „Zu jener Zeit hob Jesus an und sprach: Ich preise dich, Vater, Herr des Himmels und der Erde, dass du dies vor Weisen und Verständigen verborgen und es Unmündigen offenbart hast. Ja, Vater, denn so war es wohlgefällig vor dir" (Mt 11,25.26).

Mit bewundernswerter Sanftmut erkennt Jesus die Souveränität Gottes an. Weil der Vater der Herr des Himmels und der Erde ist, besitzt Er auch die souveräne Macht, Menschen, die selbstgerecht und hochmütig sind, zu verblenden. Gleichzeitig kann Er aber auch unmündigen, armen und verachteten Menschen die Augen für die Wahrheit öffnen.

Interessant ist auch, was Paulus dazu schreibt: „Das Schwache der Welt hat Gott auserwählt, damit er das Starke zuschanden mache; und das Unedle der Welt und das Verachtete hat Gott auserwählt [und] das, was nicht ist, damit er das, was ist, zunichte mache, damit sich vor Gott kein Fleisch rühme" (1. Kor 1,27-29).

Es ist unfassbare Gnade, dass Gott uns in Christus schon vor Grundlegung der Welt auserwählt hat (s. Eph 1,4). Bevor du geboren wurdest, hat Gott bereits an dich gedacht!

Da hat Er entschieden, dass du für alle Ewigkeit heilig, tadellos und in Liebe vor Ihm sein sollst. Im Haus des Vaters, am ewigen Wohnort Gottes, um dich für immer an Ihm zu erfreuen! Wie überwältigend groß ist das!

Wahre Erkenntnis der göttlichen Souveränität wird Gott zugestehen, dass es Sein gutes Recht ist, mit uns zu machen, was Er will!
(J. Bridges)

Gott ist der Töpfer und wir sind der Ton. Der Töpfer hat das Recht, mit dem Ton zu machen, was Er will. Deshalb stellt Jesaja die rhetorische Frage: „Darf wohl der Ton zu seinem Bildner sagen: Was machst du?" (Jes 45,9). Das trifft auch auf unser Leben zu: Der Schöpfer ist souverän und kann mit unserem Leben tun, was Er will! Paulus fasst das wie folgt zusammen:

„Oder hat der Töpfer nicht Macht über den Ton, aus derselben Masse das eine Gefäß zur Ehre und das andere zur Unehre zu machen? Wenn aber Gott, willens seinen Zorn zu erweisen und seine Macht kundzutun, mit vieler Langmut ertragen hat die Gefäße des Zorns, die zubereitet sind zum Verderben, und damit er kundtäte den Reichtum seiner Herrlichkeit an den Gefäßen der Begnadigung, die er zuvor zur Herrlichkeit bereitet hat" (Röm 9,21-23).

Die Gefäße zur Unehre – die Ungläubigen – häufen sich selbst durch ihre Sünden Zorn auf. Sie bereiten sich selbst zum Verderben zu (s. Röm 2,5). Die Gefäße zur Ehre dagegen – die Gläubigen – hat Gott bereits in Seiner souveränen Gnade zur Herrlichkeit vorbereitet!

Wie kommt Gott jetzt schon hier auf der Erde immer mehr zu dem Ziel, uns in das Bild Seines Sohnes zu verwandeln? Dazu benutzt Er beispielsweise die Umstände des Lebens, durch die wir gehen.

Und weil Gott souverän ist, kann Er wirklich alles dazu benutzen, dass wir Christus ähnlicher werden. In genau diesem Zusammenhang schreibt Paulus die bekannten Worte:

„Wir wissen aber, dass denen, die Gott lieben, alle Dinge zum Guten mitwirken, denen, die nach Vorsatz berufen sind" (Röm 8,28).

Diese Wahrheit im Glauben zu erfassen, gibt großen Trost, wenn wir durch Leiden gehen. Denn auch wenn wir manchmal nicht verstehen, warum Gott schwierige Zeiten zulässt, sollen wir immer wissen, dass Er sie benutzen möchte, um uns Seinem Sohn ähnlicher zu machen.

Deshalb werden wir dazu aufgefordert, jederzeit für alles zu danken (s. Eph 5,20). Für einen Ungläubigen ist das unmöglich. Aber wir wissen, dass Gott souverän über den Umständen steht und dass Er alles zum Guten benutzen kann!

„Von mir aus ist diese Sache geschehen ..." (1. Kön 12,24)

Als Hiob durch tiefe Leiden ging, hat Er im Blick auf die Souveränität Gottes erkannt:

„Doch er bleibt sich gleich, und wer kann seinen Sinn ändern? Was seine Seele begehrt, das tut er. Denn er wird vollenden, was über mich bestimmt ist; und dergleichen ist vieles bei ihm" (Hiob 23,13.14).

Das entbindet uns allerdings nicht von unserer Verantwortung, dass wir auch selbst danach streben sollen,

Christus in unserem Verhalten und unserer Gesinnung immer ähnlicher zu werden.

Daher die Aufforderung von Paulus: „Diese Gesinnung sei in euch, die auch in Christus Jesus war" (Phil 2,5).

Bildlich gesprochen kann man sagen, dass Gottes Souveränität und unsere Verantwortung wie zwei Gleise sind, die parallel nebeneinander herlaufen. Sie berühren sich nicht, aber sie sind beide wahr!

Gleichzeitig wissen wir, dass Gott keine halben Sachen macht. Wenn Er etwas anfängt, dann bringt Er es auch zu Ende. Darauf dürfen wir vertrauen. Davon war Paulus überzeugt und sagte den Philippern deshalb:

„Indem ich eben darin guter Zuversicht bin, dass der, der ein gutes Werk in euch angefangen hat, es vollenden wird bis auf den Tag Jesu Christi" (Phil 1,6).

> *Was zeigen dir die Worte des Herrn Jesus in Johannes 19,11 über die Souveränität Gottes und was können sie für dein Leben bedeuten? Wie kann man anhand von Nehemia 4,3, Psalm 138,8 und Sprüche 21,31 die Souveränität Gottes und die Verantwortung des Menschen erklären? Was bedeutet es im Licht von Römer 8,28.29, den Herrn auf allen unseren Wegen zu erkennen (s. Spr 3,6)?*

Aus dem Fresser kam Fraß

„Ihr zwar hattet Böses gegen mich im Sinn; Gott aber hatte im Sinn, es gut zu machen." (1. Mo 50,20)

Der Teufel verfolgt immer die Absicht, die Gläubigen zu verführen oder zu Fall zu bringen. Manchmal versucht die alte Schlange, als Engel des Lichts uns vom Weg der Wahrheit abzubringen (s. 2. Kor 11,14). Ein anderes Mal erscheint Satan als brüllender Löwe, der uns Furcht einflößen und unseren Glauben zerstören will (s. 1.Pet 5,8).

Doch auch wenn der Feind uns angreift, sollen wir wissen, dass Gott souverän darüber steht. Unser himmlischer Vater hat die Macht, Fluch in Segen zu verwandeln (s. 5.Mo 23,6) und aus etwas Schlechtem Gutes hervorgehen zu lassen.

Da Gott absolut souverän ist, kann Er die Angriffe des Feindes auf die Gläubigen dazu benutzen, dass sich Sein Plan erfüllt und das Volk Gottes letztendlich gesegnet wird.

Das Rätsel Simsons: „Aus dem Fresser kam Fraß, und aus dem Starken kam Süßigkeit" (Ri 14,14) können wir auf diese Wahrheit anwenden, die uns in vielen Stellen im Wort Gottes gezeigt wird. Hier sind ein paar Beispiele mit praktischen Lektionen für unser Glaubensleben:

Joseph – Der Schein trügt

Joseph wird von seinen Brüdern auf grausame Weise in eine Grube geworfen und anschließend nach Ägypten verkauft. Es kommt sogar noch schlimmer: In Ägypten wird er zu Unrecht angeklagt und ins Gefängnis geworfen.

Er ahnt nicht, dass die Widerwärtigkeiten und Enttäuschungen, die ihm begegnen, nur dazu dienen, dass er für seine eigene Familie und viele andere Menschen zum Erhalter des Lebens wird. Zurückblickend kann er schließlich zu seinen Brüdern sagen:

„Ihr zwar hattet Böses gegen mich im Sinn; Gott aber hatte im Sinn, es gut zu machen" (1.Mo 50,20).

Was für ein herrliches Wesen muss unser Gott sein, der aus dem schlimmsten Übel großartiges Gutes hervorbringen kann!
(O. Winslow)

Manchmal scheint alles gegen uns zu sein (s. 1. Mo 42,36). Wir verstehen nicht, warum Gott Schwierigkeiten zulässt. Doch vielleicht ist Er gerade dabei, etwas Wunderbares aus der aktuellen Prüfung entstehen zu lassen (s. 1. Mo 48,11)!

David – Lobgesänge in der Nacht

In der Geschichte Davids sehen wir, wie Gott einen verfolgten Gläubigen formt und aus der Zeit der Verfolgung etwas hervorbringt, das für unzählige Kinder Gottes über die Jahrhunderte hinweg zur Glaubensstärkung und zum Segen wird.

Während Saul den Mann nach dem Herzen Gottes wie ein Rebhuhn auf den Bergen jagt (s. 1. Sam 26,20), wird dieser von Gott geformt. In dieser Zeit schreibt er wertvolle Psalmen, durch die unzählige Gläubige über die Jahrhunderte hinweg getröstet und ermutigt worden sind.

Bekannte Lieder wie „Welch ein Freund ist unser Jesus", „Seliges Wissen", „Wenn Friede mit Gott" oder „Befiehl du deine Wege" sind von Menschen geschrieben worden, die durch viel Leid gegangen sind – doch was für ein gewaltiger Segen ist daraus entstanden!

Gott verändert sich nicht. Der Vater der Erbarmungen gibt auch heute noch „Gesänge in der Nacht" (s. Hiob 35,10) und „tröstet (uns) in all unserer Bedrängnis, damit wir die trösten können, die in allerlei Bedrängnis sind, durch den Trost, mit dem wir selbst von Gott getröstet werden" (2. Kor 1,4).

Als David später über Israel regiert, steigt Hochmut in seinem Herzen auf. Satan knüpft daran an und reizt ihn dazu, das Volk zu zählen, um zu sehen wie stark er ist (s. 1. Chr 21,1).

David erkennt sein Versagen, tut Buße darüber und bekennt es dem HERRN. Trotzdem kommt das Volk unter die regierungsmäßige Zucht Gottes. Doch wieder kommt aus dem Fresser Fraß und aus dem Starken Süßigkeit hervor:

Während David für das Volk opfert, öffnet der HERR ihm die Augen für den Platz, wo der Tempel gebaut werden soll und an dem Er seinen Namen wohnen lassen will (s. 1. Chr 22,1) – ein Geheimnis, das bis dahin über 400 Jahre hinweg ungelöst blieb. „Das Geheimnis des HERRN ist für die, die ihn fürchten" (Ps 25,14).

Selbst wenn wir durch die List Satans zu Fall kommen, kann der Herr, wenn wir rückhaltlos Buße tun und unsere Sünden bekennen, in Seiner souveränen Gnade etwas Gutes daraus hervorkommen lassen!

Hiob – Aus Leid entsteht Segen

Die Geschichte Hiobs lehrt uns, dass alles, was hier auf der Erde geschieht, eine Vorgeschichte im Himmel hat. Satan bekommt von Gott die Erlaubnis, Hiob schreckliches Leid zuzufügen – wobei der HERR die Grenzen genau festlegt, über die der Teufel nicht hinausgehen kann.

Das Tränental wird für Hiob zu einem Quellenort. Denn sein Stolz kommt ans Licht, er sieht die Herrlichkeit Gottes und er verurteilt sich selbst. Am Ende heißt es: „Der

HERR segnete das Ende Hiobs mehr als seinen Anfang"
(Hiob 42,12).

> **Wenn ich verstehe, dass Gott über allen Ereignissen steht, dann wird ein Problem zu einer Gelegenheit, dem Herrn zu vertrauen.**
> (B. George)

Jakobus kommt darauf zurück. Er macht allen, die durch Prüfungen und Leiden gehen Mut, und schreibt: „Siehe, wir preisen die glückselig, die ausgeharrt haben. Von dem Ausharren Hiobs habt ihr gehört, und das Ende des Herrn habt ihr gesehen, dass der Herr voll innigen Mitgefühls und barmherzig ist" (Jak 5,11).

Petrus – Der Segen der Wiederherstellung

Im Neuen Testament sehen wir, wie Satan versucht, den Glauben von Petrus zu zerstören. Der Menschenfischer fällt tief – doch unter ihm sind ewige Arme.

Der Sohn Gottes stellt Seinen zerbrochenen Diener wieder her. Dann vertraut Er ihm das Wertvollste an, was Er in dieser Welt besitzt: Seine Schafe.

Petrus wird zu einem Hirten, der aus seinem Versagen lernt, und der aufgrund seiner eigenen Erfahrung in der Lage ist, andere davor zu warnen, die gleichen Fehler zu machen (s. 1. Pet 5,4-9). Darin ist er uns ein Vorbild, dass wir nachahmen können!

Aus Verfolgung entsteht Errettung

Die Verfolgung, die nach dem Tod von Stephanus ausbricht (s. Apg 8), wird von Gott in Segen verwandelt: Die zerstreuten Gläubigen verlassen Jerusalem, gehen in verschiedene Gegenden und verkündigen das Evangelium.

In einer Stadt Samarias entsteht große Freude und schließlich wird sogar ein Nachkomme Hams gerettet (s. Apg 8). Gott stört manchmal auch unser Nest auf, damit wir (wieder) lernen, die Flügel des Glaubens zu benutzten (s. 5. Mo 32,11), und um uns dahin zu bringen, endlich das zu tun, wozu Er uns berufen hat.

Paulus wird von Gott nach Europa gerufen. Dort sorgt Satan dafür, dass der Diener des Herrn ins Gefängnis geworfen wird.

Doch einmal mehr wendet Gott das Blatt zum Guten: Wieder schenkt Er Gesänge in der Nacht, woraufhin die Erde erbebt und der Gefängniswärter – mit seinem ganzen Haus – für die Ewigkeit gerettet wird (s. Apg 16).

Überwinder durch Gottes Gnade

Jahre später wird Paulus erneut seiner Freiheit beraubt und ins Gefängnis geworfen. Der Feind versucht, ihn mundtot zu machen. Doch gerade durch die Fesseln des Apostels gewinnen andere Diener Mut, Christus zu verkündigen (s. Phil 1,12-14)!

Außerdem benutzt Gott Seinen Diener genau während dieser Zeit dazu, zu Millionen von Gläubigen zu sprechen: Unter der Leitung des Heiligen Geistes schreibt er vier Briefe, durch die auch wir heute noch großen Segen empfangen – den Epheserbrief, den Kolosserbrief, den Philipperbrief und den Brief an Philemon!

> „Der HERR ist mein Licht und mein Heil, vor wem sollte ich mich fürchten? Der HERR ist meines Lebens Stärke, vor wem sollte ich erschrecken?"
> (Ps 27,1)

Nachdem der Apostel in den dritten Himmel entrückt wurde, lässt Gott es zu, dass er von einem Engel Satans mit Fäusten geschlagen wird. Der Dorn für das Fleisch bewahrt den Diener des Herrn vor Hochmut.

Aber nicht nur das: Letztendlich führt der Angriff Satans zu den wunderbaren Worten des Herrn Jesus, die noch heute für viele Kinder Gottes wie Balsam für die Seele sind: „Meine Gnade genügt dir, denn meine Kraft wird in Schwachheit vollbracht" (2.Kor 12,9).

Das anfängliche Seufzen verwandelt sich in einen Glaubenssieg, denn von diesem Moment an rühmt Paulus sich seiner Schwachheiten. Warum? Weil er versteht, dass er seinen Herrn gerade dadurch am besten verherrlichen kann!

Der Triumph des Gekreuzigten

Das schönste Beispiel dafür, dass Gott aus dem Fresser Fraß und aus dem Starken Süßigkeit hervorbringen kann, ist das Kreuz von Golgatha.

Im Garten Eden hört der Mensch auf die Stimme der Schlange, fällt in Sünde und bringt sich und seine Nachkommen dadurch auf einen Weg, der ins ewige Verderben führt. Für eine lange Zeit sieht es nach einem Sieg des Feindes aus.

> **Die Souveränität Gottes gewährleistet den letztendlichen Sieg des Guten über das Böse!**
> (J. Bridges)

Als ca. 4000 Jahre später die Hände sündiger Menschen, unter dem Einfluss Satans, den Sohn Gottes ans Kreuz nageln, scheint alles verloren zu sein. Doch das genaue Gegenteil ist der Fall: Dort am Kreuz besiegt Jesus Christus den Widersacher Gottes durch den Tod (s. Heb 2,14) und schafft die Grundlage dafür, dass unzählige Seelen vom ewigen Tod gerettet werden.

Das, was im Paradies nach einer Niederlage aussah, wird von Gott dazu benutzt, den Reichtum seiner Gnade an denen zu offenbaren, die den Sohn Gottes als ihren Retter annehmen und deshalb jetzt der Stellung nach in Christus Jesus sind (s. Röm 8,1).

Die großartigen Segnungen, die wir heute in dem verherrlichten Christus zur Rechten Gottes besitzen, übersteigen bei weitem das, was Adam als unschuldiger Mensch in Eden verloren hat (s. Röm 5,15-21)!

Gott macht keine Fehler! Er hat zu jeder Zeit alles unter Kontrolle und stets die Absicht, Seinen Kindern Gutes zu tun. Dabei sind Seine Gedanken höher als unsere Gedanken und Seine Wege höher als unsere Wege (s. Jes 55,11).

Und selbst wenn wir Sein Handeln nicht immer verstehen, können wir uns doch einer Sache ganz sicher sein: „Wir wissen aber, dass denen, die Gott lieben, alle Dinge zum Guten mitwirken" (Röm 8,28)!

> *Welche anderen Beispiele fallen dir ein, in denen Gott die Angriffe des Teufels in Segen für die Gläubigen verwandelt hat? Was haben der Pharao, Haman und Goliath gemeinsam (vgl. 2. Mo 1,22; 15,4; Esther 7,9; 1. Sam 17,51?*

Notizen:

....

....

....

....

....

....

Staunend vertrauen und bewundernd anbeten

„Denn der Gott, der sprach: Aus Finsternis leuchte Licht, ist es, der in unsere Herzen geleuchtet hat zum Lichtglanz der Erkenntnis der Herrlichkeit Gottes im Angesicht Jesu Christi. Wir haben ... diesen Schatz."
(2. Kor 4,6.7)

Die Erkenntnis der Herrlichkeit Gottes ist ein wunderbarer Schatz. Wertvoller als alles, was man sich mit Geld kaufen kann.

Denn wenn wir Gott so erkennen, wie Er wirklich ist, dann verändert uns das. Unser Gottesbild prägt unser Leben!

Die größte Offenbarung, die Gott von sich gegeben hat, sehen wir in Jesus Christus. Er hat uns den Vater gezeigt. In Ihm sehen wir Gottes moralische Perfektion – dass Er Licht und Liebe ist.

Weil Jesus unser Vorbild ist, sind wir dazu berufen, als Kinder des Lichts zu leben und einander so zu lieben, wie Christus uns geliebt hat. Seine Gesinnung soll uns kennzeichnen und Sein wunderbares Leben soll an uns gesehen werden!

„Wenn unsere zukünftige Seligkeit darin besteht, dort zu sein, wo Er ist, sowie Seine Herrlichkeit anzuschauen, könnte es dann eine bessere Vorbereitung geben, als beständig über diese Herrlichkeit nachzudenken, wie sie uns im Evangelium offenbart ist, damit wir dadurch in dieselbe Herrlichkeit verwandelt werden? " (John Owen, zitiert von J. Piper / *Gott allein* / Herold Verlag).

Gott zu erkennen bedeutet außerdem, dass wir Seine einzigartigen, göttlichen Eigenschaften besser kennenlernen.

Dazu gehören u.a. Seine unendliche Größe, dass Er in sich selbst existiert, dass Er in sich Selbst vollkommen glücklich ist, Seine ewige Existenz – ohne Anfang, ohne Ende, dass Er perfekt und deshalb unveränderlich ist, Seine Allmacht, Seine Allwissenheit, Seine Allgegenwart und Seine Souveränität.

Diese herrlichen Wahrheiten über Gott dürfen für uns aber kein reines Kopfwissen bleiben. Es ist wichtig, dass wir sie auf unser Leben scheinen lassen und in dem Bewusstsein leben, dass dieser große Gott unser Vater ist.

Kurz gesagt: Wir sollen nicht aufhören, darüber nachzudenken, welche wunderbaren Eigenschaften Er besitzt und was diese für unser Glaubensleben bedeuten.

Weil Er unendlich groß ist, dürfen wir auch Großes von Ihm erwarten.

Weil Er in sich selbst vollkommen glücklich ist und wir als Seine Geschöpfe von Ihm abhängig sind, werden wir wahre Freude und Zufriedenheit nur in Ihm finden.

Weil Er ewig ist, können wir uns darauf freuen, Ihn in alle Ewigkeit zu genießen.

> **Es wird ein großer Teil unserer Beschäftigung im Himmel sein, Gott zu bewundern; lasst uns jetzt damit beginnen, das zu tun, was wir für immer tun werden.**
> (T. Watson)

Weil Er unveränderlich ist, haben wir in Ihm den Fels der Ewigkeiten, der fest zu Seinen Verheißungen steht und sie ganz sicher erfüllen wird.

Weil Gott allmächtig ist, dürfen wir Ihm alles zutrauen – denn für Ihn ist kein Ding unmöglich!

Weil Er allwissend ist, können wir in dem Bewusstsein ruhen, dass Er uns durch und durch kennt, uns versteht und mit wunderbarer Weisheit für uns sorgt.

Weil Er allgegenwärtig ist, sind wir niemals allein und können Seine Gegenwart genießen, wenn wir Ihm nahen.

Weil Er souverän ist, wissen wir, dass Er über alles regiert, alles kontrolliert und dass denen, die Ihn lieben, alle Dinge zum Guten mitwirken.

Haben wir nicht allen Grund, diesem einzigartigen, wunderbaren und erhabenen Gott voll und ganz zu vertrauen? Er verdient es, gelobt, gepriesen und angebetet zu werden – für das, was Er ist, und für das, was Er tut!

Er ist so groß und doch so nah. Er wohnt in Ewigkeit und bei dem, der zerbrochenen Herzens ist (s. Jes 57,15). Er ist der Gott der Urzeit, der Seine ewigen Arme liebevoll unter uns ausbreitet (s. 5. Mo 33,27).

Er zählt die Sterne und nennt sie alle mit Namen – und gleichzeitig kümmert Er sich um dich und mich und verbindet unsere Wunden (s. Ps 147,3.4).

Der Himmel ist Sein Thron und die Erde der Schemel Seiner Füße. Doch obwohl Er so groß ist, blickt Er auf den, der zerschlagenen Geistes ist und der vor Seinem Wort zittert (s. Jes 66,1.2).

Seine Herrlichkeit für immer zu sehen, ist die größte Gabe, die Gott uns geben kann!
(J. Piper)

Er thront hoch oben, Seine Herrlichkeit reicht über die Himmel und gleichzeitig neigt Er sich herab und hebt den Geringen aus dem Staub empor (s. Ps 113,4-7).

Sein Reich ist ein Reich der Zeitalter und Seine Herrschaft geht durch alle Geschlechter hindurch. Dieser gewaltige König stützt alle Fallenden und richtet alle Niedergebeugten auf (s. Ps 145,13.14).

Er zeigt Seine herrliche Majestät in einem gewaltigen Sturm und ist gleichzeitig voll innigen Mitgefühls und barmherzig (s. Hiob 38,1; Jak 5,11).

Lasst uns Ihm staunend vertrauen und Ihn bewundernd anbeten. Er ist würdig!

> *Rede mit Gott über Seine Herrlichkeit und bitte Ihn darum, dir zu helfen, im Bewusstsein Seiner Größe zu leben. Denke darüber nach, wofür du Gott anbeten kannst und nimm dir die Zeit, das auch wirklich zu tun!*

Notizen:

....
....
....
....
....
....
....
....
....
....
....
....
....
....

Vom gleichen Autor:

Aus Glauben leben
Gott beim Wort nehmen und Ihn durch Vertrauen ehren
(92 Andachten)

Softcover, 12 x 18 cm; 400 Seiten; 9,50€; Art. Nr: 367329

Wir leben in einer ganz besonderen Zeit – unmittelbar vor dem Kommen des Herrn! Sehr bald ist es endlich soweit: „Denn noch eine ganz kleine Zeit, und der Kommende wird kommen und nicht ausbleiben" (Heb 10,37). Direkt im Anschluss an diese großartige Verheißung steht der bemerkenswerte Satz: „Der Gerechte aber wird aus Glauben leben" (Heb 10,38).

Für uns stellt sich da die Frage: Was bedeutet es eigentlich ganz konkret, Gott beim Wort zu nehmen und jeden Tag aus Glauben zu leben? Genau darum geht es in diesem Buch. Es zeigt die verschiedenen Aspekte eines lebendigen Glaubenslebens, die Gott uns in der Bibel vorstellt.

Diese praktischen Impulse werden veranschaulicht durch viele beeindruckende und anspornende Beispiele von Glaubensmännern und -frauen aus der Kirchengeschichte, die auf vielfältige Weise erlebt haben, dass Gott wirklich hält, was Er verspricht.

Die einzelnen Andachten sollen den Leser einerseits im Glauben stärken und gleichzeitig herausfordern, Gott in diesen letzten Tagen vor dem Kommen des Herrn durch Vertrauen zu ehren – und Ihm auch heute noch Großes zuzutrauen!

In den Spuren des Meisters
Wie die Sanftmut Jesu Dein Leben verändert.
(30 Andachten)

Softcover, 12 x 18 cm; 198 Seiten; 7,50€; Art. Nr: 367343

Gottes Ziel mit unserem Leben ist, dass wir Seinem Sohn immer ähnlicher werden. Aber wie funktioniert das konkret? Was können wir dafür tun und welche Hilfsmittel hat Gott uns an die Hand gegeben, damit dieses Ziel jetzt schon immer mehr Realität in unserem täglichen Leben wird?

Der Schlüssel liegt darin, das Vorbild Jesu vor Augen zu haben und uns durch Ihn prägen und verändern zu lassen. Der Meister hat gesagt: „Lernt von mir, denn ich bin sanftmütig und von Herzen demütig" (Mt 11,29). Genau darum geht es in diesem Buch: Es wirft den Scheinwerfer auf eine Eigenschaft, die der Herr uns in Perfektion vorgelebt hat – Seine Sanftmut – und wendet diese dann auf unser Leben an.

Anhand vieler Beispiele aus dem Leben Jesu und zahlreichen Illustrationen aus der Kirchengeschichte wird der Leser dazu herausgefordert und angespornt, sanftmütiger gegenüber Gott und gegenüber seinen Mitmenschen zu sein und dadurch den Spuren des Meisters zu folgen.

Die intensive Beschäftigung mit diesem wichtigen Thema lohnt sich und ist mit großem Segen verbunden. Es bietet sich an, die 30 Andachten einen Monat lang täglich unter Gebet – und mit einer geöffneten Bibel – auf sich wirken zu lassen.

Abhängigkeit im Leben Jesu
Ansporn und Herausforderung für wahre Jüngerschaft
(123 Andachten)

Softcover, 13,8 x 21 cm; 384 Seiten; 13,90€; Art. Nr: 50633

Wie kann ein von neuem geborener Christ ein erfülltes Leben führen, das Gott ehrt und Frucht für die Ewigkeit bringt? Was bedeuten die Worte des Herrn Jesus: „Bleibt in mir, und ich in euch ... denn getrennt von mir könnt ihr nichts tun" (Joh 15,4.5) in diesem Zusammenhang? Welche Hilfsmittel stehen uns zur Verfügung, um in Abhängigkeit von Gott zu leben - und wie können wir sie bestmöglich nutzen?

Das sind wichtige Fragen, die sich jeder Jünger Jesu stellen sollte, der den Wunsch hat, in Hingabe an Gott zu leben!

Die Andachten in diesem Buch sollen dabei helfen, Antworten darauf zu finden, und möchten Mut machen, mit Glaubensvertrauen in den Fußspuren unseres Herrn und Meisters zu gehen.

Der „Anfänger und Vollender des Glaubens" hat uns durch Sein Vorbild gezeigt, was es praktisch bedeutet, jeden Tag in Abhängigkeit von Gott zu leben. Von Ihm sollen wir lernen. Sein wunderbares Leben spornt uns an und motiviert zu wahrer Jüngerschaft. Gleichzeitig werden wir herausgefordert, das eigene Leben neu zu überdenken - und, wenn nötig, auch zu korrigieren!

Notizen:

Notizen:

....
....
....
....
....
....
....
....
....
....
....
....
....
....
....
....
....
....
....
....
....
....
....
....
....
....
....

Notizen:

Notizen: